职业教育“十四五”新形态教材

职业教育公共基础课系列教材

大学生体育与健康

主　编　张　顺　刘卫锋

副主编　胡延明

中国石油大学出版社

CHINA UNIVERSITY OF PETROLEUM PRESS

山东·青岛

图书在版编目(CIP)数据

大学生体育与健康/张顺,刘卫锋主编. —青岛:中国石油大学出版社,2024. 6. ISBN 978-7-5636-4633-3

Ⅰ. G807. 4;G647. 9

中国国家版本馆 CIP 数据核字第 2024YP7966 号

书　　名:大学生体育与健康
DAXUESHENG TIYU YU JIANKANG
主　　编:张　顺　刘卫锋
副 主 编:胡延明

责任编辑:岳为超　穆丽娜　张晓帆(电话　0532-86981532)
责任校对:张　廉(电话　0532-86981531)
封面设计:赵志勇

出 版 者:中国石油大学出版社
(地址:山东省青岛市黄岛区长江西路 66 号　邮编:266580)
网　　址:http://cbs.upc.edu.cn
电子邮箱:shiyoujiaoyu@126.com
排 版 者:我世界(北京)文化有限责任公司
印 刷 者:日照昆城印业有限公司
发 行 者:中国石油大学出版社(电话　0532-86983440)
开　　本:787 mm×1 092 mm　1/16
印　　张:12.5
字　　数:312 千字
版 印 次:2024 年 6 月第 1 版　2024 年 6 月第 1 次印刷
书　　号:ISBN 978-7-5636-4633-3
定　　价:39.50 元

Preface

前言

体育是提高人民健康水平的重要手段，也是实现中国梦的重要路径，能为中华民族伟大复兴提供凝心聚气的强大力量。2018年9月召开的全国教育大会上，习近平总书记明确提出："要树立健康第一的教育理念，开齐开足体育课，帮助学生在体育锻炼中享受乐趣、增强体质、健全人格、锤炼意志。"为贯彻落实习近平总书记关于教育、体育的重要论述和全国教育大会精神，把学校体育工作摆在更加突出的位置，构建德智体美劳全面培养的教育体系，2020年10月中共中央办公厅、国务院办公厅印发了《关于全面加强和改进新时代学校体育工作的意见》，并发出通知，要求各地区各部门结合实际认真贯彻落实。2022年，在党的二十大报告中，习近平总书记提出要广泛开展全民健身活动，加强青少年体育工作，促进群众体育和竞技体育全面发展，加快建设体育强国。

基于此，为深入贯彻落实习近平总书记重要讲话精神，落实立德树人根本任务，凸显职业教育特色，促进高职学生身心和谐发展，造就更多合格职业人才，以《关于全面加强和改进新时代学校体育工作的意见》为指引，在总结近年来高职体育课程建设和教学改革经验的基础上，特编写本教材。本教材以服务学生全面发展、增强综合素质为目标，坚持"健康第一"的教育理念，帮助高职学生在体育锻炼中享受乐趣、增强体质、健全人格、锤炼意志，培养德智体美劳全面发展的社会主义建设者和接班人。

本教材参照以往同类教材重新设计架构，在教材的结构设计和内容选取上，紧密结合高职院校教学实际，依需而设，依实而立，遵循项目导向、任务驱动，充分体现高职特色和专业特点。本教材所有内容分为理论篇与实践篇两大部分，共八大项目，27个任务。其中，理论篇包括走进体育与健康(体育与健康概述、体育运动与健康、终身体育、体育锻炼方法与计划制订)、运动损伤与急救(运动损伤的预防、运动中常见的生理反应及其处理、体育锻炼中的急救与处理)、体能与职业体能(体能及其测定与评价、职业体能及其训练)三大项目,实践篇包括田径运动(田径运动概述、田赛运动基本技术与技能指导、径赛运动基本技术与技能指导)、球类运动(足球运动、篮球运动、排球运动、乒乓球运动、网球运动、羽毛球运动)、武术(武术概述、太极拳、跆拳道、散打)、健身运动(跳绳运动、游泳运动)、冰雪运动(滑冰运动、滑雪运动、冰壶运动)五大项目。在内容架构上,设置学习目标、时代寄语、拓展阅读、思考题等栏目,同时融入多媒体资源,以提升读者的学习与阅读体验。

本教材由天津石油职业技术学院张顺、刘卫锋担任主编,胡延明担任副主编。在编写过程中参阅了相关书籍及资料,在此表示诚挚的谢意!

由于编者水平有限,书中不足之处在所难免,恳请读者批评指正!

Contents

目录

第一篇　理论篇

项目一　走进体育与健康 …… 3

任务一　体育与健康概述 …… 3

一、体　育 …… 3

二、健　康 …… 5

任务二　体育运动与健康 …… 7

一、体育运动与身体健康 …… 7

二、体育运动与心理健康 …… 8

三、体育运动与道德健康 …… 9

任务三　终身体育 …… 10

一、终身体育简介 …… 10

二、加强学生终身体育意识的培养 …… 11

任务四　体育锻炼方法与计划制订 …… 12

一、体育锻炼方法 …… 12

二、体育锻炼计划制订 …… 13

项目二　运动损伤与急救 …… 15

任务五　运动损伤的预防 …… 15

一、运动损伤的分类 …… 15

二、运动损伤的原因 …… 16

三、运动损伤的预防原则 …… 17

任务六　运动中常见的生理反应及其处理 …… 18

一、运动后肌肉疼痛或紧绷与延迟性肌肉酸痛 …… 18

二、运动中腹痛 …… 19

三、运动性贫血 …… 19
四、运动性昏厥 …… 20
五、极　点 …… 20
六、运动中暑 …… 21
七、运动无法忍受度 …… 21
任务七　体育锻炼中的急救与处理 …… 22
一、急救的基本知识 …… 22
二、常见运动损伤的急救处理 …… 23
项目三　体能与职业体能 …… 25
任务八　体能及其测定与评价 …… 25
一、身体成分的测定与评价 …… 25
二、肌肉力量的测定与评价 …… 25
三、肌肉耐力的测定与评价 …… 26
四、心肺功能的测定与评价 …… 26
五、柔韧性的测定与评价 …… 27
六、灵敏度的测定与评价 …… 27
任务九　职业体能及其训练 …… 27
一、职业体能的训练原则 …… 27
二、职业体能的训练方法 …… 29

第二篇　实践篇

项目四　田径运动 …… 33
任务十　田径运动概述 …… 33
一、田径运动的起源与发展 …… 33
二、田径运动的特点与锻炼价值 …… 34
任务十一　田赛运动基本技术与技能指导 …… 35
一、跳　跃 …… 35
二、投　掷 …… 39
任务十二　径赛运动基本技术与技能指导 …… 43
一、走(竞走) …… 43
二、跑 …… 44
项目五　球类运动 …… 50
任务十三　足球运动 …… 50

一、足球运动简介 …… 50
二、足球运动基本技战术 …… 52
三、足球运动竞赛规则 …… 55
任务十四　篮球运动 …… 56
一、篮球运动简介 …… 56
二、篮球运动基本技战术 …… 58
三、篮球运动竞赛规则 …… 65
任务十五　排球运动 …… 68
一、排球运动简介 …… 68
二、排球运动基本技战术 …… 70
三、排球运动竞赛规则 …… 77
任务十六　乒乓球运动 …… 79
一、乒乓球运动简介 …… 79
二、乒乓球运动基本技战术 …… 82
三、乒乓球运动竞赛规则 …… 90
任务十七　网球运动 …… 94
一、网球运动简介 …… 94
二、网球运动基本技战术 …… 96
三、网球运动竞赛规则 …… 102
任务十八　羽毛球运动 …… 105
一、羽毛球运动简介 …… 105
二、羽毛球运动基本技战术 …… 107
三、羽毛球运动竞赛规则 …… 117
项目六　武　术 …… 120
任务十九　武术概述 …… 120
一、武术的起源与发展 …… 120
二、武术的内容与分类 …… 121
任务二十　太极拳 …… 124
一、太极拳简介 …… 124
二、太极拳基本技术 …… 125
任务二十一　跆拳道 …… 141
一、跆拳道简介 …… 141
二、跆拳道基本技术 …… 144
任务二十二　散　打 …… 152
一、散打简介 …… 152

二、散打基本技术 …… 154
项目七　健身运动 …… 157
任务二十三　跳绳运动 …… 157
一、跳绳运动简介 …… 157
二、跳绳运动基本技术 …… 160
三、跳绳竞赛组织与规则 …… 165
任务二十四　游泳运动 …… 170
一、游泳运动简介 …… 170
二、游泳运动基本技术 …… 172
三、游泳竞赛组织与规则 …… 175
项目八　冰雪运动 …… 178
任务二十五　滑冰运动 …… 178
一、滑冰运动简介 …… 178
二、速度滑冰 …… 178
三、短道速滑 …… 181
四、花样滑冰 …… 183
任务二十六　滑雪运动 …… 186
一、滑雪运动简介 …… 186
二、滑雪运动装备 …… 187
三、高山滑雪 …… 188
四、越野滑雪 …… 189
五、跳台滑雪 …… 190
任务二十七　冰壶运动 …… 190
一、冰壶运动简介 …… 190
二、冰壶运动装备 …… 190
三、冰壶运动场地 …… 190
四、冰壶运动比赛规则 …… 191
参考文献 …… 192

第一篇　理 论 篇

项目一　走进体育与健康

学习目标

1. 了解体育的概念、起源与功能；认识健康的概念与内涵，掌握影响健康的因素，了解亚健康。

2. 了解体育运动对健康的影响。

3. 掌握终身体育的概念。

4. 学习体育锻炼具体方法，学会制订体育锻炼计划。

任务一　体育与健康概述

《体育之研究》
（毛泽东）

一、体　育

（一）体育的概念与起源

根据我国体育发展的特点和规律，体育可分为广义体育和狭义体育。

广义体育是一种以身体与智力活动为基本手段，根据人体生长发育、技能形成和机能提高等规律，达到提高身体素质与全面教育水平、增强体质与提高运动能力、改善生活方式与提高生活质量的一种社会活动，包括体育教育、竞技活动和身体锻炼。

狭义体育是指促进身体发展，增强体质，培养身体锻炼的技能以及个人道德、意志品质的教育过程，是教育的重要组成部分。

体育作为人类文明的重要组成部分，是伴随人类经济社会的蓬勃发展而逐步形成和发展起来的。它诞生于原始社会时期，与当时人们最基本的生活需求和早期的工业生产劳动实践具有直接联系。在原始社会，原始人为了生存，逐步学会了奔跑、投掷、攀爬等，而不是进行锻炼或增强体质。后来随着人类劳动生产经验的积累，以及劳动工具与技术的改进，人类在劳作之余开始进行训练活动，并向后代传递了各项知识和技术，这样便形成了人类最初的高等教育，其中就包括体育教学。

（二）体育的功能

随着社会的发展，体育的功能也在逐步完善和发展，它取决于体育自身的特点和社会的需要，主要体现在促进社会物质文明建设和精神文明建设 2 个方面。体育的功能具体包括健身健美、社会情感、政治、经济、教育、娱乐 6 个方面。

1. 健身健美

体育运动能促进人体各器官与系统的生长发育，提升人体各组织机构和内脏器官的机能，改善和提高中枢神经系统的工作能力，全面提高身体素质，增强人体的免疫力，提高对环境的适应能力，同时可以防病治病，延年益寿。

2. 社会情感

随着社会的不断发展，体育的社会情感功能愈加显著。由于体育竞赛具有竞争性、结果的不确定性、角色的代表性和社会性等因素，因此人们在参加和观赏竞赛时，能够引发各种情感。体育不但可以净化国民情怀，激发爱国热情，还能够触动人的心灵，增强自信，甚至改变人生理念。

3. 政　治

体育与政治关系密切，受一定的政治制约，并以特殊的方式为政治服务。国际体育竞赛是一个国家展示其政治、经济、文化水平的重要窗口。竞赛的胜负直接关系到国家的荣辱，因此世界各国都极其重视体育的政治意义，以体育扩大国际影响，提高国际声誉，振奋民族精神。

体育可以加强国家之间的文化交流与合作，加深各国人民之间的了解，服务外交事业。同时，体育在提高群体凝聚力、保持社会安定和维护民族团结等方面有着积极的作用。

4. 经　济

随着竞技体育的商业化，以及健身、休闲、娱乐体育的不断发展，体育需求与消费日益增多，体育的经济功能在世界范围内日益显现。随着体育社会化、娱乐化和终身化，体育人口不断扩大，体育消费支出大幅度增加，体育健身、体育娱乐和体育旅游业都在迅速发展，在国民经济中逐渐形成一个庞大的体育产业。体育产业作为一种新兴产业，逐渐成为国民经济新的增长点。

5. 教　育

体育是教育的重要组成部分，体育竞赛具有群众性、国际性、竞争性、技艺性等特点，这使得它在振奋民族精神、激发爱国热情、培养社会公德等方面具有特殊的教育意义。体育作为学校教育的重要组成部分，其作用在学校教育中是不可替代的。体育教学在学生获得科学锻炼的体育理论知识，学会科学锻炼身体的方法，养成体育锻炼的习惯和树立终身体育的思想等方面发挥着重要的作用。

6. 娱　乐

参与体育活动和观赏体育比赛，不仅能够愉悦身心、陶冶情操、满足精神需求，还能够减轻压力、缓解焦虑和调节身心。获得愉悦感、轻松感和满足感是体育娱乐的直接目的。

时代寄语

体育是社会发展和人类进步的重要标志，是综合国力和社会文明程度的重要体现。体育在提高人民身体素质和健康水平、促进人的全面发展，丰富人民精神文化生活、推动经济社会发展，激励全国各族人民弘扬追求卓越、突破自我的精神方面，都有着不可替代的重要作用。

——2013 年 8 月 31 日习近平会见参加全国群众体育先进单位和先进个人表彰会、全国体育系统先进集体和先进工作者表彰会的代表时的讲话

二、健 康

（一）健康的概念与内涵

健康是一个具有强烈时代特征的概念，是随着社会和医学的发展以及人们对健康的认识而逐步更新、发展和演化的。世界卫生组织对健康的内涵和外延也在不断发展和完善，目前，世界上普遍采用的健康概念是世界卫生组织于1989年提出的，即健康不仅是躯体没有疾病，还应具备心理健康、社会适应良好和道德健康，只有具备了上述4个方面的良好状态，才是一个完全健康的人。这个定义从身体、心理、社会和道德4个方面全方位判断人类的健康，更具有科学性、完整性和系统性。

1. 身体健康

身体健康是指躯体结构和人体生理方面的机能正常，没有疾病。它主要体现在发育正常，身材匀称，体重适宜，体格健壮，精力充沛，体内代谢过程稳定，能够适应外界环境的变化，对一般性疾病具有一定的抵抗力等方面。

2. 心理健康

心理健康是指具有良好的心理状态，它主要体现在有良好的情感、正常的智力、稳定的情绪，能够正确认识自己和他人，及时调整自己的心态，具有表达能力、控制情绪能力以及独立能力。

3. 社会适应良好

社会适应良好是指通过对心理活动的自我调节，能够很好地应对社会环境的复杂变化，具备实现社会角色的能力，能够建立良好的人际关系，并具有良好的思想和生活行为方式等。

4. 道德健康

道德健康是指具有正确的价值观以及辨别是非善恶的能力，能按照社会公认的道德标准和社会准则支配自己的言行，能够为他人和社会做奉献。道德健康主要包括思想品德健康和人格健康两部分。

拓展阅读

世界卫生组织的“五快三良好”标准

1.“五快”

（1）吃得快：指胃口好、有食欲、不挑食，表明内脏功能正常。

（2）便得快：指上厕所时很快排通大小便，表明消化系统功能良好。

（3）睡得快：指上床即能熟睡、深睡，醒来时精神饱满、头脑清晰，表明中枢神经系统的兴奋、抑制功能协调，且内脏不受任何病理信息的干扰。

（4）说得快：指语言表达正确、清晰流利，表明思维清楚而敏捷、反应良好、心肺功能正常。

（5）走得快：指行动自如且动作敏捷，因为人的疾病和衰老往往从下肢开始。

2.“三良好”

（1）良好的个性：指性格温和，意志坚强，感情丰富，胸怀坦荡，心境达观，不为烦恼、痛苦、伤感所左右。

(2) 良好的处事能力:指沉浮自如,客观观察问题,具有自我控制能力而能适应复杂的社会环境,对事物的变迁保持良好的情绪,常有知足感。

(3) 良好的人际关系:指待人宽和,不过分计较小事,能助人为乐、与人为善。

(二) 影响健康的因素

人类的健康受多种因素影响,主要来自个人生活方式、环境、社会经济等多个方面,目前尚没有一个统一的认识。下面是一些主要的健康影响因素。

1. 个人生活方式

(1) 饮食习惯:营养均衡的饮食有助于健康;而高糖、高脂肪、高盐的饮食则可能增加患慢性疾病的风险,影响健康。

(2) 体育锻炼:适量的运动可以增强体质,经常锻炼有利于身心健康,在锻炼身体的同时也有利于心情愉悦。

(3) 睡眠:充足的睡眠有助于身体和精神的恢复,而睡眠不足则可能导致多种健康问题。

2. 环境因素

(1) 空气质量:空气质量与身体健康息息相关,空气污染对呼吸系统健康有害,会增加患呼吸系统疾病的风险。

(2) 水质:污染的水源可能导致消化系统疾病。

(3) 噪声污染:长期处于高噪声环境中可能引发听力损害和其他健康问题。

3. 社会经济因素

(1) 收入水平:经济条件影响人们的饮食、居住条件、教育水平及医疗保健。

(2) 教育水平:受教育程度影响健康知识的获取和健康行为的形成。

4. 心理因素

积极的心态有助于健康,而消极情绪则可能对健康产生不利影响。

5. 政策和法规

国家卫生政策如医疗保障制度、疾病预防控制政策等对公众健康有直接影响。

(三) 亚健康

亚健康是一种非健康、非疾病状态,是介于健康与疾病之间的状态,故又有次健康、第三状态、灰色状态等称谓。世界卫生组织将机体无器质性病变,但是有一些功能改变的状态称为第三状态,我国称为亚健康状态。亚健康状态是指机体虽无明显疾病,却呈现出活力下降、适应能力不同程度减退的一种生理状态。

亚健康状态的表现多种多样,在躯体方面可表现为疲乏无力、肌肉及关节酸痛、头昏头痛、心悸胸闷、睡眠紊乱、食欲缺乏、怕冷怕热、易于感冒、眼部干涩等;在心理方面可表现为情绪低落、心烦意乱、焦躁不安、恐惧胆怯、记忆力下降、注意力不能集中、精力不足、反应迟钝等;在社会交往方面可表现为不能较好地承担相应的社会角色,工作、学习困难,不能正常地处理人际关系、家庭关系,难以进行正常的社会交往等。

亚健康状态的原因包括饮食不合理、缺乏运动、作息不规律、睡眠不足、精神紧张、心理压力大、长期不良情绪等。要改善亚健康状态，需要综合性的生活方式调整。下面是一些具体的方法。

1. 合理饮食

保持良好的饮食习惯，如增加蔬菜、水果和全谷类食物的摄入量，减少高糖、高脂肪和高盐食物的摄入。保持饮食均衡，确保摄入足够的蛋白质、健康脂肪和碳水化合物。多喝水，保持充足的水分。

2. 适量运动

每周进行中等强度有氧运动，如快走、游泳或骑自行车。或者每周进行高强度有氧运动，如跑步或有氧操。加入力量训练，每周至少两次，以增强肌肉和骨骼。

3. 规律作息

保持固定的睡眠时间，尽量每天同一时间上床睡觉和起床，避免晚上使用电子设备，以减少对睡眠的干扰。

4. 心理平衡

当今社会竞争激烈，工作、生活节奏加快，使人们的心理压力增加，精神负担增大。心理压力过大会导致心理失衡，使神经系统功能失调，内分泌紊乱，进而引起各种疾病。因此，要学习压力管理技巧，如深呼吸、冥想、瑜伽或渐进性肌肉放松，保持乐观的态度，积极面对生活中的挑战。如果需要，应寻求专业的心理咨询或治疗。

除此之外，还要定期进行健康检查，尽早发现和处理潜在的健康问题。同时，要树立终身学习的态度，保持好奇心和学习欲望，不断学习新知识和技能，以提高生活质量和增强应对能力。

任务二　体育运动与健康

一、体育运动与身体健康

体育运动对身体健康有着极其重要的影响。定期参与体育运动能够带来多方面的益处。

（一）心血管健康

规律的体育运动可以增强心脏肌肉，提高心脏泵血效率，使每次心跳能够泵送更多的血液，从而加强心脏功能。除此之外，体育运动还能降低高血压的风险，提高高密度脂蛋白水平，减小动脉硬化和心血管疾病的风险。

（二）增强肌肉和骨骼

通过抗阻训练和重量训练，可以增强肌肉力量和耐力，提高骨密度，预防骨质疏松症。适度的重量训练可以促进肌肉纤维的增长，增加肌肉体积。通过有氧运动和正确的饮食，可以使肌肉线条更加明显。

（三）改善代谢

有规律的体育运动可以提高身体的代谢效率，高强度间歇训练和有氧运动可以提高运动后的过量氧耗，提高新陈代谢。体育运动可以提高身体对胰岛素的敏感性，降低 2 型糖尿病的风险，有助于预防糖尿病和其他代谢性疾病。

（四）提高身体协调性和灵活性

体育运动可以帮助提高身体的协调性和灵活性，减少受伤的风险。参加篮球、网球、乒乓球等需要协调性的体育运动，可以训练手眼协调和脚步移动。参加太极等运动可以提高身体的平衡能力，从而提高整体协调性。定期进行拉伸运动，如静态拉伸和动态拉伸，可以增加关节的活动范围，提高灵活性。参与全身性的体育运动，如游泳、体操等，可以在不同方向上拉伸肌肉，提高整体的灵活性。

除此之外，体育运动有助于对抗肥胖，维持健康体重，保持身材。适量的体育运动可以增强免疫系统功能，减少感染的风险。定期参与体育运动可以帮助提高睡眠质量，增加睡眠深度和时间。

二、体育运动与心理健康

体育运动不仅对身体健康有益，还可对心理健康产生积极影响。下面是体育运动对心理健康的一些积极效应。

（一）改善心情

体育运动是集身体活动、心理活动和情绪体验于一体的活动，定期参与体育运动可以改善情绪状态，减轻抑郁症状。体育运动可以帮助人们建立积极的自我形象，增强自信心。体育运动能给人带来愉快的情绪，并能减少不安，起到调节情绪、促进心理健康的作用。

体育教学内容的综合性、多样性和复杂性等也会使学生有快乐、紧张等不同程度的情感体验。体育运动能够帮助人们缓解日常生活中的压力和焦虑。运动时，身体会释放内啡肽，这是一种自然的镇痛剂和快乐激素，能够提升情绪和减轻疼痛。

（二）社交互动

团队运动和集体健身活动提供了与他人互动的机会，有助于建立社交网络，减少孤独感和社交隔离。体育活动是人与人之间一种特殊的相互交流的方式，具有实践性和社会性，对调节人际关系有很大帮助。

体育活动能帮助学生学会更好地与他人相处的方法，增进学生学习团结合作、相互帮助、相互鼓励的人际交往技巧，增强学生处理各种人际关系的能力。

（三）缓解心理障碍

体育活动已越来越多地被运用到心理疾病的治疗中。进行体育活动时，注意力集中能够抑制紧张、不安等消极情绪，可以缓解心理压力。目前，体育疗法已成为心理障碍治疗的一种手段。

体育运动是治疗抑郁症和焦虑症的有效方法，能让人心情愉悦，陶冶情操，完善自我。经常参加体育竞赛，会不断接受胜利与失败的考验，磨炼心理承受能力，从而形成不畏困难、敢于挑战的意志品质。

（四）提高认知能力

体育运动可以集中注意力，增强记忆力，改善大脑的整体功能。经常参加体育运动可以促使人勇于接受失败，保持积极进取，形成良好的自我评价意识。经常参加体育运动，不断地进行自我认知、自我评价、自我完善，有利于形成健康的自我意识。

长期的体育运动还能促进人的感知能力的发展，提高人的反应速度和直觉判断能力。有些运动项目能充分发展运动员的想象力和对美的欣赏及表现力，如体操、花样滑冰等。因此，体育锻炼能有效地提高认知能力。

三、体育运动与道德健康

体育运动与道德健康之间存在一定的联系。体育运动不仅能够促进身体健康和心理健康，还能够培养和加强个人的道德品质和社会责任感。下面是体育运动对道德健康的一些积极影响。

（一）培养团队精神

当今社会注重培养团结协作精神和团队意识，体育活动正是培养团结协作精神和团队意识的重要途径。很多体育运动项目都需要多方共同协作才能取胜，教练员和运动员要制订相应的战术，同伴间需要默契配合、共同努力。

团队运动要求成员之间相互合作、协调和沟通，这有助于培养团队合作精神和集体荣誉感。个人的力量是有限的，团队的力量是无穷的，只有将个人融入团队，与他人团结协作，才能使自己的才能发挥出来，协作精神和团队意识才会得到培养和加强。

（二）增强责任感

作为团队的一员，个人不仅需要对自己的行为负责，还需要对团队的成败负责。责任感是指个人对自己、对他人、对集体、对社会所承担的责任的认知。它是一个人道德修养的重要组成部分，体现了个人的自我约束和对社会的尊重。体育运动中的责任感体现在运动员、教练员、裁判员等多个层面。运动员在团队运动中，要有集体荣誉感，为团队的利益和目标努力。教练员要对运动员的训练和发展负责，制订合理的训练计划。裁判员要公正无私地执行比赛规则，确保比赛的公平性。

体育运动中的责任感是维护体育精神和公平竞争的基础，对于建设积极、健康的体育文化至关重要。

（三）培养毅力和自律

体育运动往往需要长期的训练和努力，这有助于培养个人的毅力和自律精神。体育锻炼和体育比赛本身就是战胜困难、战胜自我的过程，因此体育锻炼能够磨炼人的意志品质，培养人的拼搏精神，挑战人的毅力，促进人的自律。在体育运动中，要想取得成绩上的进步和水平上的提高，就要付出艰辛的努力，克服多方面的困难。在这个过程中，不断磨炼自我，超越自我，从而实现更高的目标。

（四）强化社会规范和培养公平竞争

体育运动通常有一套明确的行为准则和规范，参与运动的人需要遵守这些规范，这有助于强化对法律和社会规范的尊重。体育运动中的规则和裁判确保了比赛的公平性，参与运动的人需要学会尊重对手、裁判和规则，这有助于培养尊重和公平竞争的道德观念。

总之，体育运动提供了一个结构化和有组织的环境，有助于增强个人的道德品质和社会责任感，从而对道德健康产生积极影响。体育运动作为一种跨文化、跨社会阶层的活动，可以促进不同背景的人们相互理解和接纳，从而促进社会包容性。

时代寄语

体育是提高人民健康水平的重要途径，是满足人民群众对美好生活向往、促进人的全面发展的重要手段，是促进经济社会发展的重要动力，是展示国家文化软实力的重要平台。

——2020 年 9 月 22 日习近平在教育文化卫生体育领域专家代表座谈会上的讲话

任务三　终身体育

一、终身体育简介

终身体育是一种体育理念，强调体育活动应该贯穿人的一生，而不仅仅局限于特定的年龄段或学校教育阶段。这种理念认为，体育活动对于个人的身心健康、社交互动和整体生活质量都有着积极的影响，因此应该成为人们生活的一部分。

终身体育的核心思想包括全面性、持续性、适应性、教育性、社会性。

（一）全面性

终身体育不仅仅关注竞技体育，更强调全民健身和休闲体育，鼓励人们根据自身兴趣和条件选择合适的体育活动。终身体育的全面性指的是体育活动不仅仅是为了提高身体素质和运动技能，还包括促进心理健康、社会适应能力、情感态度等多方面的发展。终身体育的全面性强调的是个体在参与体育活动时，能够在身体、心理、情感和社会等各个方面都得到锻炼和提升。

终身体育的全面性要求体育活动的设计和实施要考虑到个体发展的多个方面，以实现个体在各个方面的和谐发展。通过终身体育的实践，个体不仅能够保持身体健康，还能够获得全面的个人成长和发展。

（二）持续性

终身体育的持续性是指个体在一生中持续参与体育活动和体育锻炼，不断追求健康和活力的生活方式。这种持续性是终身体育理念的重要组成部分，它强调体育活动不应该是一个阶段性的行为，而应该是伴随人一生的习惯。终身体育鼓励人们在不同的生命阶段都保持体育活动的习惯，无论是儿童、青少年、成年人还是老年人。终身体育的持续性对于促进个体的健康、预防慢性疾病、提高生活质量具有重要意义。通过持续性的体育活动，个体不仅能够保持良好的身体状态，还能够培养积极向上的生活态度和健康的生活方式。

（三）适应性

终身体育的适应性是指个体能够在不同的生命阶段、环境和条件下，调整自己的体育活动和锻炼方式，以适应身体和心理的变化，保持体育活动的持续性和有效性。随着人们年龄、健康状况和兴趣的变化，终身体育倡导选择适合自己的体育项目，不断调整和适应。适应性是终身体育理念的一个重要方面，它要求体育活动能够满足个体在不同情况下的需求。终身体育的适应性要求个体具备一定的自我认知能力，能够了解自己的身体状态和需求，同时要求社会提供多样化的体育资源和教育支持，帮助个体在不同情况下都能够维持体育活动的习惯，实现终身体育的目标。

（四）教育性

终身体育的教育性是指体育活动不仅仅是为了锻炼身体，还包括对个体进行全面的教育和培养。这种教育性强调通过体育活动来传授知识、技能、价值观和生活态度，以促进个体的全面发展。终身体育也强调通过体育活动进行健康教育，提高人们的健康意识和自我管理能力。

（五）社会性

体育活动常常是社交活动的一部分，终身体育鼓励人们通过体育活动增进社会交往，建立良好的社会关系。

终身体育的实施有助于提高国民的身体素质，促进健康中国建设，同时有利于形成积极向上的社会风气，促进社会和谐。政府和社会各界都在积极推动终身体育的发展，通过提供体育设施、组织体育活动、开展体育教育等多种方式，鼓励和引导人们参与体育活动，享受体育带来的快乐和健康。

二、加强学生终身体育意识的培养

加强学生终身体育意识的培养是教育体系的重要组成部分，对于学生形成长期的健康习惯和积极的生活态度至关重要。下面是一些在校园中加强学生终身体育意识的方法和策略。

（一）体育课程的改革

体育教师应将体育课程与学生的兴趣和生活实际相结合，设计更加多样化和富有吸引力的体育教学内容，激发学生的运动兴趣。在体育教学中增加运动生理学、运动营养学、运动心理学等知识，让学生了解运动对健康的重要性，强化体育知识教育。体育教师应不断提升自己的专业素养，采用新颖的教学方法，增加体育教学的趣味性和实效性，使学生感受到体育的魅力。

（二）体育文化的营造

在学校中营造积极的体育文化氛围，如体育主题的墙面装饰、体育新闻的分享等。学校可以建立各种体育社团和俱乐部，让学生在课余时间继续参与体育活动，发展特长。学校应提供丰富多样的体育活动和运动项目，使得体育活动多样化，让学生有机会尝试不同的运动，找到自己真正喜欢的项目。除此之外，学校还可以定期举办校内外的体育赛事和挑战活动，如校运会、篮球赛等，增加学生参与体育的积极性。

（三）体育习惯的培养

学校要鼓励学生在日常生活中养成定期参与体育活动的习惯，例如每天进行一定时间的体育锻炼。学校可以与家长合作，共同鼓励和监督学生参与体育活动，让体育成为家庭生活的一部分。学校应提供良好的体育设施和环境，让学生能够方便、安全地进行体育活动。

任务四　体育锻炼方法与计划制订

一、体育锻炼方法

体育锻炼方法是指在进行体育活动时采取的具体手段和步骤。选择合适的锻炼方法对于达到健身目标、提高运动技能和预防运动伤害都至关重要。下面是一些常见的体育锻炼方法。

（一）有氧运动

有氧运动是指那些能够提高心脏和肺部功能，增加身体对氧气的使用效率，并促进能量燃烧的体育活动，包括跑步、游泳、骑自行车、跳绳、有氧操等。这类运动通常持续时间较长，强度较低，能够帮助改善心血管健康、增强心肺耐力、减少体内脂肪、控制体重，并提高整体健康水平。有氧运动对于预防和管理多种慢性疾病，如心脏病、高血压、糖尿病和高胆固醇等，都有积极作用。此外，它还有助于改善心理健康，减少压力和焦虑，提高睡眠质量。

（二）力量训练

力量训练，也称重量训练或抗阻训练，是一种以增强肌肉力量和体积为主要目的的体育锻炼，包括自重训练（如俯卧撑、引体向上）、举重、使用哑铃和杠铃等。它通过对抗外部阻力（如哑铃、杠铃、健身器械或自身体重）来刺激肌肉，从而促进肌肉生长和力量增加。力量训练对提高运动性能、改善身体形态、增强日常生活能力、预防受伤以及维护骨骼健康等方面都具有重要作用。

（三）平衡训练

平衡训练是一种旨在提高身体稳定性和协调性的锻炼方式，如太极、单腿站立、平衡球训练等，它对于提高运动性能、预防跌倒和受伤、增强日常活动能力以及改善整体健康状况都非常重要。平衡训练涉及身体的核心肌群，包括腹部、背部、臀部和大腿内侧的肌肉，以及维持身体平衡的小肌群。

（四）速度和敏捷性训练

速度和敏捷性训练是专门设计来提高运动员快速移动和快速改变方向的能力的锻炼方式。这种训练对于需要快速反应和高效移动的运动尤为重要，如足球、篮球、田径、橄榄球等。速度和敏捷性训练通常包括一系列的跑动、跳跃和快速转向的练习。速度训练的主要目的是提高最大速度和加速能力，而敏捷性训练则侧重于提高快速改变方向的能力、反应时间和协调性。

（五）核心训练

核心训练是指针对身体核心肌群进行的锻炼，这些核心肌群主要包括腹部、背部、臀部和大腿内侧的肌肉。核心肌群在维持身体稳定性和支撑脊柱方面发挥着关键作用，强壮的核心肌群有助于改善姿势、减少受伤风险、提高运动性能和增强日常活动能力。核心训练主要包括平板支撑、俄罗斯转体、腹肌卷曲等。

选择体育锻炼方法时，应考虑个人的健康状况、兴趣爱好、锻炼目的和可用资源。为了确保安全和效果，最好在专业教练的指导下进行锻炼，对于初学者或有一定健康问题的人群来说更是如此。此外，锻炼前应进行适当的热身，锻炼后进行拉伸和冷却，以减少受伤风险。

二、体育锻炼计划制订

制订一个有效的体育锻炼计划是确保锻炼目标实现的关键，需要考虑个人的健康状况、目标、兴趣和时间安排。下面是一些有助于制订一个适合自己的体育锻炼计划的步骤和建议。

（一）确定目标

首先，需要明确想要通过锻炼达到的目标，如减肥、增肌、提高耐力、增强柔韧性等。其次，考虑个人的健康状况、体重、体脂比、肌肉力量、耐力和柔韧性。再次，评估个人的生活方式，包括工作、家庭和个人兴趣。最后，按照上述要求，设定具体、可衡量、可实现、相关性强、时限明确的目标。

（二）选择合适的运动

为了选择合适的运动，主要遵循以下几条原则：① 根据自己的目标、体能水平和运动能力，选择适合的运动类型，如有氧运动、力量训练、柔韧性训练等。② 考虑个人兴趣，选择感兴趣的运动，更容易持之以恒。如果喜欢团队活动，可以选择篮球、足球等。如果喜欢独立运动，可以选择跑步、游泳或瑜伽。③ 考虑个人的生活方式和时间安排。如果工作繁忙，可以选择时间灵活的运动，如在家做瑜伽或跳操。④ 不同季节和天气条件下适合的运动也不同。例如，夏天可以选择游泳或户外运动，冬天则可以选择室内运动。

（三）确定锻炼频率及合理安排锻炼时间

按照健康建议和专业指导，确定每周应该锻炼的天数。一般建议每周至少进行中等强度的有氧运动 150 分钟或高强度运动 75 分钟。根据自己的生物钟安排锻炼时间，可以提高锻炼效果和坚持性。选择合适的时间进行锻炼，尽量将锻炼时间固定在每周的同一时间，有助于形成习惯。可将锻炼与其他日常活动结合起来,如边看电视边做瑜伽。

(四)制订具体计划

根据选择的运动类型,制订具体的锻炼计划,包括每次锻炼的具体动作、组数、次数、休息时间等。考虑到身体的不同部位和功能,制订全面的锻炼计划。随着时间的推移,逐渐增加锻炼的强度、持续时间和复杂性,以使身体逐步适应,避免过快增加负荷,以免造成过度训练或受伤。生活总是充满变数,制订的锻炼计划应该有一定的灵活性,以适应不同的时间和环境条件。

(五)记录和评估

使用健身追踪器或应用程序记录每次锻炼的细节,包括日期、持续时间、运动类型、强度、重量、组数、次数等,并记录在锻炼中的感受,包括能量水平、疼痛、疲劳程度等。

定期评估锻炼效果,根据评估结果,反思锻炼计划的有效性,包括哪些方面做得好,哪些方面需要改进。根据评估结果和进步程度,设定新的锻炼目标,确保新目标是具体、可衡量、可实现、相关性强和有时限性的。如果自己不确定如何评估自己的锻炼计划,可以寻求专业人士的帮助,他们可以提供专业的建议,帮助你更好地理解自己的锻炼数据。

思考题

1. 体育运动对身体健康有哪些益处?
2. 终身体育的核心思想是什么?终身体育在个人发展和社会进步中扮演了什么角色?
3. 如何制订一个适合自己的体育锻炼计划?

项目二　运动损伤与急救

学习目标

1. 了解运动损伤的分类方法，理解运动损伤的原因，掌握运动损伤的预防原则。
2. 了解运动中常见的生理反应，并学会相应的处理方法。
3. 学习体育锻炼中的急救知识，掌握常见运动损伤的急救处理方法。

任务五　运动损伤的预防

一、运动损伤的分类

体育运动过程中受到机械和物理方面的因素所造成的人体组织或器官在解剖上的破坏或生理上的紊乱称为运动损伤。运动损伤的分类方法很多，概括起来主要有以下几种：

（一）按受伤的组织结构分类

按受伤的组织结构分类，运动损伤可以分为软组织损伤、四肢骨折、颅骨骨折、脊椎骨折、关节脱位、内脏破裂、烧伤、冻伤、脑震荡等。严重的创伤很少，大部分属小创伤，其中以肌肉、肌腱腱鞘、韧带和关节囊受伤最多，其次是半月板撕裂和髌骨软骨病。

（二）按运动损伤的轻重分类

按运动损伤的轻重分类，运动损伤可以分为：

（1）不影响工作能力，受伤后能按照锻炼计划进行练习的轻度伤。

（2）丧失工作能力 24 小时以上，不能按照锻炼计划进行练习，须停止患部练习或减少患部活动，并需要在门诊治疗的中度伤。

（3）完全不能锻炼，且需要长期住院治疗的重度伤。

（三）按受伤的病理过程分类

按受伤的病理过程分类，运动损伤可以分为急性损伤和慢性损伤。其中，急性损伤是指由瞬间遭受直接或间接暴力造成的损伤，慢性损伤是指由一般性劳损或陈旧性劳损造成的损伤。

（四）按受伤后皮肤或黏膜是否完整分类

按受伤后皮肤或黏膜是否完整分类，运动损伤可以分为开放性损伤和闭合性损伤。其中，开放性损伤是指受伤的皮肤或黏膜破裂，伤口与外界相通，有血液或组织液从伤口渗出，容易引起感染，常见的开放性损伤有擦伤、撕裂伤、刺伤、开放性骨折等；闭合性损伤是由一次较大的暴力所致，损伤的皮肤或黏膜未破裂，伤口不与外界相通，常见的闭合性损伤有挫伤、扭伤、肌肉拉伤及腱鞘炎等。

此外，根据发病的缓急，运动损伤可分为急性损伤和慢性损伤；根据病因，运动损伤又可分为原发性损伤和继发性损伤等。

二、运动损伤的原因

造成运动损伤的原因是多方面的，可分为内部原因和外部原因。

（一）内部原因

内部原因可分为身体素质和心理素质 2 个方面。

1. 身体素质

运动员运动训练水平不够是引起运动损伤的一个很重要的原因。运动训练一般包括身体素质训练、专项技术训练、战略战术训练和自我保护能力训练。一般身体素质不良时，肌肉力量和弹性就较差，反应迟钝，因而容易致伤。例如，短跑运动员如果腰部及下肢肌肉力量不足，在疾跑练习中就很容易发生肌肉拉伤。专项技术训练不够，往往动作要领掌握不好，技术动作不正确，这是导致损伤的首要原因。

同时，睡眠或休息不足，带伤、带病或伤病初愈，以及身体疲劳时，生理机能较低，肌肉力量较弱，动作协调性下降，容易发生损伤。此外，随着生理机能的下降，警觉性和注意力减退，关节灵活性和稳定性较弱，也是造成损伤的因素。

2. 心理素质

运动员的心理素质与运动损伤的发生也有密切的关系。良好的个人心理素质，坚毅果断、勇敢顽强的意志，胜不骄、败不馁的自控能力常常是获胜的保证，而这方面的欠缺常常是运动损伤发生的原因。如果运动员心情不好，对训练和比赛缺乏自觉性和积极性，思想不集中，在这种情况下运动必然容易受伤。运动员情绪急躁、心慌意乱、信心不足、自控能力差、赛前过于紧张等，也容易导致损伤。

（二）外部原因

外部原因主要包括技术方法和外部环境 2 个方面。

1. 技术方法

在组织教学、训练过程中，活动组织安排不当，不遵守教学、训练和比赛的方法原则，也会造成运动损伤。同时，不遵循个别对待原则，没有认识到不同年龄、性别的个体，其生理、心理特点不同，在身体发育、健康状况、身体素质、运动能力及技术水平之间也存在很大差异，而在教学、训练中千篇一律对待、要求；在运动安排上，没有遵循运动负荷从小到大，技术动作学习从简单到复杂的循序渐进原则，都是造成运动损伤的重要原因。除此之外，运动负荷安排不合理，尤其是运动负荷安排过于集中，造成局部运动负荷过大，会导致运动损伤的发生。如果缺乏必要的自我保护能力和运动经验，教学上缺乏细心的教导和正确的示范，有些运动员在比赛中不遵守比赛规则，都可能导致发生运动损伤。

在组织训练过程中，常见到没有做准备活动或准备活动不充分等问题。准备活动的生理作用在于克服人体生物惰性，使人体迅速进入良好的运动状态。在剧烈运动前没有做准备活动，或者准备活动做得不充分，神经系统和内脏器官没有充分调动起来，身体缺乏必要的协调性，容易造成运动损伤。准备活动与正式活动之间间隔时间过长，以至于准备活动的生理效应已经消退，也会造成运动损伤。此外，准备活动量过大，使人体在未进入正式活动以前已感到疲劳，也容易导致运动损伤的发生。

2. 外部环境

外部环境主要包含场地设备、运动器械、气候、光线等因素，如场地不平并有碎石、杂物；跑道过硬、过滑；沙坑沙量过少，沙坑过硬，边缘暴露过高；踏板凸出或凹陷于地面，与地面不平齐；垫子之间存有缝隙或安放不平整；器械表面粗糙，有裂缝、生锈或器械安装固定不牢或安放不当；器械的大小、质量与运动者的年龄、性别不适应等。此外，缺乏必要的护具，运动服装不合适、运动鞋尺码不合适或穿硬底鞋运动也都易引起运动损伤。

气温过高容易疲劳，产生中暑；气温过低会导致肌肉僵硬，动作协调性差。潮湿的气候使人容易出汗，影响体内水盐代谢，易发生肌肉痉挛，有抽筋或虚脱的风险。在室外运动时，浓雾、大风、光线不足等都会影响人的视力，致使神经反应迟钝，注意力降低，都可成为运动损伤的原因。

三、运动损伤的预防原则

一般来说，在体育锻炼中运动损伤的预防原则主要有以下方面。

（一）加强预防运动损伤的思想教育工作

首先要从思想上对运动损伤的预防给予重视，遵守体育锻炼的一般原则，加强体育运动的目的性教育，使体育工作者和从事体育锻炼的人对预防运动损伤的意义有一个正确的认识。在体育教学训练中，必须把安全教育作为一项重要内容。体育教师应明确学校体育工作的目的和任务在于全面贯彻党的教育方针，促进学生身体全面发展；同时要加强对学生的组织性和纪律性教育，培养学生遵守纪律、爱护同学的良好道德品质。

（二）注重科学锻炼，合理安排教学训练内容

科学锻炼包括五大要素，即全面性、渐进性、个别性、反复性、意识性，其中前 3 个要素对预防运动损伤较为重要。全面性指锻炼者应对体能进行全面训练，而不是单纯针对某一特定动作的反复练习。渐进性指锻炼者应逐步提高运动负荷和增加锻炼时间，防止机体一时不能适应而导致运动损伤。个别性指锻炼必须因人而异。对性别、年龄、体力、技术熟练程度不同的锻炼者，安排的活动量和方法也应不同。

在教学训练中，教师要认真钻研教材，充分了解教学训练内容中哪些技术动作不易掌握，容易发生损伤，做到心中有数，事先做好预防准备。除此之外，教师要加强基本技术的教学训练，使学生掌握正确的技术动作。

（三）加强易伤部位的训练

加强易伤部位和相对薄弱部位的训练，提高其功能，是预防运动损伤的一种积极手段。例如，为了预防腰部损伤，应加强腰腹肌的训练，提高腰腹肌的力量，并增强其协调性和平衡性。

在发展肌肉力量的同时，要注意发展肌肉的伸展性，防止肌肉拉伤。为了预防关节扭伤，要增强关节周围的肌肉和韧带的力量，以加强关节的稳定性。

（四）做好准备活动和放松活动，调节良好的运动状态

（1）锻炼前应做好充分的准备活动。准备活动不但能使基础体温升高，肌肉深部的血液循环增加，肌肉应激性提高和关节柔软性增强等，还能减轻锻炼前的紧张感和压力感，从心理上做好准备，这在很大程度上可以预防损伤的发生。准备活动的内容与量应依训练内容、比赛情况、个人机体状况、气象条件等而定。严禁不做准备活动就进入正式运动。

（2）锻炼后应做好充分的放松活动。锻炼后通过放松方法使体温、心率、呼吸、肌肉的应激反应恢复到锻炼前的正常水平。从预防损伤的角度来看，放松活动同锻炼前的准备活动一样重要。根据不同的运动项目进行针对性的放松，可以防止锻炼后出现的肌肉酸痛，有助于消除精神压力。

（五）加强运动中的自我保护

在运动中应加强自我保护。运动中适当的保护与帮助可增强运动员的信心，避免一些意外事故的发生。

（1）运动员应学会自我保护的方法。例如，从高处落地时，必须以前脚掌着地，以增加缓冲作用，同时双腿屈膝并拢；当重心不稳而摔倒时，应立即屈肘低头，团身滚动，切不可直臂或肘部撑地。

（2）体育器具、设备、场地和个人防护用具等在锻炼前都应进行严格的安全检查。对场地、器械和防护用具要严格监督、管理，对已损坏的场地器械应及时维修，维修前一律禁止使用。例如，参加网球锻炼时，球拍的重量、拍柄的粗细、网线的弹力应该适合锻炼者个人的情况；女性的项链、耳环等锐利的物品在锻炼时应暂时不佩戴；锻炼者应根据运动的项目、脚的大小、足弓的高低选择一双弹性好的运动鞋。

（3）运动员必须学会各种保护支持带的正确使用，同时在锻炼中应密切注意自己的身体反应，及早发现运动损伤的早期症状，以便早发现、早治疗、早康复。

任务六　运动中常见的生理反应及其处理

一、运动后肌肉疼痛或紧绷与延迟性肌肉酸痛

（一）原因与症状

运动后肌肉疼痛是指开始从事运动的人或是很长一段时间没有运动的人运动时产生的肌肉疼痛或紧绷的感觉。短时间内迅速增加运动时间和强度是运动后肌肉疼痛的常见原因。而延迟性肌肉酸痛是指在运动后 24 小时出现肌肉疼痛、肌肉酸痛或肌肉僵硬的现象。延迟性肌肉酸痛是由细小肌肉纤维撕裂导致的，撕裂的数量和疼痛程度取决于运动的强度、时间以及运动类型。

（二）处理与预防

在比赛或剧烈运动后，保证充足的休息是最好的恢复方法。然而，也有研究发现可以通过运动来进行恢复。运动恢复是指训练后从事低强度运动。有关研究表明，低强度的有氧运动可增加血液流量，减少肌肉酸痛。因此，在剧烈运动后，可采用低强度的有氧运动缓解肌肉酸痛。同时，按摩也能够帮助缓解肌肉酸痛和肿胀，有助于改善肌肉的灵活性，提高关节活动范围，改善血液流动。此外，按摩还有助于减少焦虑和改善情绪。

在运动前，适当的热身活动可以增加流向运动肌肉的血液量，从而减少肌肉僵硬，降低受伤的风险。在运动后，应以温和的伸展运动进行放松。伸展运动可以促进血液循环，扩大运动范围，改善体态，减小肌肉张力。

二、运动中腹痛

运动中腹痛是中长距离运动中一种常见的生理反应，泛指在运动过程中或运动结束时产生的腹部疼痛。

（一）原因与症状

引起腹痛的原因可分为两类：一类是腹内脏器病变，另一类是腹腔以外脏器或全身性病变。运动中出现腹痛，其特点为除腹痛外一般不伴随其他症状。它与运动过程中肝脏淤血、呼吸肌痉挛或活动紊乱、胃肠道痉挛或功能紊乱有关。疼痛程度与运动量大小和强度成正比，一般运动量小、强度低时疼痛不明显，运动量加大时疼痛加剧。

（二）处理与预防

运动中发生腹痛时，应减慢运动速度、降低运动强度，加深呼吸来调整运动与呼吸的节奏。若疼痛仍不减轻，应立即停止运动，并做进一步的诊断和处理。用指点、掐、揉内关、足三里、大肠俞等穴位以缓解疼痛；若是腹直肌痉挛，则可进行局部按摩，或采用背伸动作拉长腹肌。如果上述措施均不见效，应立即送往医院进行诊断和处理。

三、运动性贫血

运动性贫血是指由于运动引发的血液中血红蛋白含量减少的现象。

（一）原因与症状

运动性贫血不是独立的疾病，长期进行高强度的训练会引起血浆容量增加，引起红细胞破坏加剧，血红蛋白减少，血液输送氧的功能不足，以致全身各器官、组织缺氧，引起贫血症状。大量出汗会加快铁的流失，再加上铁摄入量不足等原因，容易导致运动员发生运动性贫血。运动性贫血的症状主要表现为头晕、乏力、恶心、呕吐、气喘、体力下降，以及运动后心悸、心率加快、面色苍白等。

（二）处理与预防

如果运动中出现运动性贫血，应适当减小运动量，必要时需要停止训练，并适当补充富含蛋白质和铁的食物，改善营养。例如，口服硫酸亚铁来缓解症状或同时口服维生素C和胃蛋白酶合剂，以利于铁的吸收。

预防运动性贫血，需在运动训练后及时补充水分、电解质和维生素；另外，还要注意训练期间的营养补充。

四、运动性昏厥

运动性昏厥是指在运动中或运动后，由脑部供血不足或血液中化学物质的变化引起突发性、短暂性意识丧失，肌张力消失并伴有跌倒的现象。

（一）原因与症状

运动性昏厥是由供应给大脑的血液和氧减少引起的。运动性昏厥可能是由各种因素引起的，如严重的脱水、低血糖或高温。此外，在运动中晕倒也常常与血液循环受到影响有关。

运动性昏厥多表现为头晕、眼花、耳鸣、脸色苍白、全身虚弱、出冷汗，进而出现意识丧失和瞳孔缩小，一般数秒内便可恢复，少数人在数小时后清醒，其他异常体征不明显。

（二）处理与预防

对于症状较轻者，要保持安静，取平卧位，解开衣领，确保呼吸道通畅；对于心肺功能不全的患者，应保持安静，取端坐位，给患者吸氧，点、掐内关和足三里穴；对于昏迷者，可掐人中、百会、涌泉等穴位，并保持呼吸道通畅；若患者发生呼吸、心搏骤停，则必须立即就地做人工呼吸和胸外心脏按压，同时立即请医生做进一步处理。

预防运动性昏厥，应加强体育锻炼，提高身体素质和机能水平。在训练和比赛中，应坚持科学系统的训练原则，结合身体实际情况量力而行，避免出现过度疲劳、紧张等情况。同时，应避免在夏季高温或无风条件下进行长时间训练及比赛。进行长距离运动时要及时补充糖、盐和水分，且疾跑后不要骤停，应继续慢跑一段并做深呼吸。凡在重大比赛和大强度训练前均应做全面、深入的体格检查。对于有高血压病史、心血管系统疾病史的患者或有家族病史者，应禁止参加剧烈运动和比赛。

五、极　点

（一）原因与症状

训练不足及体适能状态水平较低的人通常在运动（特别是中长跑）开始后不久，就会有两腿发软、全身乏力、呼吸困难等感觉，在运动生理学中，这种现象称为极点。极点的产生主要是由内脏器官的惰性引起的。人体从相对安静的状态到剧烈运动时，四肢肌肉能迅速适应，进入工作状态，而内脏器官及呼吸、循环系统等则不能很快发挥其最高的机能水平，就会造成体内缺氧，大量的乳酸和二氧化碳积聚，使自主神经中枢和躯体性神经中枢之间的协调遭到暂时破坏，表现为极点现象的产生。

极点是一种正常的生理现象，与训练水平、运动前的准备活动有关。经常参加锻炼的人极点出现得晚，持续时间短，身体反应也较轻；而很少运动者极点出现得早，持续时间长，身体反应也较严重。

（二）处理与预防

运动中出现极点现象时，应适当地减慢运动速度，保持冷静并有意识地进行深长的呼气，上述生理反应将逐渐缓解，身体情况得到改善，氧供应增加，运动能力得到提高，动作变得协调有力。极点是长跑运动中常见的生理现象，不必疑虑和恐惧，只要坚持经常锻炼且处理得当，极点现象是可以延缓和减轻的。

六、运动中暑

（一）原因与症状

在较高温度的室外环境下长时间进行体育锻炼或在阳光下暴晒，致使体温升高，脑内的体温调节中枢遭到破坏，便会中暑。

中暑早期会出现头晕、呕吐现象，后逐步发展为体温升高，严重者可出现精神失常、虚脱、抽搐、心律失常和血压下降，甚至昏迷等现象。

（二）处理与预防

中暑发生后，应及时将患者扶到阴凉通风处休息，远离高温环境。如果中暑者神志清醒，并无恶心、呕吐症状，可饮用含盐的清凉饮料或绿豆汤等，并补充生理盐水或葡萄糖生理盐水等，以起到降温和补充血容量的作用。同时，可采用电风扇吹风等散热方法，但不能直接对着患者吹风，以免造成感冒。此外，可在额头、腋下或腹股沟等处放置冰袋，并用冷水或30％酒精擦拭直到皮肤发红。每10～15分钟测量一次体温。对于症状严重者，经临时处理后，应迅速送往医院治疗。

在高温炎热的天气进行锻炼时，应适当减少运动量和运动时间，避免在烈日下长时间锻炼，并及时补充水分。同时，应戴遮阳帽，穿宽松透气的衣服。夏天在室内锻炼时，应保持良好的通风，并准备低糖饮料。

七、运动无法忍受度

在运动过程中，一些生理信号可以告知是否超出功能上的极限，这就是运动无法忍受度。当达到运动无法忍受度时，会出现心跳过速或不规则、呼吸困难、恶心、呕吐、头晕、眼花、全身无力、肌肉痉挛以及胸部憋闷等症状。

在运动时，应科学精准记录运动负荷，让运动量和运动强度保持在安全范围内。可将心率作为强度指标，检验运动时的心率是否超出个人的目标范围。运动时要学会观察自己身体的反应，一旦发现有上述症状，应立刻停止运动。之后如果想继续运动，则需经检查后再决定。

任务七　体育锻炼中的急救与处理

一、急救的基本知识

急救是在紧急情况下为受伤或生病的人提供立即援助的措施。掌握基本的急救知识可以在关键时刻挽救生命。下面是一些基础的急救知识和技巧。

(一) 评估现场安全并呼叫紧急服务

在进行急救之前，首先要确保现场安全，避免自己和伤者处于危险之中。如果情况严重或有可能恶化，应立即拨打“120”。

(二) 心肺复苏

如果伤者没有呼吸或呼吸不正常，且没有意识，应立即开始心肺复苏。进行胸外按压时，以每分钟100～120次的频率按压胸部，对于正常人，按压深度为5～6厘米；对于瘦弱患者和儿童，按压深度为5厘米；对于婴幼儿，按压深度为4厘米。每进行30次按压后进行2次口对口或口对鼻人工呼吸。如果不确定如何进行人工呼吸，可以只进行胸外按压。

(三) 止　血

对于出血的伤口，应使用干净的布或绷带进行直接压迫止血。如果出血严重，可能需要使用止血带。应抬高受伤部位，尽量将受伤部位抬高至心脏水平以上，以减少出血。如果出血严重或无法控制，立即拨打“120”请求援助。

(四) 处理骨折和创伤

处理骨折和创伤的事件时需要谨慎和迅速地行动，以减少进一步的损伤。对于骨折，应尽可能保持伤处稳定，避免移动，并使用夹板固定。对于创伤，应覆盖伤口，防止感染。在受伤部位放置冰袋或冷敷包，以减少肿胀和疼痛。在专业医疗人员到达之前，保持受伤者的舒适和安全，并尽量保持体温和情绪稳定。

(五) 处理中毒

如果怀疑中毒，应尽快获取毒物信息，并拨打紧急服务电话。如果中毒是由气体或蒸气引起的，应尽快将受害者移到新鲜空气处，并打开窗户通风。在中毒事件中，应持续观察受害者的症状，并向医疗人员报告任何变化。

(六) 记录和报告

在急救过程中，应记录伤者的状况和所采取的措施，以便医护人员到达后能够迅速了解情况。

拓展阅读

急救(医学术语)

急救即紧急救治的意思,是指当有任何意外或急病发生时,施救者在医护人员到达前,按医学护理的原则,利用现场适用物资临时及适当地为伤病者进行的初步救援及护理,然后从速送往医院。

二、常见运动损伤的急救处理

(一) 软组织损伤的急救

1. 擦伤的急救

擦伤是指皮肤受到外力急剧摩擦引起表面被擦破出血或者组织液渗出的现象。轻度擦伤可用生理盐水或冷开水洗净伤口,然后涂抹药水;重度擦伤需先用生理盐水或碘伏冲洗消毒处理,再用消毒布遮盖,最后用纱布包扎。

2. 撕裂伤、刺伤、切伤的急救

撕裂伤主要是剧烈运动中受到钝物击打引起皮肤和软组织撕裂的现象,常见有头皮撕裂、跟腱撕裂等。刺伤是由尖细物件刺入体内所致。切伤是由锐器切入皮肤造成。对于这些伤口,轻者可用消毒液涂抹伤口,对于创伤面较大者,还需送往医院清创伤口,手术缝合,必要时应注射破伤风。

3. 挫伤的急救

挫伤通常是由于撞击或挤压造成的软组织损伤,不会破坏皮肤。挫伤后要让受伤的部位立即休息,避免继续活动,以减少出血和疼痛。在挫伤后的 48 小时内,使用冰袋或冷敷包对受伤部位进行冷敷,每次 10～20 分钟,每小时重复一次。冷敷可以减少肿胀和疼痛。可以轻轻用弹性绷带包裹受伤部位,以减少肿胀,确保不要包得太紧,以免影响血液循环。密切观察受伤部位的变化,如果肿胀和疼痛加剧,或者出现其他症状,如皮肤变色、持续剧烈疼痛、无法活动等,应立即就医。

4. 肌肉拉伤的急救

肌肉拉伤是肌肉或肌腱过度拉伸或撕裂所造成的损伤,常见于运动过程中。一旦发生肌肉拉伤,应立即停止正在进行的任何活动,以避免进一步损伤。轻轻支撑和保护受伤的肌肉,避免不必要的移动和压力。让受伤肌肉休息,避免使用受伤的肌肉,给予足够的恢复时间。如果拉伤严重,发生肌肉撕裂或有其他并发症,如肿胀严重、无法承重或移动、疼痛持续加剧等,应立即就医。

肌肉拉伤的处理取决于伤势的严重程度。轻微的拉伤可能只需要休息和上述的急救措施,而严重的拉伤可能需要医生的评估和治疗方案,甚至可能需要手术治疗。在处理肌肉拉伤时,应遵循专业医疗建议,并给予适当的恢复时间。

(二) 关节、韧带损伤的急救

关节和韧带损伤包括扭伤、拉伤或撕裂等。这些损伤通常发生在运动或跌倒时。关节或韧带损伤时，为避免进一步损伤，不要让受伤的关节承受重量或进行不必要的移动。让受伤的关节或韧带休息，避免使用受伤的部位。在受伤后的48小时内，使用冰袋对受伤部位进行冷敷，每次10～20分钟，每小时重复一次。如果关节或韧带损伤严重，如有明显的肿胀、变形、剧烈疼痛、无法承重或移动等，应立即就医。医生可能会建议进行X光或其他影像学检查以评估损伤程度。

（三）脑震荡的急救

脑震荡主要是脑部受到外力击打后脑意识和脑功能出现暂时性障碍，不久即可恢复，无明显的解剖病理的改变。伤者会出现神志昏迷、肌肉松弛、神经反射减弱或消失等症状。清醒后，患者会有头晕、恶心、呕吐等症状。

急救时，应让患者采取平卧位，保持安静，不可坐或站立，不可随意搬动患者，同时头部冷敷，身上保暖。若出现昏迷，可用手指掐人中、内关等穴位。呼吸障碍时，可进行人工呼吸。若昏迷时间超过4分钟，或两侧瞳孔大小不对称，清醒后剧烈头痛、恶心、呕吐，说明损伤严重，应立即送往医院诊治。

（四）骨折的急救

骨折是常见的一种外伤，是指骨或骨小梁的完整性和连续性中断。骨折是较严重的损伤，多为暴力作用引起的外力性骨折。骨折发生后，患处立即出现肿胀、皮下淤血，活动时剧烈疼痛，肢体失去正常功能，有时骨折部位会发生变形。严重时，还会伴有出血和神经损伤、发烧、休克等全身性症状。

骨折发生后应立即处理，处理不当可能加重损伤，增加患者的痛苦。抢救生命是急救的首要原则。对昏迷患者应保持呼吸道通畅。若有休克或脏器损伤者，应先给予抗休克治疗及脏器的修复处理。

开放性骨折的伤口可采用加压包扎法。对离断肢体可用洁净的布包好，外面可加冰袋降温，为断肢再植创造条件。若为闭合性骨折，畸形较明显，宜牵引伤肢远端纠正畸形，然后用夹板固定，固定不宜过紧，夹板的长度要超过受伤部位，并能够超过或支撑伤口上方和下方的关节。脊柱、腰部及下肢骨折的伤者必须用担架运送。在搬运伤者前，需确认伤者的情况，不能搬动或者挪动伤者患处，以免造成二次伤害。

思考题

1. 关于运动损伤，有哪几种分类方法？简要描述每一种分类方法的特点。
2. 运动损伤的原因主要有哪些？
3. 体育锻炼中的急救处理方法有哪些？

项目三　体能与职业体能

学习目标

1. 了解体能的概念及其重要性。
2. 掌握各项体能的测定与评价方法。
3. 掌握常见职业体能的训练方法。

任务八　体能及其测定与评价

体能主要通过身体锻炼而获得，保持良好的体能可以使身体更健康、精力更旺盛、生活更美好。良好体能的保持与长期的锻炼密不可分，如果一个人的锻炼半途而废，那么，他的体能水平就不能保持，甚至还会下降。身体锻炼是提高体能水平必不可少的重要途径，但是良好的体能并不是完全靠身体锻炼就可以达到的，还与科学的饮食方法、足够时间的休息等方面有关。

体能可分为两类：与健康有关的体能和与动作技能有关的体能。前者包括身体成分、肌肉力量、肌肉耐力、心肺功能、柔韧性等，后者是指从事运动所需的灵敏度、速度等。

一、身体成分的测定与评价

身体成分的测定与评价是指对个体身体内不同成分（如脂肪、肌肉、骨骼等）的含量和比例进行测量和分析的过程。身体成分对于评估个体的健康状况、运动能力、代谢水平以及疾病风险等方面具有重要意义。身体成分的改善可以通过合理的饮食、有针对性的锻炼和健康的生活方式来实现。下面是一些身体成分测定方法。

（1）皮褶厚度测量。使用皮褶夹在身体多个部位（如三头肌、肩胛下、大腿等）测量皮褶的厚度。通过皮褶厚度可以估算体脂率。

（2）生物电阻抗分析。通过向身体发送微弱的电流，测量电流通过身体的速度，从而估算身体成分。生物电阻抗分析设备通常简单、便携，但其准确性可能受到水分摄入、饮食和运动等因素的影响。

二、肌肉力量的测定与评价

肌肉力量是指肌肉或肌肉群在最大努力下所能产生的力量。肌肉力量的提高可以通过专门的力量训练来实现，如通过进行重量训练、抗阻训练和使用逐渐增重的原则来增加肌肉力量。需要注意的是，不应在强调某一肌肉群发展的同时而忽视其他肌肉群的发展，否则会影响身体的结构和形态。肌肉力量的测定与评价通常通过特定的测试来进行，下面是一些常用的肌肉力量测定方法。

(1) 卧推测试:测试胸部、肩部和三头肌的力量。测试者在平板卧推器上推举重量,记录最大重量。

(2) 深蹲测试:测试下肢和臀部肌肉的力量。测试者进行负重深蹲,记录最大重量。

(3) 腿举测试:专门测试大腿肌肉的力量。测试者在腿举机上用腿推举重量,记录最大重量。

三、肌肉耐力的测定与评价

肌肉耐力是指肌肉在一段时间内反复收缩的情况下维持一定力量水平的能力。它对于许多日常活动和体育运动是非常重要的。肌肉耐力的提高可以通过规律的耐力训练来实现,如通过长时间的低强度运动或反复的中等强度运动来增加肌肉的耐力。下面是一些常用的肌肉耐力测定方法。

(1) 俯卧撑测试:测试上肢和肩部肌肉的耐力。测试者在标准姿势下做俯卧撑,记录在一定时间内能完成的俯卧撑次数。

(2) 仰卧起坐测试:测试腹部肌肉的耐力。测试者在一定时间内做尽可能多的标准仰卧起坐。

(3) 蹲起测试:测试下肢肌肉的耐力。测试者进行深蹲并站起的动作,记录在一定时间内能完成的次数。

(4) 握力测试:使用握力计测试手部肌肉的耐力。测试者尽可能长时间地保持最大握力,记录持续时间。

(5) 引体向上测试:测试上肢和背部肌肉的耐力。测试者做引体向上,记录在一定时间内能完成的次数。

(6) 平板支撑测试:测试核心肌群的耐力。测试者保持平板支撑姿势,记录能坚持的最长时间。

四、心肺功能的测定与评价

心肺功能是指心脏和肺部的健康和效率,它对于维持身体活动能力和整体健康状况至关重要。心肺功能的提高可以通过有氧运动(如跑步、游泳、骑自行车等)和适当的抗阻训练来实现。这对于提高运动表现、预防心血管疾病以及提升生活质量都是非常重要的。心肺功能的测定与评价通常通过特定的测试来进行,下面是一些常用的心肺功能测定方法。

(1) VO_2 最大测试。该测试也称为最大摄氧量测试,是衡量心肺功能的最直接方法。该测试通常在跑步机或自行车上进行,通过逐渐增加运动强度,测量最大运动时摄入的氧气量。其值越高,表明心肺功能越强。

(2) 3 分钟台阶测试:测试者在一个固定高度的台阶上上下跳跃或踏步 3 分钟。测试后立即测量心率恢复速度,恢复越快表明心肺功能越好。

(3) 6 分钟步行测试:测试者在平直的路径上尽可能快地步行 6 分钟。测量步行的距离,距离越长表明心肺功能越好。

五、柔韧性的测定与评价

柔韧性是指人体关节活动范围的大小，它是身体素质的重要组成部分，关系到运动能力和日常生活质量。柔韧性是绝大多数锻炼项目所必需的体能之一，它对掌握运动技术、保持肌肉的弹性和爆发力、维持身体姿态等方面都具有很重要的意义。柔韧性的好坏不仅取决于结构方面的特点，而且取决于神经系统支配骨骼肌的机能状态。常用的柔韧性测定方法有坐位体前屈、肩关节活动度测试、踝关节活动度测试等。

(1) 坐位体前屈。被测试者坐在地面上，双腿伸直，脚跟并拢，脚掌贴紧测试器的底板；双手平举，手指尖相触，然后慢慢前倾身体，尽量用手指尖去触碰脚趾。记录手指尖与脚趾之间的距离。

(2) 肩关节活动度测试。被测试者站立或坐姿，测试者帮助被测试者分别进行肩关节的屈曲、伸展、内收、外展等动作。记录各个方向上的活动范围，并与正常值进行比较。

(3) 踝关节活动度测试：测试主动和被动的踝关节背屈及跖屈的活动范围。被测试者可以坐或躺在测试床上，测试者帮助完成测试。记录踝关节的活动角度。

进行柔韧性测试时，应注意：测试前应进行适当的热身，以避免肌肉或关节受伤；测试应在专业人员的指导下进行，以确保安全和准确性；测试结果应与相应的年龄、性别和运动水平的标准进行比较。

六、灵敏度的测定与评价

灵敏度是指人体在复杂多变的条件下对刺激做出快速、准确的反应，灵活完成动作的能力。在体育运动中，灵敏度通常指的是运动员对比赛情况变化的快速反应能力。灵敏度的测定与评价通常通过专门的测试来进行，下面是一些常用的灵敏度测定方法。

(1) “T”形测试。在地上放置 3 个锥形物，形成一个“T”形。测试者从一个端点出发，快速跑到“T”形的中心，然后侧向跑向一个侧面，再返回中心，最后跑向另一个侧面。记录完成测试所需的时间。

(2) 穿梭跑测试。测试者需要在 2 个标志物之间快速穿梭跑动，根据信号或颜色变化改变方向。记录完成指定次数的穿梭跑所需的时间。

(3) 反应时间测试。使用反应时间测试器，测试者需要尽快按下按钮或敲击屏幕以响应视觉或听觉信号。记录从信号出现到测试者做出反应的时间。

任务九　职业体能及其训练

一、职业体能的训练原则

职业体能训练是指针对特定职业的身体素质和技能要求，进行有针对性的身体训练。这种训练的目的是提高从业人员在特定工作环境中的工作效率、保护身体健康、预防职业病，并提高整体的身体素质。在进行职业体能训练时，应遵循以下原则：

（一）针对性原则

职业体能训练的针对性原则是指根据不同职业的工作特点、工作强度以及工作环境等因素，为从业人员定制个性化的体能训练方案。训练内容应与职业特点紧密结合，针对不同职业对身体素质的不同要求，如力量、耐力、速度、柔韧性等进行专项训练。这一原则体现了对从业人员健康的高度关怀和对工作效率的重视。首先，需要对各个职业的工作特点进行深入分析，包括工作的体力要求、心理压力、工作环境的特殊性等。其次，在制订体能训练计划时，要考虑到个体的年龄、性别、健康状况、体能水平等个体差异，制订个性化的训练计划。最后，训练内容应着重增强从业人员在特定职业环境中所需的功能性能力，如力量、耐力、柔韧性、协调性等。

（二）全面性原则

职业体能训练的全面性原则是指在训练过程中，不仅要注重从业人员在特定职业工作中所需的主要体能素质，还要兼顾其他方面的身体素质和心理素质的发展，以促进从业人员的全面发展。除了身体训练外，还应包括心理训练，如压力管理、情绪调节、团队协作能力等，提高从业人员的工作效率和应对各种工作场景的能力。这一原则体现了对从业人员综合能力的培养和对个体身心健康的全面关怀。

（三）循序渐进原则

职业体能训练的循序渐进原则是指在制订和实施训练计划时，要遵循由易到难、由浅入深、由低强度到高强度的顺序，逐步提升从业人员的体能水平和技能水平。在训练初期，应以适应性训练为主，让从业人员逐步适应训练的节奏和强度，避免突然增加的负荷导致身体损伤。定期对从业人员的体能和技能水平进行评估，根据评估结果调整训练计划，确保训练的针对性和有效性。随着从业人员对训练的适应，逐步增加训练的难度和强度，但要控制在从业人员能够承受的范围内。在增加训练难度和强度的同时，要给予从业人员足够的恢复和休息时间，避免过度训练和疲劳累积。这一原则体现了科学训练的方法，旨在确保从业人员在安全的前提下逐步提高其工作能力和身体适应能力。

（四）安全性原则

职业体能训练的安全性原则是指在训练过程中，始终将从业人员的安全放在首位，采取必要的措施，确保训练的安全性，预防运动损伤，避免发生意外伤害。每次训练前应进行充分的准备活动，包括热身运动和拉伸运动，以提高身体的适应能力和减少受伤风险。训练方法应符合人体运动生理学原则，确保从业人员在训练过程中能够正确执行动作，避免因动作错误导致受伤。训练场地应安全、宽敞、设施齐全，训练器材应保持良好状态，确保从业人员在训练过程中的人身安全。训练过程中应有专业人员进行监督和指导，及时发现并纠正可能引发伤害的错误动作或不当行为。训练现场应配备必要的急救药品和设备，并有专人负责紧急医疗救护工作，以便在发生意外时能够及时处理。这一原则是职业体能训练中最基本的要求，体现了对从业人员健康和生命的尊重。安全性原则的实施有助于保障从业人员在训练过程中的安全，减少因训练不当导致的伤害，提高训练的效果和从业人员的满意度。

同时，这也是对从业人员负责、对工作场所安全重视的体现。

遵循以上原则，可以帮助从业人员更好地适应职业要求，提高工作效率，同时保护身体健康，预防职业病的发生。

二、职业体能的训练方法

常见职业体能的训练方法通常包括有氧耐力训练、力量训练、柔韧性训练、速度与敏捷性训练 4 个方面。

（一）有氧耐力训练

有氧耐力训练，也称心肺耐力训练，是指通过一系列特定的运动来提高心肺功能和肌肉利用氧气的能力。这种训练对于提高整体体能、增强心血管健康和促进新陈代谢都非常有益。有氧耐力训练方法主要包括：① 持续中等强度训练，即进行长时间（30 分钟以上）的中等强度运动，如快走、慢跑、游泳或骑自行车；② 长距离慢跑，以较慢的速度进行长距离跑步，增加运动时间和距离，以提高耐力；③ 交叉训练，即结合不同的有氧运动，减少单一运动带来的压力和受伤风险，同时提高整体耐力。

（二）力量训练

力量训练，也称抗阻训练或重量训练，是一种以增强肌肉力量和体积为目标的运动形式。这种训练对于提高肌肉耐力、增加骨密度、改善身体形态、促进新陈代谢和提升整体健康水平都非常重要。力量训练方法主要包括：① 自由重量训练，使用哑铃、杠铃等自由重量进行训练，可以增加稳定性和平衡性，同时提升肌肉力量；② 体重训练，利用自身体重进行训练，如引体向上、俯卧撑等，这是一种随时随地都可以进行的便捷训练方式；③ 金字塔训练，从轻重量、高次数开始，逐渐增加重量，减少次数，然后逐渐减少重量，增加次数。进行力量训练时，应注意根据个人的体能水平、健康状况和目标来制订训练计划，保持正确的姿势和动作，避免受伤。

（三）柔韧性训练

柔韧性训练是指通过特定的练习来提高肌肉和关节的活动范围，减少受伤风险，提高运动表现和日常生活的舒适度。柔韧性训练方法主要包括：① 瑜伽和普拉提，通过瑜伽和普拉提的特定姿势和动作，可以有效地提高身体的柔韧性和核心力量；② 泡沫轴滚动，使用泡沫轴对肌肉进行自我按摩，可以释放肌肉紧张，提高柔韧性；③ 动态拉伸，通过动态运动来提高肌肉的柔韧性，如腿摆、臂圈、跳跃等，通常用于热身，因为它可以提高肌肉温度和血液循环。

（四）速度与敏捷性训练

速度与敏捷性训练旨在提高运动员的快速移动能力、反应速度和变向能力。速度与敏捷性训练方法主要包括：① 短距离冲刺，即进行 10～100 米的短距离全速冲刺，重点放在起跑速度和加速度上；② 阻力训练，即利用阻力带或山坡，增加运动员在训练中的负荷，提高力量和速度；③ 指向性训练，即教练随机指向不同方向，运动员需要快速反应并朝指定方向移动；④ 变向训练，即进行包含多个方向变化的练习，如锥形跑、“Z”形跑、“8”字跑等，以提高变向速度和灵活性。

拓展阅读

法特莱克训练法

“法特莱克”是瑞典语，意思为速度运动、跑的游戏。法特莱克训练法是一种与间歇练习相近的长距离的锻炼方法。一般在大自然中进行，空气新鲜，地势变化多样，可以很好地调节锻炼者的心情，有利于消除动作单调、环境单一所造成的枯燥感和精神疲惫，提高锻炼效果。

法特莱克训练法主要采用快跑、慢跑、间歇跑、变速跑等不同强度的跑和越野走相结合的形式。锻炼者可根据自己的意愿随时调节锻炼负荷，一般每次锻炼时间控制在30分钟左右。

思考题

1. 与健康有关的体能和与动作技能有关的体能的特点分别是什么？
2. 职业体能的训练原则有哪些？常见职业体能的训练方法有哪些？

第二篇 实践篇

项目四　田径运动

学习目标

1. 了解田径运动的起源与发展，知道田径运动的特点与锻炼价值。
2. 掌握典型田径运动的基本战术与技能。

任务十　田径运动概述

一、田径运动的起源与发展

田径运动是一项古老的体育运动，源于人类的生存本能，是在人类长期社会实践活动中发展起来的。远在原始社会时期，人类为了生存和获得生活资料，在和大自然及飞禽走兽的斗争中，不得不走或跑、跳过各种障碍，投掷石块和使用各种捕猎工具。在劳动中不断地重复这些动作，便形成了走、跑、跳跃和投掷的技能。随着社会的发展，人们有意识地把走、跑、跳跃、投掷作为练习和比赛的形式。

田径比赛由田赛、径赛、公路跑、竞走和越野跑组成，此外还包括由部分田赛和径赛项目组成的“十项全能”。以高度和距离长度计算成绩的跳跃、投掷项目叫田赛，以时间计算成绩的竞走和跑的项目叫径赛。据记载，最早的田径比赛是公元前 776 年在希腊奥林匹克村举行的第一届古代奥运会上进行的，项目只有短距离赛跑，跑道为一条直道。一开始并没有像现在这样的标准田径场，那时的一些跳跃和投掷项目的比赛都在一块空地上举行，而一些赛跑的项目则在一段平坦的道路上举行，“田”和“径”的命名就由此而来。“田”指广阔的空地或原野，田赛是在一定的区域内进行的各种跳跃和投掷项目比赛的统称。“径”指跑道或道路，径赛是在田径场的跑道上，或场外规定的道路上进行的不同距离的竞走和各种形式的赛跑的统称。1894 年，在英国举行了最早的现代田径运动国际比赛，比赛共分 9 个项目。真正的大型国际比赛是 1896 年开始举行的现代奥运会。它沿用古代奥运会每隔 4 年举行一次的制度，每届奥运会上，田径运动都是主要的比赛项目之一。从 1928 年起，增设了女子田径项目，此后女子便参加了田径项目的比赛。至今，田径运动仍然是体育比赛中观赏性极强的运动之一。田径是世界上最为普及的体育运动之一，也是历史最悠久的运动项目。田径与游泳、射击被视为奥运金牌三大项目，“得田径者得天下”也由此而来。

田径运动是比速度、比高度、比远度和比耐力的体能项目，要求在很短的时间内表现出最大的速度和力量，或要求在很长的时间内表现出最大的耐力，最能体现奥林匹克“更快、更高、更强”的理念。学校体育的本质属性是通过体育的手段促进学生的身心全面发展，田径课程的基本目标应是通过多种走、跑、跳、投的练习，全面发展学生的基础运动能力，提高体质健康水平和身体安全能力。

二、田径运动的特点与锻炼价值

(一)田径运动与生命安全的关系

人类的进化和发展与田径运动有着不可分割的联系。可以说,只要是正常的人,都具备走、跑、跳跃和投掷等基本活动能力。但是,如何通过科学的田径运动锻炼来达到健康生存与长寿的目的呢?人类的发展与实践告诉我们,身体运动是促进人类健康生存与发展的主要途径。在我国民间,早就流传着"没事常走路,不用进药铺"和"饭后百步走,活到九十九"的健康俗语,说明了我国人民对田径运动与人类生命关系的深刻认识,同时也充分说明了田径运动与生命健康生存、发展和完善有着不可分割的联系。田径运动既是人类生存的一种必然生理活动,又是促进人类健康生存与个性完善的最佳手段,也是人类进行一切生命活动的基础。

(二)田径运动对生命健康的影响

1. 提高人体基本活动能力

田径运动可以提高人的基本活动能力和生存能力。人类从爬行到直立行走就是一种能力的变革,原始人类为了预防和抵抗野兽和同类他族的侵袭,必须有很强的奔跑、行走、跳跃和投掷能力。但这些能力的变革与发展只能通过科学的身体运动来实现。可以说,田径运动既是一种生存能力,又是发展这种生存能力的有效方法。田径运动可以改善和提高人体各器官系统的机能,使人的生命力更加旺盛,基本活动能力更强。

2. 提高人体适应自然和抵抗病毒的能力

自然环境的不断变化对人体健康的影响很大,特别是现代工业的高速发展使许多生态环境发生改变,人体很难适应。经常参加田径运动可以提高人体耐寒、耐高温和抗病毒的能力。

3. 防治疾病,提高生命质量和延年益寿

经常参加田径运动,可以防治各种疾病,可以有效地维持和提高人体各种生理机能,使人体各器官系统不受疾病的困扰,从而延缓衰老,使人健康长寿。

4. 调节情绪,促进心理健康

当工作繁忙、精神紧张、情绪异常时,选择一个合适的环境进行散步或跑步等运动,可使人的情绪状态得到调节。经常参加田径运动,可以防治许多心理疾病,排除各种心理障碍,使人保持良好的心理状态,促进心理健康。

5. 塑造健美形体

田径运动可以全面地影响人的身体,人只要投身于田径运动,就能使全身各部位得到锻炼,可以起到减肥、控制体重的作用;可以更好地促进各部位肌肉的线条美、健康美;可以很好地调节皮肤的代谢机能,使皮肤更加健康;可以有效地发展肌肉和骨骼系统的机能,使人体产生更具魅力的姿态美。因此,田径运动是一种有效的健美与健身手段。

(三)田径运动的锻炼价值

田径运动包括走、跑、跳和投 4 种基本运动形式。它是人类维持正常生活的基本活动能力、人类赖以健康生存的基本条件或基本生活能力；它能有效地发展速度、力量、耐力，以及灵敏、协调性等身体素质，可以提高机体对疾病的防御能力，达到增强体质、防病治病的健身目的；它的锻炼形式多样，不受人数、年龄、性别、季节、气候等条件限制，便于广泛开展；它是发展专项素质的手段与提高技术的基础；它是人类获得运动技能，提高运动能力，培养坚忍不拔、顽强拼搏等意志品质的最基本途径，也是达到增进人的生命安全与健康生存需要的重要手段。

任务十一　田赛运动基本技术与技能指导

田径运动中，通常把以高度和距离长度计量成绩的跳跃和投掷项目称为田赛。

一、跳　跃

跳跃是非周期性运动项目，运动员经过助跑、起跳后，使自己的身体腾起，以达到最大的垂直方向或水平方向的空间距离为目的。跳跃主要包括跳远、跳高等类型。

（一）跳　远

跳远技术由助跑、起跳、腾空与落地 4 个技术环节组成，其中助跑与起跳的结合具有特殊的意义。根据跳的原理，跳远运动成绩主要取决于助跑起跳后腾起初速度和腾起角度这 2 个因素。腾起的初速度由助跑起跳后的水平速度和垂直速度组合而成，腾起初速度越快，跳得就越远。优秀运动员男子一般每秒在 10 米以上，女子每秒在 9 米以上。腾起角度由助跑起跳后的水平速度和垂直速度大小的对比关系所形成，在不影响腾起初速度的情况下，腾起角度越大，跳得越远。优秀运动员的腾起角度为 18～24 度。根据起跳腾空后的身体姿势，跳远技术分为蹲踞式、挺身式、走步式 3 种，下面以前 2 种为例进行介绍。

1. 蹲踞式跳远

助跑 10～12 步，放松自然，逐渐加速，最后几步加快步频，步点准确，起跳脚踏上起跳标志后，起跳腿快速用力向前上方蹬伸，髋、膝、踝三关节充分伸直，同时起跳腿同侧手臂屈肘向前上方摆动，异侧手臂向后侧上方摆动，提肩拔腰带动上体伸展。腾空后，摆动腿的大腿继续高抬，接近最高点时，起跳腿向前上方提举，与摆动腿靠拢，同时两臂向前上方挥摆，身体呈团身蹲踞姿势。随着身体的下落，小腿前伸，脚尖勾起，身体适当前倾，两臂经体侧向下向后摆动，脚跟落入沙坑后迅速屈膝缓冲，重心尽快前移过落地点，躯干前倒、安全着地（图 4-10-1）。跳远的落地动作还有前跪、侧倒、滑坐等落地法。

2. 挺身式跳远

助跑起跳动作同蹲踞式跳远，腾空后，摆动腿的大腿积极下放，膝关节放松，小腿由前向后下方摆动，髋关节伸展向前上方挺送，两臂下放经体侧向后上方绕环摆动、在腾空的最高点，身体充分伸展，稍呈反弓形，形成挺身动作。继而收腹举腿、小腿前伸，两臂向前摆动、准备落地；着地后，立即屈膝，骨盆前移，两臂前摆，使身体迅速移过落地点（图 4-10-2），避免后坐。

图 4-10-1 蹲踞式跳远

图 4-10-2 挺身式跳远

3. 跳远练习方法

(1) 技术训练。

① 学习和掌握快速助跑与正确起跳相结合技术:原地模仿起跳、体会蹬与摆及上下肢协配合;20～30 米距离内行走中连续完成起跳技术模仿练习;40～50 米距离内连续三步助跑起跳成腾空步练习;短、中距离助跑成腾空步练习。

② 学习和掌握空中动作和落地动作:行进挺身式空中动作模仿练习;全程助跑起跳,迅速成蹲踞姿势或挺身姿势,收腿落地技术。

(2) 跳远速度练习:跑的各种专门性练习;前倾小碎步快跑 10～15 米;站立式起动"快频率快速跑"20～40 米;站立式起动上下坡加速跑 40～60 米;站立式起动顺风逆风加速跑 40～60 米;站立式起动 30～60 米计时跑;行进间 20～90 米计时跑;变速节奏跑 20 米,慢 20 米,快 20 米,慢 20 米;技术弹性大步跑 60～80 米;短距离加速跑 60～80 米;牵引重物或负重物跑 30～60 米;短距离跑 30～40 米(将快跑的步长缩小 5～10 厘米);下坡全程助跑与平地全程交替进行练习;全程助跑距离增加 2～4 步计时跑。

(3) 跳远力量练习:负重提踵练习;肩负杠铃弓箭步走练习;肩负杠铃半蹲跳练习;肩负杠铃半蹲起练习;仰卧双脚向上蹬杠铃练习;肩负杠铃退让性半蹲跳起练习;弓箭步连续快速抓举练习;快速挺举练习;高翻杠铃练习;肩负杠铃体前屈体后屈练习;前后抛铅球练习;各种力量的组合练习;各种跳跃练习。

(二) 跳 高

跳高是一项由节奏性助跑、单脚起跳、越过横杆、落地等动作组成,以越过横杆上缘的高度来计算成绩的田径比赛项目,又称急行跳高。跳高比赛中,要求运动员单足起跳,越过横杆且不能碰下横杆。横杆每轮至少升高 2 厘米，直至比赛剩下最后一个人。运动员可以自己选择何时起跳或过杆，3 次试跳同一高度失败即被淘汰，成功越过的最高高度即最终成绩。跳高的完整技术由助跑、助跑与起跳结合、起跳、过杆和落地几部分组成。根据越过横杆的方式不同，跳高分为跨越式跳高、背越式跳高、俯卧式跳高、滚式跳高、剪式跳高，下面以被广泛采用的跨越式跳高和背越式跳高为例进行介绍。

1. 跨越式跳高

如图 4-10-3 所示，助跑采用侧面直线助跑，与横杆的垂面成 30～60 度，一般跑 6～8 步，前段应积极加速，支撑腿积极后蹬，动作放松，富有弹性和节奏；后段 3～4 步身体重心较低而平稳前移。跨越式跳高的起跳点在横杆的外侧 30 厘米处，起跳时用起跳脚脚跟着地，滚动到全脚掌着地、膝关节弯曲缓冲，摆动腿稍屈膝积极向前上摆起；然后起跳腿进行有力的蹬伸，摆动腿迅速前踢小腿，勾脚尖直腿摆起，两臂配合积极上摆，身体腾空跳起；当摆动腿摆过横杆后，向杆下内转下压，两臂下垂。过杆时，躯干向横方向侧倒并向起跳腿方向扭转，两臂上举，同时起跳腿迅速向上高抬，完成跨越动作。过杆后，身体侧对横杆，用摆动腿先落地，接着起跳腿落地，稍有缓冲。

图 4-10-3　跨越式跳高

2. 背越式跳高

背越式跳高的助跑步数为 8～12 步或 9～13 步，助跑开始前段 4～8 步直线段要加速，后段跑弧线(弧线段一般为 4 步)，全程助跑中整个身体要保持高重心，跑的节奏要鲜明，速度要逐渐加快，跑弧线时身体向弧心倾斜适当加大；用离横杆较远的腿起跳，最后一步的路线与横杆的垂直面的夹角为 20～30 度；助跑结束时，起跳腿积极踏向起跳点，大腿带动小腿积极下压做向下扒地动作，以脚跟外侧着地滚动至脚全掌，身体由内倾转向垂直，起跳腿迅速蹬伸，髋、膝、踝三关节充分蹬直，两臂由后向前上积极配合摆动，顶头、提肩、拔腰、垂直起跳；起跳离地后，保持伸展姿势向上腾起，并在摆动腿及其同侧手臂的带动下，加速身体围绕纵轴旋转，使身体背对横杆；当头、肩越过横杆后，及时仰头、倒肩、展体、挺胸，身体向水平方向伸展，同时提臀挺髋，两膝弯曲稍向外分开，小腿放松下垂，身体呈反弓姿势，同时身体重心尽量靠近横杆，以充分利用腾空高度；当身体重心移过横杆后，低头、含胸、收腹，加速向上甩小腿越过横杆，过杆后以背部落在海绵垫上。

3. 跳高练习方法

(1) 技术训练。

① 学习和掌握起跳技术:原地摆腿和摆臂练习;原地和行进间起跳练习;上步和三步助跑起跳练习;沿圆圈或弧线做上一步和三步助跑起跳练习。

② 学习和掌握助跑与起跳结合技术:3～5 步弧线助跑起跳练习;3～5 步助跑起跳,跳上海绵台;对着高横杆做 3～5 步助跑起跳练习;3～5 步助跑起跳用头、手、摆动腿做膝"触高"练习;短程助跑起跳,坐上高架或海绵垫练习。

③ 学习和掌握过杆技术:仰卧垫上,两肩和两脚撑地,向上抬臀挺髋;背向垫子站立,然后向后倒体,同时向上挺髋,以肩着垫子成"桥";背向垫子、原地向后上方跳起,同时倒体挺髋,展体成背弓姿势,然后以肩背落于垫;3～5 步助跑起跳,展体成背弓姿势,然后以肩背落在海绵台上练习;3～5 步助跑,借助于助跳板或低跳箱起跳做过杆练习;3～5 步助跑过杆练习。

④ 学习和掌握背越式跳高完整技术:全程节奏跑练习;全程助跑起跳,跳上海绵台练习;全程助跑过杆练习;中等或中上等强度的完整技术练习。

(2) 练习的主要手段。

直道切入弯道加速跑 30～40 米;各种半径的弧线加速跑 20～30 米;全程助跑计时;10～12 步助跑跳远练习;快速起跳练习。

(3) 跳高力量练习。

负重弓箭步走,重量为 50%～70%;负重快速下蹲,中等负重量快蹲 5 次;负重单腿蹬上高物 40～50 厘米;负轻杠铃单腿快速半蹲练习;手持壶铃快速半蹲跳起,为达到一定强度,可用头触高物;穿沙衣(5 千克)连续跳 10 个栏架;穿沙衣短程跳高练习;徒手跳跃练习,发展专项速度力量;双脚跳从高台跳下连续过 2 个高栏;单足十级计时跑;单足跳助跑摸篮筐;三步助跑单足跳过栏架。

(4) 跳高灵敏和协调练习。

立定多级跳练习;跳台阶练习;跳绳练习;跳起抱膝练习;跳深上箱练习;连续跳跃栏架练习;助跑起跳摸高物练习。

拓展阅读

各种健身跳

(1) 原地轻松跳。原地轻松跳是一种不受场地、器械、天气约束的活动,能使身体迅速升温,关节、肌肉、内脏、头脑得到快速锻炼和休息。锻炼时间可随机进行,运动量及强度可因人而异。其方法有双脚跳(两脚同时跳,用脚前掌蹬地、落地屈膝缓冲,两手臂配合头上、肩两侧摆动)、钟摆跳(两脚像钟摆一样、各自轮流向左右方向摆动跳跃,两手臂配合上举、扩胸、左右摆动)、前踢跳(两脚轮流向前踢起,两臂配合摆动)、后踢跳(两脚跟轮流向后提起,两臂配合摆动)、组合跳(以上动作组合在一起,每种动作持续 4～8 个 8 拍节奏,或跟随有节奏的音乐进行)。

(2) 跳绳。跳绳是一项极佳的耗氧量大的有氧运动,能有效地训练个人的反应和耐力,有助于保持个人体态健美和协调性，从而达到强身健体的目的。跳绳时用前脚掌起跳和落地，不要用脚跟落地，以免脑部受到震动，落地时屈膝缓冲，呼吸要自然有节奏。其方法有单脚和双脚跳、双飞（跳起1次，手中的绳子摇过2次，为双飞）、花样跳绳（向前或向后摇绳时，两手握绳体前叉，为编花跳，增加了跳绳的观赏性和乐趣）、跳长绳（2人摇绳，每人按8字轮流跑进跑出，或一起进入共同跳绳）、跑跳结合（单人或双人一起向前摇绳跑跳）。

二、投　掷

（一）铅　球

在常规比赛中，男子铅球重7.26千克，直径11～13厘米；女子铅球重4千克，直径9.5～11厘米。运动员在推铅球时需要在直径2.135米的圆形区内，以单手把球从肩上推出，铅球落在40度的扇形落地区以内为有效。推铅球的方法主要有背向滑步推铅球和旋转推铅球两种，其中完整的背向滑步推铅球技术可分为握球持球、滑步、最后用力、维持身体平衡等部分。

(1) 握球持球：握球手的五指自然分开，把球放在食指、中指和无名指的指跟上，拇指和小拇指扶在球的两侧，手腕背曲；握好球后，将球放在锁骨窝处，头稍向右转，用颈部和下颌贴住球，肘部外展略低于肩，掌心向前下方，完成握持球的动作（图4-10-4）。

(2) 滑步：背向投掷方向站立，右脚尖靠近投掷圈的后沿；上体自然直立，左臂上举，重心放在右腿上，左腿微屈点地于右脚后侧，呈预备姿势（图4-10-5）；滑步开始前做1～2次预摆，然后左大腿向后方摆动，同时右腿蹬离地面，右脚沿地面滑行至投掷圈中心部位，接着右腿迅速内扣，左脚以内侧掌着地，形成背向最后用力开始姿势。

(3) 最后用力：右脚蹬转，右髋向投掷方向转动，使髋轴转动超过肩轴，上体形成扭紧姿势；左脚前掌内侧着地，插到抵趾板内沿，身体边转边使重心向左腿移动，上体抬起，左臂猛力摆起，带动左肩转向投掷方向，抬头挺胸，右腿充分蹬伸，右臂快速伸臂，并做甩腕、拨指推球动作。

(4) 维持身体平衡：球出手后，身体顺势左转换步，右腿向左跨一步，屈膝内扣，着地缓冲，左腿后抬，以维持身体平衡，然后从投掷圈的后部退出（图4-10-6）。

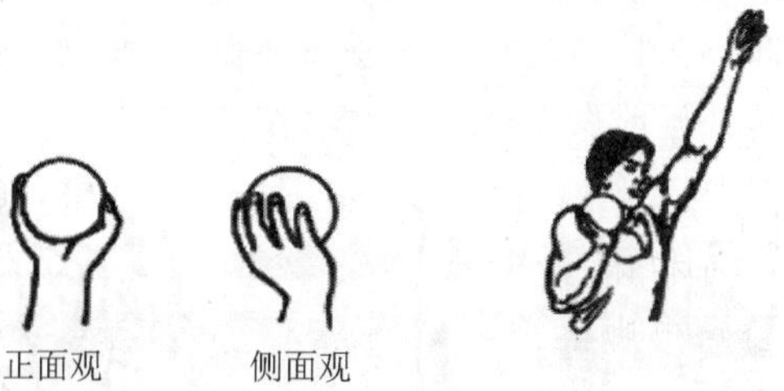

图4-10-4　铅球握持方法

图4-10-5　预备姿势

推铅球练习方法如下：

(1) 推铅球的最后用力技术：学习握、持球方法；原地向下、向上推铅球；原地侧向推铅球；原地背向推铅球；原地背向出左脚推铅球。

图 4-10-6　背向滑步推铅球技术

(2) 滑步技术：徒手的团身模仿练习；徒手的背向滑步练习；徒手背向滑步成最后用力姿势；持轻球进行完整练习。

(3) 滑步推铅球的完整技术：徒手模仿背向滑步推铅球技术；背向滑步推轻铅球；圈内背向滑步推轻铅球或标准重量铅球。

(二) 铁　饼

男子铁饼重 2 千克，直径 22 厘米；女子铁饼重 1 千克，直径 18.1 厘米。比赛时，运动员应在直径 2.50 米的圈内将饼掷出，铁饼必须落在 40 度的扇形落地区内方为有效。男、女铁饼分别于 1896 年和 1928 年被列为奥运会比赛项目。掷铁饼从动作形式上看，是背对着投掷方向，用旋转的方法向投掷方向移动。其基本技术包括握法、预备姿势和预摆、旋转、最后用力、身体平衡等部分。

(1) 握法：将铁饼平放于五指自然分开的掌心中，以四指的最末指节扣住铁饼边缘，拇指和手掌平靠于铁饼，肩部放松，手腕微屈使铁饼的上缘自然靠于小臂，铁饼的重心垂线在食指和中指之间(图 4-10-7)。

(2) 预备姿势和预摆：背对投掷方向，立于投掷圈内后沿处，两脚在投掷圈中线的两侧，间隔大于一肩的高度，两脚齐平或左脚略后，持饼臂自然下垂于体侧，眼平视；为摆脱铁饼的静止状态，为旋转创造有利的条件，旋转开始前做 1～2 次预摆(图 4-10-9)。

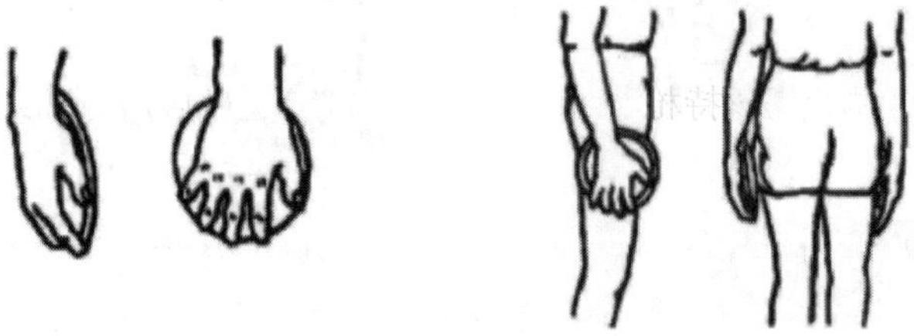

图 4-10-7　铁饼握法

图 4-10-8　预摆铁饼

(3) 旋转：当铁饼摆至右侧后最大幅度时，头向左转(并在整个投掷过程中保持向左转），右腿蹬地，以左脚前掌为轴向投掷方向转动，左腿屈膝外展，上体随之转动，投掷臂自然放松地留在身后；当重心移至左腿时，右腿自然弯曲离地，以大腿带动小腿围绕左腿向投掷方向做弧形摆动；紧接着左脚蹬离地面向右腿靠近，身体腾空，右腿屈膝内扣，右脚前掌着地后积极内扣，边转边蹬地，左肩内扣，左臂微屈于胸前，上体前倾；左腿向投掷方向插出，左膝稍外展，以左脚前掌内侧在投掷中心线的左侧前沿着地。

（4）最后用力：随着左脚的落地，右腿积极蹬地送右髋；然后左臂迅速向投掷方向摆动，牵引左肩前移，当重心移至左腿时，右腿用力蹬伸，抬头挺胸，向前甩右臂，同时左腿髋、膝、踝关节蹬直，使身体重心抬高，当右臂向前挥至与水平成 30～35 度时，由小指到食指依次发力拨饼，使铁饼沿顺时针方向转动向前飞出。

（5）身体平衡：铁饼出手后，身体顺势向左跨步换腿，右腿向左跨一步，屈膝内扣，着地缓冲，左腿后抬，以维持身体平衡，然后从投掷圈的后部退出。

掷铁饼练习方法如下：

（1）原地正面投掷铁饼：两脚左右开立约一肩半宽，做左上右后或身体前后摆饼，幅度要逐渐加大，最后一次要摆至身体后最大限度的部位，两腿微屈。回摆至体侧约同肩高时，两腿蹬地将铁饼掷出。

（2）原地侧向掷铁饼：身体左侧对投掷方向，两脚左右开立约一肩半宽，左脚略向后。当铁饼摆至体后最大限度部位时，上体略前俯扭转右腿弯曲并负担体重，左臂自然微屈于胸前，然后按技术要领将铁饼掷出。

（3）原地背向撤步掷铁饼：背对投掷方向，两脚左右开立，摆饼的最后一次摆至体后最大限度的同时，以右脚前掌为轴，左腿后撤，左脚以侧于右脚延长线的左面着地，脚尖斜对投掷方向。上体微前俯扭紧，右腿弯曲并负担体重，然后按技术要领将铁饼掷出。

（4）徒手和持铁饼转体 180 度掷铁饼：身体右侧对投掷方向，两脚分立于直线上，铁饼摆到体后最大限度时，右腿弯曲以右脚前掌为轴成单脚支撑的旋转，左腿围绕右腿向后摆插，左脚于直线的左侧着地，然后按动作要领将铁饼掷出。

（5）徒手和持铁饼侧向旋转掷铁饼：身体左侧对投掷方向，两脚左右分立约一肩半宽，预摆后按动作要领旋转将铁饼掷出。

（6）徒手和持饼背向旋转掷铁饼：背向站立于投掷圈后缘处，两脚左右分开约一肩半宽，预摆后要领旋转将铁饼掷出。

（三）标　枪

标枪的核心投掷技术涉及标枪的握法、持枪、助跑、引枪加交叉步、最后用力和缓冲。

（1）握法：标枪斜放于掌心，大拇指和中指握在标枪缠绳把手末端第一圈的上沿，食指自然弯曲斜握在枪杆上，无名指和小指自然地握在缠绳把手上（图 4-10-9）。

（2）持枪：目前标枪持枪多采用持枪于右肩上方，稍高于头，使枪尖稍低于枪尾，这种持枪法手腕放松，便于向后引枪。持枪于右肩上方右耳旁，枪身与地面几乎平行。利用这种方法进行引枪时，能较好地控制标枪的角度，但投掷臂与手腕比较紧张（图 4-10-10 和图 4-10-11）。

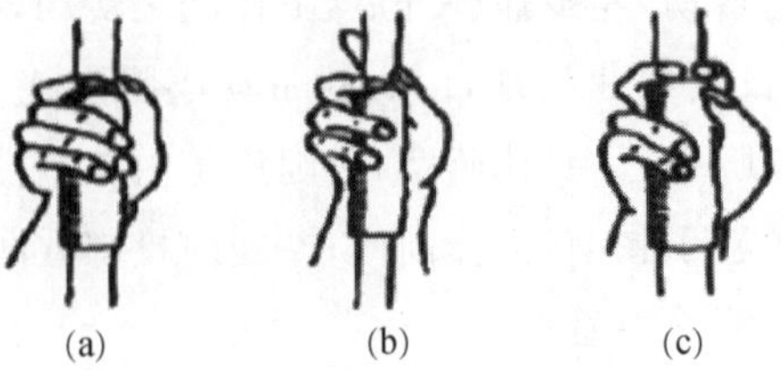

图 4-10-9　标枪握法

图 4-10-10　标枪持枪

图 4-10-11　标枪动作

(3) 助跑:标枪水平置于肩上,枪头与头部同高;持枪手臂保持稳定(没有向前或向后的动作),加速跑放松、控制且富有节奏(6～12 步);速度增加到最适宜的水平,在 5 步节奏跑时保持或增加这一速度(图 4-10-12)。

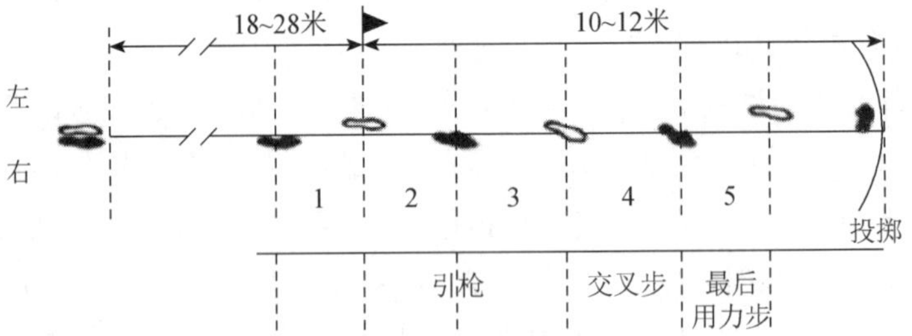

图 4-10-12　持枪助跑

(4) 引枪加交叉步:正面助跑完成,左脚落地时,右股自然弯曲,大腿带动小腿积极向前迈步,左腿猛蹬伸,使右大腿加速前迈,成交叉步,左臂自然摆至胸前,投掷臂伸直充分后引,右脚尖与投掷方向成 45 度左右,躯干与右腿成一条直线。投掷步的最后一步是从助跑过渡到最后用力的衔接步。交叉步结束前,左腿积极迈第四步,用脚掌内侧落地。

(5) 最后用力:① 过渡技术要点:右脚以锐角向投掷方向,紧贴着地面放脚。此时腿部已超越躯干,肩轴、枪轴和髋轴平行,右膝和右髋积极向前推动,投掷臂保持伸展。② 发力姿势以及背弓姿势技术要点:左脚下落支撑积极、稳固,身体左侧稳固支撑。躯干抬起,并伴有沿着左腿的转动动作。在背弓姿势时,身体正面的肌肉被充分拉长,投掷肩向前推动,投掷肘内旋,手掌保持向上。③ 投掷臂最后用力的动作技术要点(侧面):右肘靠近头部向前上方拉动,躯干向前移动,投掷臂的肘部爆发性伸直。通过左腿稳固支撑以及弯曲的左肘靠近躯干的制动,身体左侧突停,右脚与地面保持接触直至标枪出手。④ 投掷臂最后用力的动作技术要点(背面):右脚以外侧为支点转动并拖在后面,躯干轻微向左侧倾斜,右肩越过左脚的垂直线,投掷臂在出手瞬间尽可能接近垂直部位。

(6) 缓冲:标枪出手后,运动员随着向前的惯性继续向前运动,为了防止犯规,应及时向前跨 1～2 步,身体稍向左转,并降低身体重心,维持平衡。

掷标枪练习方法如下:

(1) 专项投掷力量练习:单手提拉重物、仰卧双手头后拉重物、负重仰卧起坐、单臂(双臂)上一步掷实心球、砍斧练习、仰卧拉举、投掷重标枪等。

(2) 爆发力练习:有前抛(后抛)实心球、高翻杠铃、连续跳栏架、跳深、冲刺跑、助跑投小球或轻标枪、上一步打鞭子等。

(3) 最大力量练习:抓举、挺举、负重深蹲、负重蹲跳、卧推、坐推等。

(4) 其他力量练习:单手(双手)绕杠铃片、髋部抓举、体前后过顶绕、前抛(后抛)铅球、链球预摆、摔跤等。

(5) 专项速度练习。运动员跑的技术和跑的能力对掷标枪助跑技术有着直接的影响,而且通过各种跑的练习(快速跑、反复跑),运动员可以提高神经系统的快速传导能力。主要练习手段有 50～60 米距离加速跑、20～30～50 米起跑、20～30 米各种预备姿势反复跑、小步跑、高抬腿跑、后蹬跑、80～150 米中速跑、跨栏跑、越野跑等。

(6) 专项柔韧素质练习。良好的柔韧性可通过加大标枪投掷的动作幅度,从而提高投掷成绩,动作幅度越大,投掷结果就越理想。发展一般柔韧性可采用游泳、杠上体操和地面体操。发展胸椎柔韧性的手段主要有"后桥"练习(初学者应先仰卧在垫子或草地上,逐渐增加难度,如加助力的"后桥"练习)、"满弓"练习、力量性"满弓"练习。发展髋关节柔韧性的手段有劈叉练习、原地走步转髋练习、负重弓箭步练习、跪立向后仰体练习、各种跨栏练习、各种负重跳等。

任务十二　径赛运动基本技术与技能指导

田径运动中,通常把以时间计算成绩的竞走和跑的项目称为径赛。

一、走(竞走)

如图 4-12-1 所示,两肩与躯干配合两腿动作沿着身体纵轴稍有转动,以维持身体平衡和加强后蹬的摆臂时两臂屈肘约成 90 度,两手半握拳在体侧轻松有力地前后摆动。前摆时一般不超过身体中线、高度不超过下颌。后摆时肘部稍向外偏,上臂约与肩平。

竞走练习方法如下:

(1) 沿直线做普通大步走(脚跟先着地)。

(2) 沿直线做直腿走(体会脚跟着地和后蹬动作)。

(3) 慢速和中速竞走(100～200～400 米),逐渐加大动作幅度和骨盆转动,增大步幅(体会在身体垂直部位时向前迈步)。

(4) 骨盆扭转的专门练习:原地做骨盆回环转动练习;交叉步走,使骨盆前后转动;原地交换支撑腿(两脚平行站立,体重由一腿移到另一腿)。

(5) 摆臂练习:原地摆臂练习;结合竞走做摆臂练习(要注意和腿部动作协调配合)。

(6) 改进和提高竞走技术练习:由普通大步走过渡到竞走;较小步长的慢、快步竞走;较大步长的中速竞走；变速竞走（100 米快、100 米慢交换进行）；快速竞走（200 米、400 米），要特别注意由直道转入弯道的技术。

图 4-12-1　竞走技术

二、跑

（一）短　跑

短跑是一项以无氧供能为主的单腿支撑与腾空交替进行的速度力量型周期性跑的运动项目，是体育史上最古老的竞赛项目，是田径运动的基础。短跑运动员必须具备强大的爆发力、较高的动作速度、合理的跑的技术、良好的协调性和灵敏性。短跑技术包括起跑、起跑后加速跑、途中跑、终点冲刺。

1. 起　跑

起跑过程包括各就各位、预备、鸣枪 3 个阶段。以蹲踞式起跑为例，听到"各就各位"口令后，做 2～3 次深呼吸，轻快地走到起跑器位置，两手掌撑地，将两脚依次踏在前、后起跑器的抵足板上，有力腿放在前面，后膝跪地，将两手四指并拢与拇指呈"八"字形支撑，紧贴起跑线后沿，两手间距略比肩宽，两臂伸直，颈部自然放松，两眼目视前下方 40～50 厘米处，集中精力听"预备"口令，身体重量由两臂和后膝承担；当听到"预备"口令后，随之吸一口气，平稳地抬起臀部，与肩同高或稍高于肩，身体重心适当前移，落在两臂和前腿上；"预备"姿势应该稳定，两脚贴起跑器抵足板，注意力高度集中；当听到枪声或指令时，两手迅速推离地，两臂屈肘有力地做前后摆动，两腿迅速蹬起跑器，使身体向前上方运动，前腿快速有力地蹬伸髋、膝、踝 3 个关节。

2. 起跑后加速跑

当后腿蹬离起跑器并结束前摆后，便积极下压着地，第一步前脚着地应尽量靠身体中心投影点，脚着地后迅速转入后蹬。在前腿蹬离起跑器后，迅速屈膝向前摆动。起跑后最初几步，两脚沿着两条相距不宽的直线前进，随着跑速的加快，两脚着地点逐渐合拢到一直线两侧，加速跑的距离一般为 25～30 米。

3. 途中跑

如图 4-12-2 所示，在途中跑中，摆动腿的膝关节迅速有力地向前上方摆出，支撑腿在摆动腿积极前摆的配合下快速有力地伸展髋、膝和踝关节，蹬离地面，形成支撑腿与摆动腿协调配合动作。小腿随蹬地后的惯性和大腿的摆动迅速向大腿靠拢，形成大小腿边折叠边前摆的动作。与此同时，摆动腿以髋关节为轴积极下压，膝关节放松，小腿随摆动腿下压的惯性、自然向前下伸展着地。两臂以肩关节为轴前后大幅度摆动，前摆时稍向内，手的高度不超过下颌，后摆时肘关节稍外展。

图 4-12-2 短跑途中跑

4. 终点冲刺

在离终点线 15～20 米处，尽量保持上体前倾角度，加快两臂摆动的速度和力量；在跑到距离终点线一步时，上体急速前倾，用胸部或肩部撞终点线，并跑过终点，然后逐渐减慢跑速。

短跑练习方法如下：

(1) 柔韧性练习。

短跑的柔韧性主要指髋关节、膝关节、踝关节周围的肌肉、韧带等伸展范围和弹性，其主要练习有：① 手扶肋木做前后、左右摆腿；② 行进中正踢腿、侧踢腿、内外绕腿、正压腿等；③ 前后劈腿、左右劈腿；④ 背桥；⑤ “跨栏坐”前倾、后倒；⑥ 仰卧地上，成肩肘倒立，两腿前后摆动或做左右交叉摆动；⑦ 各种姿势弹力性伸展练习。

(2) 一般耐力练习。

一般耐力练习可以提高短跑练习者的健康水平，增强腿部肌肉的力量，促进身体恢复。其主要练习有：① 匀速越野跑 0.5～1 小时；② 在运动场草地上匀速跑 0.5～1 小时；③ 较大量的变速跑；④ 长时间的足球运动。

(3) 速度耐力练习。

短跑全程保持高速度跑的时间取决于跑的耐力素质发展水平，发展速度耐力主要提高糖酵解能力和乳酸的忍受力。其主要练习有：

① 间歇时间长、强度为个人最好成绩 90%的反复跑：练习 100 米、200 米跑的学生跑 100 米、150 米、200 米、250 米、300 米；练习 400 米跑的学生跑 300 米、400 米、600 米。

② 间歇时间短、强度为个人最好成绩 80%～85%的反复跑；练习 100 米、200 米跑的学生跑(6～8)次×100 米、(6～8)次×150 米、(6～8)次×200 米；练习 400 米跑的学生跑(7～8)次×200 米、(5～6)次×300 米。

③ 间歇时间短、强度为个人最好成绩 80%～85%的不等距离的组合跑：练习 100 米、200 米跑的学生跑 50 米＋3 分钟休息＋100 米＋3 分钟休息＋150 米＋3 分钟休息＋150 米＋3 分钟休息＋200 米＋3 分钟休息，之后再从 200 米返回；练习 400 米跑的学生跑 100 米＋200 米＋300 米＋500 米＋300 米＋200 米＋100 米，中间休息 4 分钟。

④ 变速跑 150 米快＋150 米慢；200 米快＋200 米慢。

⑤ 递减间歇跑 200 米×10 次，间歇时间 5 分钟、4 分钟、3 分钟。

⑥ 连续接力跑 5 人×100 米×(6～8)次,1～2 组。

(4) 速度练习。

速度素质是短跑项目中起主要作用的专门素质,速度练习包括提高反应速度、动作速度和位移速度。发展速度素质中主要是发展肌肉力量的肌肉收缩速度。其主要练习有:

① 行进间跑 30～60 米,4～5 次,2～3 组。

② 短距离追赶跑 60～100 米,3～5 次,6 组。

③ 下坡跑 30～60 米,3～4 次,2～3 组。

④ 反复跑 30～60 米,4～5 次,2～3 组。

⑤ 提高反应速度和加速度能力的练习:呈蹲踞式姿势,听到枪声后迅速向上跳并触及高物;低卧或仰卧听枪声后起动并迅速跑出;在 2～3 度斜坡道上,快速完成上坡或下坡跑练习,距离为 40～50 米。

(5) 力量练习。

提高肌肉的最大力量主要通过负重练习和抗阻力练习,一般以递增负荷重量的方法实现,练习时采用最大负重量的 70%～80%,逐渐增大到 100%负重量,完成 5～7 组分组 4～5 次。提高爆发力主要采用负重练习、抗阻力练习和跳跃练习,练习量为最大负重量的 60%～70%,动作速度快,完成 5～7 次。采用跳跃练习时,完成 60～100 米负重或不负重的快速跳跃练习。发展力量耐力采用负荷量轻、跳跃距离长的练习,练习量为最大负重量的 40%～50%,要求强度小,重复次数在 10～20 次以上,跳跃练习选择 100～200 米距离的负重或不负重练习。

① 负重和抗阻力练习:负杠铃练习全蹲、半蹲、1/3 蹲,从最大负重量的 70%～80%开始,逐渐加大至 100%,完成 4～6 组,每组 4～5 次;负重弓箭步走,采用最大负重量的 40%,弓箭步走 40～60 米,完成 5～7 组;负重半蹲,采用最大负重量的 70%～80%,完成 5～7 组,每组 5～7 次;负重高抬腿跑,采用最大负重量的 20%～30%,完成 4～6 次,5～6 组,距离为 30 米、60 米、100 米;杠铃抓举、挺举、卧推举、负轻器械做体前后屈等。

② 跳跃练习:短距离跳跃,如立定三级跳、立定跳远、十级跳远、蛙跳、4～6 步助跑的三级跳远、连续单足跳、连续跳栏架、60 米以内的跨步跳、从 80 厘米高处跳下爆发性用力跳起的跳跃练习;长距离跳跃。

③ 在技术练习时常采用的其他练习:直腿跑、跳,用一只脚掌蹬地充分伸展踝关节;半高抬大腿小步跑,结合快速跑;交换腿原地跳跃;原地摆臂和前后换腿,结合摆臂技术练习。

④ 弯道跑、弯道变直道、直道进弯道练习:半蹲式起跑、加速跑;在跑道上按步长标志进行跑动;按口令起跑,跑出 30 米、50 米、60 米;以不同速度进行 30 米、50 米、60 米改进跑;按步长标志进行大步幅跑和加速频率跑。

(二) 中长跑

中长跑作为田径运动比赛项目已有 100 多年的历史。中长跑是中距离跑和长距离跑的合称,属于比赛距离 800 米及以上的田径运动项目。现代奥运会项目中的中距离跑项目有男女 800 米跑和 1 500 米跑,长距离跑项目有男女 5 000 米跑和 10 000 米跑,另外还有男女马拉松以及 3 000 米障碍赛。

拓展阅读

马拉松竞赛项目的起源

马拉松是古希腊的一个地名，位于雅典城东北30千米。公元前490年，波斯远征军入侵希腊，在马拉松这个地方布阵的消息传到雅典后，雅典就派出一名叫斐迪·庇第斯的信使前往斯巴达求援。这位信使用了35小时走完了150千米的路程。但是，斯巴达人却说10天之后才能出兵。信使把消息带回马拉松，失去救援的雅典人背水一战，结果以少胜多打败了波斯人。

这位信使带着胜利的喜讯又从马拉松跑到雅典城的中央广场(距离为42.195千米)，向雅典人民高喊："我们胜利了！庆祝吧！"随即倒地身亡。为了纪念这位信使，人们把"马拉松"作为一项固定的比赛项目，一直延续至今。

中长跑的动作要注意向前运动的效果，身体重心不要下降过大，两腿、两臂动作自然放松省力，两腿落地要柔和并有弹性。中长跑采用的训练方法有重复训练法、间歇训练法、快慢交替训练法以及山坡跑、沙滩跑、高原训练等。

中长跑是典型的周期性耐力项目。优秀中长跑运动员跑的技术动作要自然、放松，身体重心平稳，缓冲效果好，后蹬和前摆协调配合，保持稳定节奏，肌肉用力和放松交替效果好，全程跑始终保持正确的技术。中长跑技术包括起跑、起跑加速跑、途中跑、终点冲刺。

1. 起 跑

中长跑起跑一般采用站立式起跑(除800米分道起跑外)，发令前(除800米分道起跑外)，运动员应在集合线后站好，听到"各就各位"时，便迅速而沉着地走到起跑线后，两脚前后站位，有力脚放在紧靠起跑线后沿，另一脚用前脚掌或脚尖置于距前脚跟约一脚掌长的地方，左右间隔约半脚长，两腿屈膝，上体前倾，体重落在前脚上。臂的动作有两种：一种是一臂在前，一臂在体侧；一种是两臂在体前自然下垂。两腿弯曲和上体前倾程度依战术而定，即起跑速度越快，两腿弯曲和上体前倾程度越大。颈部放松，眼向前看5～10米处，整个身体保持稳定姿势，集中注意力听枪声。

2. 起跑后加速跑

听到枪声后，两腿用力蹬地，后腿蹬地后迅速前摆，两臂配合两腿的蹬摆做快而有力的前后摆动，使身体快速向前冲出，进入加速跑阶段；加速跑(图4-12-3)时，上体前倾较大，两腿交换频率较快，摆臂、摆腿和后蹬必须积极而迅速，在短时间内达到预定速度，占据理想位置。加速跑的距离依项目、个人能力及战术而定。一般中跑加速跑的距离稍长。无论在直道或弯道上起跑，都应该按跑道内沿的切线方向跑进，在规则允许的范围内，抢占有利的战术位置，然后进入匀速而有节奏的途中跑。

3. 途中跑

途中跑是中长跑的主要组成部分，中长跑的途中跑技术与短跑技术相比，在后蹬用力、摆动腿高抬、大小腿折叠以及身体重心的波动等方面都比较小，整个跑动过程中轻松自然、节奏感强，脚着地柔和而富有弹性。

4. 终点冲刺

终点冲刺是临近终点的一段加速跑，进入最后一个直道冲刺跑，技术要求基本与短跑相同。什么时候开始冲刺，应根据训练水平、比赛的距离、战术的需要和临场情况而定，一般情况下，800 米跑应在最后 250 米或 200 米开始加速跑，1 500 米跑可在最后 400 米或 300 米开始加速跑，3 000 米以上的项目可在 400 米或更长的距离开始加速跑。中长跑终点冲刺主要以加快摆臂的速度和加大摆幅来获得后一段距离的加速度。

中长跑训练以途中跑为主，可采用变速跑、加速跑、反复跑、匀速跑、间歇跑、定时跑、越野跑等方式。中长跑技术教学中必须把掌握技术和提高学生心肺功能及发展耐力素质结合起来，要在一系列跑的练习中掌握中长跑技术和提高耐久能力。针对性的练习方法如下：

(1) 最大力量练习。

① 持续不断地重复用力法：最大负重量的 75%～90%，6～8 组，每组重复 3～6 次，每组间歇 3 分钟。

② 静力性练习法：最大负重量的 90%以上，4 组，每组持续 3～6 秒，每组间歇3～4 分钟；最大负重量的 70%～90%，组数 6，每组持续时间 8～12 秒，每组间歇 3 分钟；负荷强度 70%以下，组数 4，每组持续时间 12 秒以上，每组间歇 3 分钟。

(2) 快速力量练习。

① 起动力：在最短时间(通常不到 150 毫秒)内，最快地发挥下肢肌肉力量。它是速度和力量的一个决定因素，可采用沙地跑、上下坡跑、跑台阶、穿沙背心的起跑加速、计时短跑等。

② 反应力：当人体运动时，肌肉链制动着人体运动的速度，引起牵张反射，运动着的人体迅即以很高的加速度朝相反方向运动的能力。比较有效的练习方法有跳深、跨步跳、多级跳、跳台阶等。

③ 力量耐力。力量耐力是力量和耐力的综合素质，是在静力性或动力性工作中长时间保持肌肉紧张而不降低其工作效果的运动能力。力量耐力的练习常采用持续间歇法：第一种方案，最大负重量的 40%～60%，3～5 组，每组重复 10～20 次，休息 30～90 秒，动作速度很快；第二种方案，最大负重量的 25%～40%，4～6 组，每组重复 30 次以上，休息 30～60 秒，动作速度快。

(3) 快速能力练习。

① 发展步频为主的练习：快速小步跑和原地高速踏脚练习；支撑高抬腿跑过渡到加速跑；利用下坡跑的惯性和顺风跑来加快步频；随击掌的变化，做快慢交替的抬腿与摆臂练习。

② 发展步长为主的练习：负重弓箭步换腿；单、双脚跳上跳下；支撑后蹬跑；行进间后蹬跑过渡到加速跑，放松大步跑；有弹性的前后、左右压腿和摆腿练习；多级跳计步数；100 米跨步跳等。

(4) 耐力练习。

① 发展一般耐力(有氧耐力)练习：采用长时间持续跑。

② 发展专项耐力(无氧耐力)练习：发展非乳酸盐无氧耐力，采用最大负重量的 95%～100%，练习时间 5～15 秒，每组 4～5 次，每次间歇时间 2～3 秒，组间间歇 7～10 秒。发展乳酸盐无氧耐力，采用 200～400 米段落，每组 3～4 次，重复 3～4 组；采用 500～600 米段落，每组 2～3 次，组数不超过 3 组。

拓展阅读

北京获得2027年世界田径锦标赛举办权

当地时间2024年2月28日上午，第234次世界田联理事会在格拉斯哥召开。会上，经现场讨论及投票表决，北京获得2027年世界田径锦标赛举办权。这也是继2015年后，世界田联最高级别赛事再次落户中国。

世界田径锦标赛是世界田联主办的国际性田径赛事，北京曾在2015年举办世界田径锦标赛，时隔12年后，该项赛事将再次回到北京，届时，预计将有来自约200个国家和地区的近4 000名世界精英运动员、教练员、官员参赛。

世界田联理事、中国田径协会副主席王楠表示，感谢世界田联对中国和北京的认可和信任，中国田径协会将和北京赛事组委会携手合作，全力以赴做好赛事筹备工作，确保赛事高质量举办，努力呈现一届精彩纷呈的世界田径锦标赛，为世界田径运动的发展做出更多贡献。

（选自2024年3月1日《中国体育报》第3版）

思考题

1. 什么是田径运动？可分为哪些类型？
2. 田赛运动有哪几种？分别简述其基本技术。
3. 径赛运动有哪几种？分别简述其基本技术。

项目五　球类运动

学习目标

1. 熟练掌握一种球类运动基本技巧。
2. 了解各种球类运动竞赛规则。

时代寄语

"三大球"要搞上去，这是一个体育强国的标志。

——2014 年 8 月 15 日习近平总书记在南京青奥会运动员村看望中国体育代表团时的讲话

任务十三　足球运动

一、足球运动简介

足球运动是一项全球性的运动，拥有着悠久的历史和广泛的影响力，被誉为"世界第一运动"。

足球运动的起源可以追溯到古代文明时期。在我国古代史料中就有蹴鞠运动的记载，当时的蹴鞠运动有两种活动方式：一种是非比赛性质的蹴鞠表演，即一个或几个人控制球进行表演，类似于今天的颠球表演；另一种是有一定场地和规则的蹴鞠比赛。现代足球运动的起源可以追溯到 19 世纪的英国。当时，高校之间开始流行一种称为"足球"的运动，这种运动后来演变成了现代足球。

（一）足球运动的特点

足球运动具有以下特点：

1. 简单易学

足球的规则相对简单，只需要一个球和一些球员就可以进行比赛。因此，足球运动是一项容易学习的运动，无论是年轻人还是老年人都可尽情地"玩转"足球，享受足球运动带来的魅力、激情和狂欢。

2. 团队合作

足球运动是一项团队运动，通常由两支队伍进行比赛，每支队伍有 11 名球员，每个球员都有自己的职责和位置，需要相互配合才能完成进攻和防守，从而取得正常比赛的主动权及比赛的最终胜利。

3. 高度竞技性

足球运动是一项高度竞技性的运动,需要球员具备出色的身体素质和技术水平。比赛中要求球员具备快速反应、灵活的身体控制、准确的传球及射门等技能。

4. 公平竞争

足球运动是一项公平竞争的运动,比赛中需要球员遵守规则和道德准则。裁判员会对比赛进行监督和管理,确保比赛的公正性和公平性。

5. 全球性影响

足球运动是一项全球性的运动,拥有着广泛的影响力和受众群体。足球比赛可以在全球范围内进行,吸引了数以亿计的观众观看。

总之,足球是一项简单易学、团队合作、高度竞技性、公平竞争和全球性影响的运动,具有独特的魅力和吸引力。

(二) 足球运动的功能

足球运动是一项全面性的运动,具有以下功能:

1. 健身锻炼

足球运动是一项高强度的有氧运动,可以有效地提高心肺功能和身体素质。比赛中需要球员不断奔跑、跳跃和转身,可以锻炼身体的力量、耐力、速度、灵活性和柔韧性等身体素质,提高人的高级神经中枢活动能力,增强人体的循环系统、呼吸系统及运动系统的功能,达到增强体质、提高健康水平的目的。

2. 培养团队合作精神

足球运动是一项团队运动,需要球员之间密切合作才能取得胜利。比赛中需要球员相互配合、相互支持,因此可以培养团队合作精神和协作能力。

3. 提高技术水平

足球运动是一项技术性很强的运动,需要球员具备准确的传球、射门和控球等技能。通过不断的训练和比赛,可以提高球员的技术水平和技能。

4. 培养竞争意识

足球运动是一项竞技性很强的运动,需要球员具备强烈的竞争意识和斗志。比赛中需要球员不断争取胜利,因此可以培养球员的竞争意识和斗志。

5. 增强社交能力

足球运动是一项社交性很强的运动,可以增强球员的社交能力和交际能力。比赛中需要球员与队友和对手进行交流和互动,因此可以增强球员的社交能力和人际关系。

(三) 足球运动的主要赛事

足球运动中的主要赛事有以下几个:

1. 世界杯

世界杯由国际足球联合会(FIFA,简称国际足联)主办,是每 4 年举办一次的国际足球比赛,被认为是世界上最受欢迎的单一体育赛事之一。此赛事由各国的国家队参加,有严格的资格赛和决赛阶段。

2. 欧洲冠军联赛

欧洲冠军联赛是由欧洲足球协会联盟(UEFA)主办的欧洲足球俱乐部赛事，是世界上最受欢迎的俱乐部足球赛事之一。每年有来自欧洲不同国家的顶级俱乐部参加，经过小组赛、淘汰赛等多轮竞争，最终决出一支欧洲俱乐部足球冠军。

3. 英超联赛

英超联赛是英格兰足球顶级联赛，也是全球最出名的足球联赛之一。该赛事由20支英格兰顶级足球俱乐部参加，每个赛季进行38轮比赛，最终积分最高的球队被称为英格兰足球冠军。

4. 西甲联赛

西甲联赛是西班牙足球顶级联赛，是全球最有声望的联赛之一。该赛事由20支西班牙顶级足球俱乐部参加，每个赛季进行38轮比赛。世界上很多有影响力和成功的球星在西甲联赛中发挥了自己的才华，如C罗、马拉多纳等。

总之，足球是一项全面性的运动，可以提高身体素质、培养团队合作精神、提高技术水平、培养竞争意识和增强社交能力。

二、足球运动基本技战术

(一) 足球运动的基本技术

足球技术是指球员在比赛中所需要运用的各种技能和技巧，可分为无球技术、有球技术、守门员技术。无球技术包括起动、快跑(直线跑、变向跑、侧身跑、变速跑、后退跑)、急停、转身(前转身、后转身)、跳跃(单脚和双脚)、移位(跨步移位、撤步、滑步、交叉步移位)、假动作等，是足球技术不可缺少的部分。有球技术包括踢球、颠球、停球、头顶球、运球、抢截球、假动作、掷界外球等。守门员技术包括接球、扑接球、拳击球、托球、掷球、抛踢球等。下面重点介绍足球运动中常运用的足球技术动作要领。

1. 踢球技术

踢球是足球比赛中最基本的技术之一，常见的踢球方式包括脚内侧踢球、脚背内侧踢球、脚背外侧踢球等。

踢球练习

(1) 脚内侧踢球。

脚内侧踢球是指用脚内侧将球踢出，通常用于短传和控球。

动作要领：直线助跑，支撑脚站在球的侧面约15厘米处，膝关节微屈，踢球腿大腿带动小腿，小腿加速前摆，膝关节外展，脚尖上翘，踝关节紧张，脚底与地面平行，触球后中部，身体跟随移动。

(2) 脚背内侧踢球。

脚背内侧踢球是指用脚背内侧将球踢出，通常用于长传和射门。

动作要领：与出球方向成45度角斜线助跑，支撑脚踏在球的侧后方20～25厘米处，脚尖指向出球方向，踢球腿以髋关节为轴，大腿带动小腿，小腿爆发前摆，脚尖稍内转，脚面绷直，脚趾扣紧，脚尖指向斜下方，触球的后中部(踢高球时击球的中下部)，踢球腿随球继续前摆。

（3）脚背外侧踢球。

脚背外侧踢球是指用脚背外侧将球踢出，通常用于传中和横传。

动作要领：站立时，将脚背外侧靠近球，身体重心向后倾。用脚背外侧轻轻触球，控制球的方向和力量。踢球时，脚部向前伸直，脚腕向上弯曲，脚背外侧用力踢出球。

2. 运球技术

运球练习

运球是指球员在比赛中接住球后，用脚或身体其他部位将球控制在自己的脚下。运球过程中，撑、蹬、摆、送动作是有序的统一体，整个动作的协调连贯是掌握运球技术的核心和关键。

（1）脚内侧运球。

支撑脚稍向前跨，踏在球的前侧方，膝关节稍弯曲，上体前倾向里转，随着身体向前移动，运球脚提起，用脚内侧推球的后中部。

（2）脚背内外侧运球。

跑动步幅小，身体放松并稍前倾，运球脚脚跟提起，膝关节弯曲，脚尖稍内转，用脚背外侧推拨球，然后脚尖稍向外转，用脚背内侧推拨球。

3. 停球技术

停球是指运动员有目的地用身体的合理部位，把运行中的球停挡在所需要的控制范围内，由移动、停球部位和方法、削弱球的冲力、停球后的跟随移动等环节组成。

（1）脚内侧停球。

支撑脚正对来球，膝关节微屈，停球腿屈膝外转并前迎，脚尖稍翘起，脚与球接触前的刹那开始后撤，后撤过程中用脚内侧接触球，把球控制在衔接下一个动作需要的位置上。

（2）大腿停球。

面对来球，停球腿大腿抬起，以大腿中部对准下落的球，肌肉适当放松。在大腿与球接触前的刹那，大腿迅速撤引挡球，使球落于衔接下一个动作需要的位置上。

（3）胸部停球。

① 收胸停球：一般用来停胸部高度的平直球。面对来球，两脚前后（或左右）开立，两臂自然张开，重心前移，挺胸迎球，当球运行到与胸部接触前的刹那，重心迅速后移，收胸、收腹挡压球，以缓冲来球力量，把球停在身前。

② 挺胸停球：一般用来停高于胸部的下落球。面对来球，收下颚，两臂自然张开，两脚前后（或左右）开立，重心落在两脚之间，两膝微屈，当球运行到与胸部接触前的刹那，两脚蹬地稍上挺，同时展腹，上体稍后仰，挺胸，使球弹起，改变运行路线后落于体前。

总之，停球技术需要球员在比赛中反应迅速、动作流畅、掌握时机，这样才能更好地控制球，实现技术和战术的融合，提高球队的胜率。

4. 头顶球技术

头顶球是指运动员有目的地用前额将球击向预定目标的动作，由移动选位、身体的摆动、头触球、触球后的跟随移动 4 个环节组成。

动作要领：身体正对来球方向，眼睛注视运动中的球，两脚左右开立（或前后开立），膝关节微屈，重心置于两脚间（或后脚上），两臂自然张开。当球运行到头的正前方时，两腿用力蹬地，迅速向前摆体，微收下颚，在触球前颈部瞬间做爆发式前摆，用前额正面击球中部，同时上体随球前摆。

5. 抢断球技术

抢断球是有目的地运用身体的某一部位将对手控制或传递中的球抢夺过来并踢出去或破坏掉的技术方法，是主动获球、转守为攻的突破方法。完整的抢断球技术包含抢球和断球两种，由判断选位、上步抢断、衔接动作等环节构成。抢断球主要有正面抢球和侧面抢球两类。

(1) 正面抢球。

两脚前后开立，两膝稍屈，上体前倾，身体重心下降。对手触球的瞬间，支撑脚前跨将球控住，触球后顺势向上提拉，使球从对方脚背滚过，身体迅速跟上并控制住球。

(2) 侧面抢球。

当与对方平行跑动争球时，身体重心略低，两臂贴紧身体。在对方靠近自己一侧的脚离地时，用肩和上臂做合理的冲撞动作，使对方身体失去平衡，趁机抢球。

6. 射门技术

射门是指球员将球射向对方球门，以便得分或制造威胁。射门技术包括脚背正面射门、脚内侧射门、脚外侧射门等，需要球员具备准确的射门技巧和力量控制能力。射门技术需要体力、敏捷度、弹跳力及较高的心理素质，需要不断地练习、改进和钻研。

(1) 脚背正面射门。

轻松助跑，支撑脚立在足球侧方，自然向后提起踢球腿小腿，挥动踢球腿小腿猛踢足球中央点，击球后身体顺势追前，完成整个射门动作。

(2) 脚内侧射门。

轻松跑向足球，踢球前保持身体平衡，当支撑脚立在足球侧近时，轻扭身体，膝向外转，锁紧支撑脚脚跟，用踢球腿的脚内侧触击足球中央，将球射出，射门后顺势收腿，完成射门动作。

(3) 脚外侧射门。

斜线碎步跑向足球，当支撑脚立于足球侧近时，提腿扭摆身体，用脚外侧触击足球偏外1/3 处，射门后顺势收腿，完成射门动作。

总之，足球技术是足球比赛中球员所需要运用的各种技能和技巧。不同的技术需要球员具备不同的技巧和能力，通过不断的训练和比赛，可以提高球员的技术水平和能力。

(二) 足球运动的基本战术

足球比赛攻守过程中，为了战胜对手，根据主客观的实际所采取的个人行动和集体配合总称为足球战术。一支球队战术质量、战术水平的高低与全队的技术、身体素质、心理品质紧密相关。技术、身体素质是战术的物质基础，心理品质是战术的思想保证。足球基本战术可以分为进攻战术和防守战术两大类。

1. 进攻战术

(1) 组织进攻：通过中场的传球和跑位组织攻击，寻找空当或破坏对方防线。

(2) 边路进攻：利用边路球员的速度和突破技巧创造机会，达到攻门或传中的效果。

(3) 长传进攻：通过长传球快速进攻，利用前场球员的速度和身体优势制造威胁。

2. 防守战术

(1) 高压逼抢:在对方半场前进行积极的逼抢,迫使对方失误或失去控球。

(2) 夹击防守:两人或多人夹击对方球员,迅速破坏对方进攻。

(3) 拖延时间:通过在必要的时候拖延时间,迫使对方在时间上感到紧张。

以上是几种常用的足球进攻和防守战术,在实际比赛中,各种战术都需要根据对手、球队实力、比赛情况等因素进行调整。

三、足球运动竞赛规则

足球运动是一种集体性体育运动,其竞赛规则由国际足联颁布,下面介绍足球竞赛的一些基本规则。

(一) 球员人数

每队比赛时必须派出 11 名球员。

(二) 球场大小

足球比赛通常在长 100 米、宽 50 米的矩形球场上进行,但实际上球场的大小可以根据具体情况而有所不同,只需保证长度必须大于宽度即可。

(三) 比赛时间

足球比赛通常分为 2 个 45 分钟的半场,中场休息为 15 分钟。根据比赛的级别和比赛规模大小,比赛时间可以有一定的调整。

(四) 出界和进球

当球完全越过场边线或者进入球门并越过球门线时,视为出界或进球。

(五) 犯规规则

足球比赛中球员可以发生多种犯规,如铲球犯规、手球犯规等。犯规的具体定义和处理方式由裁判员决定,通常的惩罚方式是给对方球队任意球或点球,并有可能出示黄牌或红牌等处罚。

(六) 点球决胜负

在某些比赛中,如果比赛时间结束后双方比分相同,就需要通过点球大战来决胜负。每队轮流进行 5 个点球,取得更多进球者获胜。如果 5 个点球结束后仍然打平,则继续轮流点球,直至决出胜者。

以上是足球比赛的一些基本规则,不同类型的足球比赛还有其他类似换人、计时方法的规则,可以查找足球比赛的规则手册进行学习。

拓展阅读

足球比赛中的合作精神

足球运动是一项团队合作的运动，因此在足球比赛中体现合作精神的案例很多。以下是一些著名的案例：

(1) 1982 年西班牙世界杯，在丹麦队与苏格兰队的比赛中，丹麦队的彼得·斯克米切尔在比赛中受伤，但苏格兰队并没有利用这个机会打进一球，而是把球踢出界，让斯克米切尔得以接受治疗。

(2) 2002 年韩日世界杯，在德国队与韩国队的半决赛中，德国队的麦克尔·鲍尔克在比赛中受伤，但因为德国队已用完了所有换人名额，鲍尔克只能坚持到比赛结束。赛后，韩国队的教练和球员走上来慰问他，并帮他走下场。

(3) 1990 年意大利世界杯，喀麦隆队在 16 强赛中与哥伦比亚队的比赛中，在惨遭哥伦比亚队激烈的攻击后，球员们团结一心，拿下最后的胜利。

这些案例都充分展现了足球比赛中的合作精神，不仅在伙伴之间，在对手之间也表现出了相互尊重和关心的态度。

任务十四　篮球运动

一、篮球运动简介

篮球运动的起源可以追溯到 19 世纪后期。1891 年，体育教练詹姆斯·奈史密斯(James Naismith)发明了篮球，这种运动起初是用一个足球和一个蜡纸篮组成的。此后，篮球运动在美国的大学里得到了快速的发展，其规则和球场尺寸也都得到了逐步规范。现在，篮球运动已经成为全球最受欢迎的运动之一，除成为一项全球性的职业体育比赛项目之外，篮球运动也在全球范围内普及到了大众，成为一项非常受欢迎的业余运动。

(一) 篮球运动的特点

篮球是一项快节奏、高强度的团队球类运动，有以下特点：

1. 节奏快、交替性强

篮球比赛往往以非常快的速度进行，双方球队交替进攻与防守，不仅需要高水平的技巧和体能，还需要快速转换和迅速适应对手的策略。

2. 团队配合重要

篮球是一项团队合作的运动，活动中需要各队的前锋、中锋、后卫集体协同作战，共同发挥篮球运动的传、接、运、投、移动、防守等基本技战术动作。没有单打独斗，每个队员的角色都极其重要，必须相互配合，才能实现最佳表现。

3. 多样化

篮球运动比较多样化，有许多的进攻技巧、防守策略和比赛规则等，如投篮、扣篮、三分球、快攻、盯人防守等。因此，篮球可以给人带来很多不同的体验和欣赏方式。

4. 对抗性强

篮球运动是一项对抗性很强的集体项目，在篮球场上很容易形成争夺控制权、抢占有利位置、有效控制时间、形成激烈的时间和空间立体对抗的格局，比赛过程中也包含着集智慧、谋略、技战术、体能、心理素质等全方位于一体的综合性攻防对抗，其魅力也恰恰表现为在特殊的时空内对战双方短兵相接的激战场景。

5. 比赛规则清晰

篮球比赛的规则与裁判判罚相对科学合理，符合公正公平的原则。这能够让比赛更加公正和激烈。

总之，篮球是一项具有高度团队化、快节奏、多样化、对抗性强等特点的运动，受到年轻人的喜爱和关注。

（二）篮球运动的功能

篮球运动具有以下功能：

1. 培养团队协作精神

篮球运动要求球员之间紧密配合，互相信任和协作，队员需要合作完成进攻和防守等任务，这有助于培养他们的协作精神和团队意识。另外，在比赛前需要进行战术的讨论和训练，有助于增强队员之间的沟通和协作能力。

2. 提高身体素质

篮球运动是一项具有高强度的有氧运动，可以有效地燃烧脂肪，并且通过跳跃、奔跑、灵活移动等动作，可以训练各个部位的肌肉，特别是腿部、核心肌群等，能够增强身体的力量和灵活性。同时，打篮球需要有较高的协调性和反应能力，这也会使队员们的身体素质得到有效锻炼。

3. 竞技精神

篮球运动可以培养人们的竞争意识和发扬拼搏的精神。在比赛中，队员们会经历胜利和失败，从而认识到失败的必要性，增强处理竞争和失利的决心和能力。另外，篮球场上会遇到不少困难和挑战，需要借助队友们的帮助和支持才能克服，这也会增强队员们的韧性和毅力。

4. 培养领导力

在篮球队内，队员们可以轮流担任领袖的角色，他们负责组织和管理球队，帮助队员们解决问题和提高能力。这有助于培养领导力，提升管理能力和团队协作能力。

5. 改善心理健康

篮球运动可以让人们释放焦虑和压力，促进身体和心理的健康发展。通过比赛，篮球运动可以让人感到开心和愉悦，增强自信心和自尊心。

总之，篮球运动不仅能够提高身体素质，还可以促进精神健康、培养领导力和团队合作精神，具有全方位的功能。

（三）篮球运动的主要赛事

篮球运动主要的赛事有以下几个：

1. 美国职业篮球联赛(NBA)

NBA 是全球最著名的职业篮球联赛。赛季通常从 10 月开始，每支球队都会进行约 82

场比赛，最后8支球队进入季后赛竞争总冠军。姚明是中国第一位在NBA获得成功的篮球运动员。

2. 篮球世界杯

篮球世界杯（FIBA世界杯）是由国际篮球联合会（FIBA，简称国际篮联）主办的全球顶级篮球比赛。自1950年首届世界杯以来，每四年举办一次。比赛期间，各国篮球队派出最优秀的球员参赛，角逐世界冠军。篮球世界杯也是篮球运动在全球范围内最具权威和影响力的赛事之一。

3. 奥运会篮球比赛

篮球运动在奥运会上是一个标准的比赛项目，男女两支国家队都有机会参与。

4. 中国职业篮球联赛（CBA）

CBA是中国最高级别的职业男子篮球联赛，是中国篮球运动的主要赛事之一，由中国篮球协会主办，始于1995年，拥有20支球队。CBA联赛每年有两个赛季：常规赛和季后赛。CBA一直以来坚持争取世界水准、不断提高联赛的竞争水平、扩大联赛的影响力，吸引了众多国内外优秀球员的加盟和球迷的关注。

二、篮球运动基本技战术

根据技术动作的攻防属性、技术动作在比赛中的作用及技术动作的结构相似性，可将篮球运动技术分为进攻技术和防守技术两类。其中，进攻技术主要有移动、传接球、运球、投篮、求突破等，防守技术主要有防守基本动作、移动、抢球、打球、断球、封盖、抢篮板球等。下面主要介绍经常用到的动作技术要领。

（一）篮球运动的基本技术

1. 移动技术

移动是篮球运动的基础，它包括许多不同的动作和技巧，如转身、滑步、跨步、急停等，这些都会帮助球员有效地进攻和防守。

（1）转身。

转身是队员以一脚做中枢脚，另一脚进行旋转，改变身体方向的动作方法，包括前转身和后转身。

① 前转身。由移动脚向中枢脚前方跨出，以改变身体位置与方向。

② 后转身。由移动脚向中枢脚后方撤步，以改变身体位置与方向。

（2）滑步。

滑步是防守移动的一种方法，易于保持身体平衡，可以向任何方向移动。滑步可以分为侧滑步、前滑步和后滑步3种。

① 侧滑步（图5-14-1）。两脚平行站立，向左侧步时，左脚向左（移动方向）迈出一步，着地的同时右脚蹬地滑动，跟随左脚移动，并保持屈膝降低重心的姿势，上体微向前倾，两臂张

开，抬头注视对手。注意两脚不要前后交叉，重心要保持在两脚之间。

图 5-14-1 侧滑步

② 前滑步(图 5-14-2)。由前后站立姿势开始，向前滑步时，前脚向前迈出一步，着地的同时后脚紧随着向前滑动，保持开立姿势。注意屈膝以降低身体重心。

图 5-14-2 前滑步

③ 后滑步(图 5-14-3)。后滑步动作方法与侧滑步相同，只是向后滑动。在滑步练习时，应谨记脚的蹬跨要协同有力，滑动时身体要平稳，两臂尽量伸展。

图 5-14-3 后滑步

(3) 跨步。

跨步是以一脚为中枢脚，另一脚向前或侧方跨出，以衔接其他动作的一种动作方法，分为前跨步和后撤步。

① 前跨步。利用后脚蹬地，前脚迅速向前跨出，以逼近对手。

② 后撤步。中枢脚前脚掌内侧蹬地，另一脚后撤，同时用后撤脚的前脚掌扒地。当后撤脚着地后，紧接滑步，保持身体平衡与防守姿势。

(4) 急停。

急停是队员在跑动中突然制动的一种动作方法，也是各种脚步动作衔接和变化的过渡动作，包括跨步急停和跳步急停。

① 跨步急停。快速跑动中采用急停时，先向前跨出一大步，用全脚掌撑紧地面，迅速屈膝，同时身体稍后倾，转移重心，减缓向前冲力，然后连贯地跨出第二步。脚着地时，脚尖稍向内转，用前脚掌内侧蹬地，两膝弯曲，身体侧转，微向前倾，重心落在两脚之间，两臂自然张开，协助维持身体平衡。

② 跳步急停。跑动中，单脚或双脚起跳，上体稍后仰，两臂自然摆动，两脚同时平行落地。落地时用全脚掌着地，两膝弯曲，两臂屈肘微张，保持身体平衡。

2. 传接球技术

传球技术是进攻队员间有目的地转移球的方法，而接球技术则是获得球的动作。良好的传接球技术不仅可以提高球队配合和进攻的效率，还可以保障篮球比赛的安全。

(1) 传球技术。

① 双手胸前传球(图 5-14-4)。双手手指自然分开，拇指相对成“八”字形，用指根以上部位持球，手心空出。两肘关节自然位于体侧，将球放在胸腹之间的部位，身体呈基本站立姿势，眼睛平视传球目标。传球时，后脚蹬地发力，身体重心前移，两臂前伸，两手腕随之快速旋内，拇指下压，食指用力拨球并将球传出。球传出后，两手略向外翻转。

图 5-14-4　双手胸前传球

② 单手肩上传球(图 5-14-5)。双手持球于胸前，传球时(以右手传球为例)，左脚向传球方向迈出半步，右手托球，同时将球引到右肩上方，肘部外展，大、小臂自然弯曲，手腕稍后屈，持球的后下方，左肩对着传球方向，重心落在右脚上。传球时，右脚蹬地发力，同时转体带动上臂，以肘领先前臂快速向前挥摆，手腕前屈，食指、中指拨球将球传出。球出手后，右脚随身体重心前移向前迈出半步，保持身体平衡。

图 5-14-5　单手肩上传球

③ 单手体侧传球(图 5-14-6)。双手胸前持球,右手传球时,左脚向左侧前方跨步的同时右手将球引至身体右侧,呈右手单手持球,拇指向上,手心向前,手腕后屈。传球时,前臂向前做弧线摆动,手腕前屈,食指、中指拨球将球传出。

图 5-14-6 单手体侧传球

(2) 接球技术。

① 双手接球(图 5-14-7)。双手接球时,两眼注视来球,两臂伸出迎球,手指自然分开,两拇指呈"八"字形,手指向前方,呈半圆形。当手指触球时,迅速抓握球,两臂顺势屈肘后引缓冲来球的力量,两手持球于胸腹之间,呈基本站立姿势,做好传球、投篮或突破的准备。

图 5-14-7 双手接球

② 单手接球(图 5-14-8)。接球手向来球方向伸出,五指自然分开,掌心正对来球,手腕、手指放松。当手指触球时,顺球的来势迅速收臂将球向后下引,置球于身体前方或者体侧,另一只手迅速扶球。双手持球于胸腹前,保持基本站立姿势。

图 5-14-8 单手接球

3. 运球技术

运球是篮球运动中基础且必不可少的一项技术,它是指球员单独或加入组合配合时,借助自己的动作和技巧带球在场上移动。根据运球方式不同，运球技术可以分为7种，分别是高运球、低运球、运球急停急起、胯下运球、背后运球、运球后转身、体前变向运球。

(1) 高运球。

双手手掌包裹着篮球，弯曲手臂，肘部稍稍抬起。以指尖、手指垫、手掌后部等手部部位固定篮球。篮球在接触地面时保持高度，手臂伸展并摆动，掌握合适的力度控制篮球。注意控制速度和力度，避免篮球掉落或失控。

(2) 低运球。

身体屈膝，保持向前弯曲，重心低。双手掌心紧抱球，手指垫向地面，保证篮球在控制下不落地。腰背部仍然保持向前，提高动作弹性和连贯性。应着重提高球员协调、反应能力和灵活性的训练。

(3) 运球急停急起。

在快速运球中突然急停，采用两步急停，降低身体重心，手按拍球的前上方，使球停止向前运行。运球急起时，两脚用力后蹬，上体迅速前倾，同时用手按拍球的后侧上方，人、球同步快速前进。

(4) 胯下运球。

以右手运球为例，变向时，左脚在前，右手按拍球的右侧上方，将球从两腿之间运至身体左侧，然后上右脚，换手运球，加速前进。

(5) 背后运球。

以右手运球为例，在跑动中背后向左变向时，右脚前跨，同时右手按拍球的前上方，手臂迅速外旋，手指迅速向下，手心向前，在背后直臂按拍球的右侧后上方，使球向左脚的侧前方落地，随即迈左脚，球反弹后换左手继续向前按拍，加速前进。

(6) 运球后转身。

以右手运球为例，当对手堵右侧突破时，迅速上左脚，微屈膝，将重心转移到左脚上，并以左脚前脚掌为轴做后转身，右手将球拉至身体的侧后方，并按拍球，使之落在身体的外侧方，然后换左手运球，加速前进。

(7) 体前变向运球。

以右手运球为例，运球队员从防守队员左侧变向突破时，先向其右侧做变向运球假动作，当对手移动防守运球时，突然用右手按拍球的右侧后方，使球经自己体前向左侧前方反弹，同时左脚迅速随球向左侧前方跨步，上体向左扭转，身体重心降低，侧肩贴近防守队员，将球压低。当球反弹至腹部高度时，右脚蹬地迅速前迈，左手拍球的后侧上方，超越防守队员。

4. 投篮技术

投篮是将球投进篮筐而采用的各种专门性的投篮方法的总称，是篮球比赛中唯一的得分手段，也是所有进攻技战术的最终目的和攻守矛盾的焦点所在。投篮技术通常包括原地双手胸前投篮、原地单手肩上投篮、行进间单手低手投篮、行进间单手肩上投篮、运球急停跳投等。

(1) 原地双手胸前投篮(图5-14-9)。

双脚站直，将球放在胸前，手指垫球的侧面，手心朝上。预备投篮时，双手伸直，同时用腿部力量推球。手臂向上伸直后，肘部微微弯曲，手腕放松(注意头和身体的稳定)，并抛出篮球。

图 5-14-9　原地双手胸前投篮

（2）原地单手肩上投篮。

高举一只手，手臂伸直，手腕向外翻转，将球放在肩上。伸直手臂向上，将球从肩上放出来，同时将手臂推向天空，手腕向下弯曲。抛起篮球的同时，手臂弯曲，手腕向上弹腕，同时手跟脚要跟上前方的运动，保持平衡。

（3）行进间单手低手投篮。

运球时，用一只手控球，脑后假动作，继续运球向前。在快速行进时，快速调整步伐和姿态，同时用另一只手托住球并向前推运。抬起控球的手臂，手腕上翻，投篮时，利用身体动量和手腕放松投出篮球。

（4）行进间单手肩上投篮。

运球时，用一只手控球运球，脑后假动作，继续运球向前。在快速行进时，用另一只手将篮球放在肩部靠后的位置，然后将控球手臂向上快速挥动。投篮时，肘部微微弯曲，手腕放松，以半弧线的轨迹将球向篮筐投出。

（5）运球急停跳投。

运球突破到离篮筐适合的距离后，将一只脚放在地面上，用身体和脚掌迅速停住。突然停住后，身体保持平衡，同时将球抬起，弯曲手臂，用力向篮筐投出篮球，同时弹腕发力。在投篮时，注意保持身体平衡，同时掌握力量和投篮方向。

5. 持球突破技术

持球突破技术是指在持球的情况下，运用较高水平的技巧和一定的速度，通过盘带、变向、欺瞒、突破等手段，绕过对方防守队员，从而抵达较为理想的位置进行投篮犯规或传球等进攻动作的技巧和能力。在比赛中，持球突破技术是攻击型球员必须掌握的基本技术之一。通常情况下，持球突破技术需要队友间的配合来完成。

（1）持球交叉步突破。

以右脚做中枢脚为例，两脚左右开立，两膝微屈，重心控制在两脚之间，持球于胸腹之间。突破时，左脚向左前方跨出半步，做向左突破的假动作，当对手重心向右移动时，左脚前脚掌内侧用力迅速蹬地，向对手左侧跨出一大步，同时上体右转探肩，贴近对手，球移至右手，向左脚右侧前方推放球，右脚迅速蹬地跨步，加速超越对手。

（2）持球同侧步突破。

以左脚做中枢脚为例，两脚左右开立，两膝微屈，重心控制在两脚之间，持球于胸腹前。突破时，左脚内侧蹬地，右脚迅速向对手左侧方跨出一大步，同时向右侧转体探肩，重心前移，右手放球于右脚侧前方，左脚迅速蹬地并向前方跨出，加速超越对手。

（二）篮球运动的基本战术

篮球运动的战术是比赛中队员间配合协调的组织形式，其目的是更好地发挥本队所有队员的技术水平，并且制约对方队员掌控比赛的主动权，争取比赛的胜利。篮球运动的基本战术包括进攻战术和防守战术。

1. 进攻战术

进攻战术的目标是得分并尽可能地控制比赛节奏。以下是一些基本的进攻战术。

(1) 快攻：运用速度和快速传球，让球员在对方防守还未来得及返回时尽快进攻得分。

(2) 慢攻：运用传球控制比赛节奏，等待最佳进攻机会。

(3) 内线进攻：投射和突破比较靠前的篮球比赛中内线进攻对手的最有效方式。

(4) 外线进攻：在内线的防守力较强时，可以运用外线进攻策略，利用投篮掌控比赛主导权。

(5) 持球控制：在一些对手实力大于自己的比赛中，可以运用控制球的战术，避免无意义的进攻行为。

2. 防守战术

防守战术的目标是阻止对方得分，并为自己的进攻创造机会。以下是一些基本的防守战术。

(1) 紧逼防守：当对手运球或传球时，紧逼防守可以迫使对手出现失误。

(2) 区域防守：队员们在场上处于不同的位置，可以在篮球场上划分出不同的区域进行防守以尽量地切断对方的得分路线。

(3) 协同防守：球员之间相互配合，遏制对方进攻，夺取篮板球。

(4) 常规防守：一些比赛会采取常规防守的策略，用来阻止进攻球员或者抓住对方失误。

3. 整体攻守战术

(1) 比赛阵形。

为了适应攻守战术的需要，全队队员在场上的位置排列和职责分工称为比赛阵形。比赛阵形是本队攻守力量搭配和分工的形式。

根据队员的职责和排列的层次分为后卫、得分后卫、小前锋、大前锋、中锋。篮球比赛中攻防的站位和阵形不太一样，下面简单介绍防守的阵形。防守的阵形分为盯人和区域联防两种，其中盯人根据进攻人的站位而落位，区域联防的形式常用的有“3－2”“2－3”“1－3－1”“2－1－2”等。

选择进攻阵形时要以本队队员的个人特长、技能、水平为基础，再与球队的特点相协调。阵形不能僵化，每个队员都应在明确基本位置和主要职责的前提下进行创造性的调整。

(2) 整体进攻战术。

篮球比赛的胜负在很大程度上取决于战略与战术的合理性。战略是比赛中全局性的决策，战术指比赛中具体的攻守方法。

整体进攻可以有很多种，战术千变万化，但要根据球队人员的组成来确定进攻体系，设计整体进攻的战术。常见的进攻战术有牛角战术和“8”字战术。

① 牛角战术：双中锋上提给1号位空位掩护，控球后卫可根据实际情况利用任意一边的中锋掩护，突破上篮。

② “8”字战术：外线3个人通过“8”字形运球制造突破空间，根据战术安排，任意一侧的中锋突然上提，掩护外线突破上篮。

(3) 整体防守战术。

① 半场人盯人防守。人盯人防守分工明确，责任具体，盯防效果好，但体能消耗较大，目前比赛很少单一长时间采用此防守战术。

a. 由攻转守时，队员先迅速退回后半场，找到自己的防守人，与队友形成集体防守。

b. 以球为主，全力逼防持球队员，积极抢球、打球、断球阻止其投篮，不让其顺利传球，迫使其离开有利的攻击区。

c. 对无球队员进行堵位防守，要做到人和球兼顾，不让对方在攻击区内接球。

d. 与同伴利用防守的配合，破坏对方队员的进攻配合。

e. 根据对方的特点，加强防守的针对性与攻击性。

② 区域联防。区域联防是将区域与人和球联系在一起而进行整体防守的战术，它具有鲜明的协同性的特点。进攻区域联防是针对对方队员防守而设计的攻击方法。

a. 攻转守回防。区域联防是由攻转守时，防守队员退回后场，每个队员分工负责一定区域，并与同伴协同防守，积极移动补位，用队形把每个防守区域有机地联系起来，形成一种集体的联合防守战术。

b. 随球不断调位。以球为主，随球移动，对持球队员采取人盯人的防守，其他防守队员根据球的转移，不断地调整和选择正确的防守位置，加强对有球区域和篮下的防守。

③ 混合防守。混合防守是一种迷惑对方，根据对方的个人特点做出的整体组合防守战术。例如，比赛时对方某一名队员能力突出，防守方必须派一名队员将他盯住，此时可以采取一盯四联的防守来限制那名队员。

三、篮球运动竞赛规则

(一) 场地与器材

1. 篮球比赛场地

(1) 标准篮球场地的规格。

标准的篮球比赛场地应是一块平整的、无障碍物的硬质平面，其尺寸需从界线的内沿丈量。长边的界线称为边线，长28米；短边的界线称为端线，长15米。界线距离其他障碍物至少2米。两条边线决定篮球场的长度，加上两条端线，就决定了比赛场地的大小。

(2) 中线、中圈。

中线应从两条边线的中心点画出且平行于端线。中线要向两侧边线各延伸15厘米。它将球场分为两个半场，进攻时球和持球人一旦过中线，则将比赛限制在一个半场中，进攻方不能再退回中线。

中圈应画在比赛场地的中心，从圆周的外沿丈量，其半径为1.80米。此区域为比赛开始时跳球争夺球权的区域。

(3) 3 分线。

3 分线是以篮筐中心正下方地面的点为圆心，画一条半径为 6.75 米的半圆弧，此圆心距离端线内沿的中点 1.57 米，且该圆弧与两条平行线相交。进攻方在 3 分线外投篮命中后得 3 分。根据比赛的赛别不同，3 分线的距离也会有所不同。

(4) 罚球线和限制区、分位线。

罚球线是距离篮筐 4.57 米且与端线平行的一条线，进攻投篮被犯规后会站在罚球线上进行罚篮，罚中一次篮得 1 分。

限制区应是两条垂直于罚球线，并处于罚球线与底线之间的线。在进攻时进攻队员不能长时间停留在这个区域。这个区域又称“3 秒区”，即在该区不能停留超过 3 秒。

分位线是限制区两侧的短线，是队员罚球时界定抢篮板球队员位置的短线。

2. 篮圈和比赛用球

篮圈应用实心钢材制成，其内沿直径最小为 450 毫米，最大为 459 毫米，每个篮圈的顶沿应水平放置，距地面 3.5 米(误差±6 毫米)，与篮板的两条竖边等距离。所有男子比赛用球为 7 号球，所有女子比赛用球为 6 号球，青少年使用 5 号球。

(二) 比赛规则

篮球比赛中有必须被遵守或执行的规则，它规定了篮球比赛的方法、原则、技术标准和行为规范。

1. 球　队

(1) 队员和替补队员。在比赛时间内，当一名球队成员在比赛场地上，并且有资格参赛时，则他是一名队员。当一名球队成员不在比赛场地上，但是有资格参赛时，则他是一名替补队员。

(2) 球队的组成。每支球队应有不超过 12 名有资格参赛的球队成员，其中包括一名队长。

2. 比赛规则

(1) 比赛时间。

根据国际篮联的标准，比赛应由 4 节组成，每节 10 分钟。在上半时的第 1 节和第 2 节之间、下半时的第 3 节和第 4 节之间以及每个决胜期之前都应有 2 分钟的比赛休息期间。上下半时之间的比赛休息时间应是 15 分钟。

如果第 4 节的比赛时间结束时比分相等，比赛有必要再继续一个或几个 5 分钟的决胜期来打破平局。

(2) 活球和死球。

跳球中球离开主裁判员抛球的手时，罚球中罚球队员可处理球时，掷球入界中掷球入界的队员可处理球时，球成活球。在任何投篮或罚球中篮时，活球中裁判员鸣哨时比赛计时器信号响起以结束每节比赛时，球队控制球过程中 24 秒计时器信号响时，球成死球。

(3) 跳球和争球。

跳球：在第 1 节开始时，一名裁判员位于中圈，在任何两名互为对方队员之间将球抛起，即一次跳球发生。争球：当双方球队各有一名或多名队员有一手或双手紧推在球上，以至于不采用粗野的动作任一队员都不能获得控制球时，即一次争球发生。

3. 一般犯规

(1) 侵人犯规：队员与对方队员发生不合理的身体接触。

(2) 技术犯规:场队员、场外教练员、替补队员等违反规则,不服从裁判,影响比赛顺利进行。

4. 违 例

(1) 罚则。

违犯规则时,将球判给对方队员,令其在最靠近发生该违例的地点掷球入界。正好位于篮板后面的地点除外,除非在规则中另有规定。

(2) 脚踢球违例和拳击球违例。

队员不得故意用腿的任何部位阻挡球或用拳击球。但球意外地接触到腿的任何部位,或是腿的任何部位意外地触及球,不算违例。

(3) 带球走——走步违例。

① 开始运球时,在球离手之前中枢脚不可抬起。

② 传球或投篮时,该队员可以跳起中枢脚,但在球离手之前任一脚都不得落回地面。

③ 当一名队员持球跌倒并在地面上滑行,或躺或坐在地面上时获得了控制球,这是合法的。如果该队员随后持球滚动或尝试站起来,这是违例。

(4) 3 秒违例。

当某队在前场控制活球,并且比赛计时器正在运行时,该队的队员不得在对方队的限制区内停留超过持续的 3 秒。

(5) 5 秒违例。

一名被严密防守的队员必须在 5 秒内传球、投篮或运球。

(6) 8 秒违例。

一名队员在他的后场获得控制活球时或在掷球入界中,球接触后场的任何队员或被在后场的任何队员合法触及,掷球入界队员所在队仍拥有后场的球权。该队必须在 8 秒内使球进入它的前场。

(7) 24 秒规则。

从掷球入界开始,球触及任何一名场上队员或被他合法触及,并且仍然控制球时,该队必须在 24 秒内尝试投篮。在 24 秒内构成一次投篮指球必须在 24 秒计时器信号响前离开队员的手,球必须触及篮圈或进入球篮。

拓展阅读

3对3篮球竞赛简介

(1) 运动员上场 3 人,比赛分上、下半时。初赛和复赛各 10 分钟,决赛 8 分钟,半场休息 3 分钟。

(2) 每次投篮后,都由对方发球;守方断球或抢到篮板球后,必须将球运传出 3 分线外方可组织进攻,否则视为进攻违例。

(3) 中圈弧线以内为发球区。

(4) 队员 4 次犯规被罚下场,全队累计 5 次犯规后,每次犯规由对方执行罚球 2 次。

(5) 比赛终了,得分相同时,对于初赛和复赛,执行一对一罚球;决赛增加 3 分钟决胜期,如果决胜期仍然相同,则执行一对一罚球。

(6) 被换下场的队员不能重新上场(场上不足 3 人时除外)。

任务十五　排球运动

一、排球运动简介

作为“三大球”之一，排球运动是一项非常受欢迎的团体球类运动项目。1895 年排球运动由美国马萨诸塞州的威廉·G.摩根教练发明，并在世界各地广泛流传。20 世纪初，排球运动开始由外国教师介绍给中国学生。目前，中国的排球文化已经非常深入人心，它被广泛接受和喜爱，包括在学校、社区和各种竞技层面，但排球运动的整体发展水平与排球运动强国还有一定的差距。

（一）排球运动的特点

排球运动具有以下特点：

1. 团队合作

排球比赛是集体比赛项目，需要 2 个团队各 6 名队员参与比赛。队员之间需要充分合作，共同完成攻防转换、接球和传球等动作。

2. 激烈对抗性

排球比赛中每一次攻防争夺都蕴含着得分和失分的可能，使得攻防矛盾非常激烈，尤其是比赛到关键球和赛点时，落后一方队员都面临着“力挽狂澜”或“功亏一篑”的挑战。场上队员必须具备良好的心理调控能力、娴熟的技术、综合作战能力，教练员则需有积极灵活的调防能力，否则球队很难在激烈的攻防对抗中取得领先并赢得胜利。

3. 技战术全面、灵活多变

排球运动属于集体对抗比赛，需要场上 6 名队员协同配合，组织有效的进攻与防守。在进攻中，前排队员要不断地变换运用跑动、交叉换位、掩护等各种技战术来迷惑对方并将球击落在对方场地；在防守时，全队都要积极保护扣球；攻防转换中，队员要保持合理的攻防阵形，采取灵活多变的战术，有效防护对方拦网并迅速组织进攻。

排球运动的攻守对抗性是其基本规律和特征。排球的技战术发展都是围绕攻防战术的创新而展开的，排球运动在攻守中的突破与反突破、限制与反限制矛盾的对立统一是排球技战术持续发展的内在动力。

4. 公平竞争

排球比赛需要队员遵守比赛规则、公平竞争，重视对手的能力和表现，这有助于培养良好的运动品格和精神。

5. 广泛群众性、休闲娱乐性

排球运动场地设备与要求规则简单，只要喜欢排球运动，任何人都可参与其中。现代排球运动发展出多种形式，如沙滩排球、气排球、软式排球、多排球运动，集健身、娱乐、社交、休闲等功能于一体，运动形式不拘一格，灵活多变，已成为人们休闲娱乐的热门项目。

（二）排球运动的功能

1．健身功能

排球运动是一项长时间、中等强度的运动，属于有氧运动范畴。在运动过程中，人体的神经系统、内分泌系统、呼吸系统、循环系统、运动系统都参与到活动中，物质代谢和能量代谢也明显增强，可以有效地增强心肺功能，增强肌肉力量和耐力，同时可以提高人的反应速度、判断能力和运动协调能力。

2．教育功能

排球运动对于培养勤奋、团结、拼搏的精神品质，锻炼良好的心理素质和提高应变能力等具有良好的教育和指导意义。对于青年学生而言，排球运动充满了竞技性，可以充分展现学生勇于拼搏、奋斗的精神风貌。

3．文化功能

排球运动体现的团结协作、顽强拼搏等精神品质作为一种文化意识形态，从文化角度反映了人类所追求的崇高精神品质，能够产生较强的鼓舞力、感染力和征服力，成为体育本身所特有的最积极的教育因素，指导和影响人类的生活方式和体育实践。这种精神的展现也是运动技能、技巧、心理品质等综合作用于运动人体之后的升华和再现。

排球运动蕴含着人类共同的文化价值和意义，如身心健康发展、游戏愉悦、自我表现和自我价值实现、竞争与胜利欲望的满足、团队协作与竞争的快感等。其中，群体与个体、交往与沟通、竞争与协作、应变与创新等诸多社会文化因素充分展示着现代人超越自我、张扬个性和对身心全面发展的良好追求与精神满足。

（三）排球运动的主要赛事

排球运动有很多赛事，主要有以下几个：

1．国际排球联合会世界杯赛

国际排球联合会世界杯赛始于 1965 年，是排球全球顶级赛事之一，每 4 年举行一次。

2．世界排球锦标赛

世界排球锦标赛是世界上历史最长的排球比赛之一，始于 1949 年，每 4 年举行一次，有男女 2 个组别。

3．奥运会排球比赛

奥运会排球比赛是全球规模最大和最重要的综合性体育赛事之一，每 4 年举行一次，包括室内排球和沙滩排球 2 个项目。

4．亚洲排球锦标赛

亚洲排球锦标赛由亚洲排球联合会（AVC）主办，每 2 年举行一次。

5．中国排球联赛

中国排球联赛是由中国排球协会主办的最高水平职业排球联赛，始立于 1996 年，每年举行一次，包括男女 2 个组别。

此外，排球运动还有欧洲排球锦标赛、南美洲排球锦标赛、北美洲排球锦标赛等地区性及国际性赛事。我国排球运动的主要赛事有全运会排球赛、全国排球锦标赛、全国排球超级联赛等。

时代寄语

全面建设社会主义现代化强国，需要在各方面都强起来。实现体育强国目标，要大力弘扬新时代的女排精神，把体育健身同人民健康结合起来，把弘扬中华体育精神同坚定文化自信结合起来，坚持举国体制和市场机制相结合，不忘初心，持之以恒，努力开创新时代我国体育事业新局面。

——2019 年 9 月 30 日习近平会见中国女排代表时的讲话

二、排球运动基本技战术

(一) 排球运动的基本技术

1. 准备姿势与移动

准备姿势和移动是排球运动的基本动作，是完成各项技术动作的基础。准备姿势是指队员在排球场上处于不同位置，在完成各项技术之前所采用的不同姿势，而最常用、最基本的半蹲式是排球运动准备姿势的基础。准备姿势和移动属于无球技术，是完成发球、传球、垫球、扣球和拦网等各项有球技术的前提和基础，对各项有球技术的运用起串联和纽带作用。准备姿势和移动相辅相成，准备姿势是为了移动，而要快速移动，又必须先做好准备姿势。

(1) 准备姿势。

准备姿势可根据膝关节及髋关节的弯曲度分为半蹲、稍蹲和低蹲 3 种。

① 半蹲准备姿势(图 5-15-1)：两脚左右开立，稍比肩宽，一脚稍前，脚尖内收，脚跟稍提起；膝关节保持一定的弯曲，其投影在脚尖前面；上体前倾，重心靠前；两臂放松，自然弯曲，双手置于腹前，目视来球，两腿保持微动。

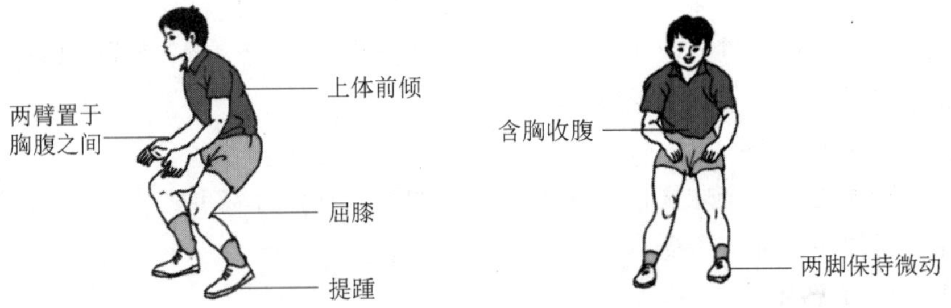

图 5-15-1　半蹲准备姿势

② 稍蹲准备姿势：动作方法与半蹲相同，只是身体重心稍高，多用于扣球和接发球前。

③ 低蹲准备姿势：比半蹲准备姿势的身体重心更低、更靠前，两脚左右、前后的距离更宽，膝部弯曲度更大，多用于接低重球。

(2) 移动。

移动是为了及时接近球，保持好人与球的位置，便于击球，利于迅速占据场上的合适位置。常用的移动方法有并步、滑步、交叉步、跨步、跑步等。

① 并步与滑步(图 5-15-2)：当来球距身体 1 米左右时可采用并步移动，如向左(右)移动时，外侧脚蹬地，同侧脚向来球方向跨出一步，外侧脚迅速并上，做好击球前的准备姿势。连续并步就是滑步。

图 5-15-2　并步与滑步

② 交叉步(图 5-15-3)：当来球在体侧约 3 米时，可采用交叉步移动。向右移动时，上体稍右转，左脚从右脚前面向右交叉迈一步，然后右脚向右跨出一大步，同时身体转向来球方向，保持击球前的准备姿势。

图 5-15-3　交叉步

③ 跨步(图 5-15-4)：当来球较低，离身体 2～3 米时采用跨步，如向前移动时，后脚用力蹬地，前脚向前跨出一大步，膝部弯曲，上体前倾，身体重心移至前腿。

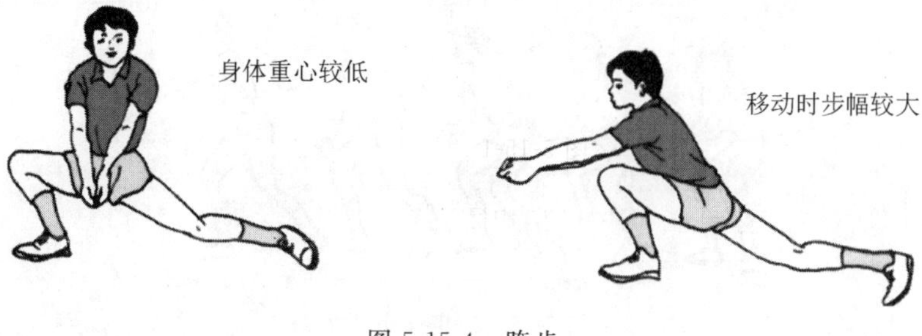

图 5-15-4　跨步

④ 跑步(图 5-15-5)：球距人较远时采用跑步移动。跑步时，两臂要配合摆动，球在侧方或后方时应边转身边跑动。

图 5-15-5　跑步

2. 发　球

发球是比赛的开始，是先发制人的进攻性技术。

(1) 正面上手发球。

以右手发球为例，面对球网两脚自然开立，左手托球于胸前，右手扶球，左手或双手将球平稳地向右肩前上方抛起，抛球的同时右臂抬起，屈肘后振，肘弯曲与肩平，五指自然张开，上体稍向右转动，抬头挺胸、展腹，身体重心移动至右脚上；击球时利用蹬地转体和迅速收胸收腹的动作使手臂迅速猛烈地向上方挥动，重心随之移至左脚，手臂伸至右肩上方，以全掌击球后中下部，手触球时手腕向前推压，使球旋转向前飞出，如图 5-15-6 所示。

图 5-15-6　正面上手发球

(2) 正面下手发球。

以右手发球为例，面对球网两脚前后开立，左脚在前，右脚在后，两膝弯曲，上体前倾，左手持球于腹前，将球垂直上抛向右肩前下方，抛球同时右臂伸直后摆，身体重心适当后移；以肩为轴，手臂由后经下方向前摆动，身体重心亦随之前移，在右肩前下方腹前高度用全掌、掌根或虎口击球后下方，如图 5-15-7 所示。

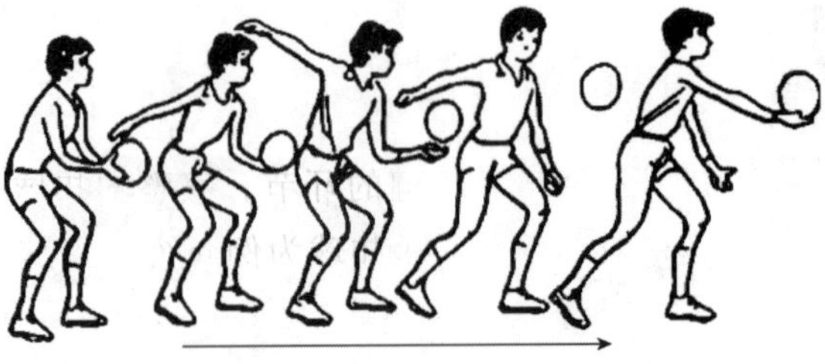

图 5-15-7　正面下手发球

3. 垫　球

垫球主要用于接发球、扣球、拦回球和其他球，是比赛中争取少失分、多得分，由被动转为主动的主要技术。

（1）正面双手垫球。

垫球练习

垫球时击球手型有叠指法和包拳法两种。一般都将腹前一臂距离、腕上 10 厘米左右的由两小臂桡骨内侧构成的平面作为击球面。当球飞至腹前一臂距离时，迅速移动到位，两臂夹紧前伸插至球下，手腕下压，用平整且稳定的击球面迎球；然后下肢蹬地，提肩、顶肘、压腕迎击来球，身体重心应随球前移，全身协调用力将球送出。

（2）跨步垫球。

判断来球落点，及时向前或侧方跨出一步，屈膝制动。重心落在跨出腿上，上体前倾，臀部下降，两臂夹紧前插至球下，用前臂击球的后下部。

（3）单手垫球。

当来球飞至右侧较远处时，迅速跑动接近球，最后右脚跨出一大步，上体向右倾斜，右臂伸直，自右向前摆动，用前臂内侧、掌根或虎口处垫球的后下部。

4. 传　球

传球是用手指、手腕的动作完成击球，是串联各项基本技术的媒介，便于准确控制球，是组织比赛与组织进攻战术的基础。

（1）正面双手传球。

传球练习

判断来球点，迅速移动正对落球点。当球飞至额前时，迅速蹬地、伸膝、手臂前迎，拇指相对，两手自然张开呈半球形。触球时手指、手腕紧张，以拇指、食指和中指承担来球的惯性力，于额前击球的后下方，将球传出。

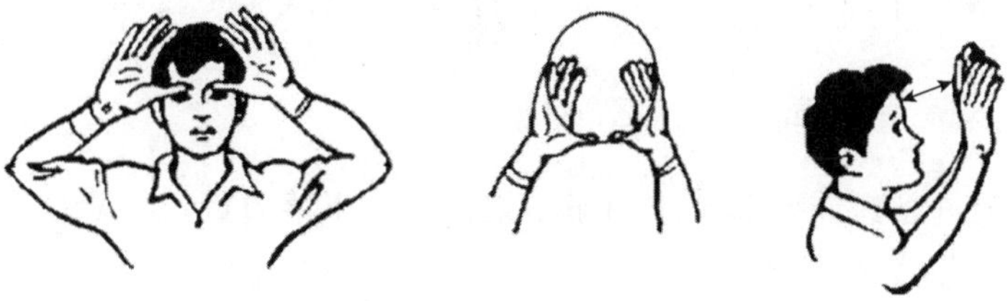

图 5-15-8　正面双手传球

垫传球
综合练习

（2）跳传。

双臂向上摆动帮助起跳后，顺势举在额前，身体在空中保持平衡，跳至最高点时迅速伸臂，利用手指、手腕力量将球传出。

5. 扣　球

扣球是跳起将高于球网的球有力地击入对方场地的一种击球方法，是排球比赛中最积极有效的进攻方式，也是完成进攻战术最关键的环节。完整的扣球技术包括准备姿势、跑、起跳、空中击球和落地几个环节。下面以右手扣球为例介绍正面扣球（图 5-15-9）的步骤。

（1）准备姿势。助跑前采用稍蹲姿势，两臂自然下垂，判断来球方向，为助跑起跳做准备。

（2）助跑。左脚向前跨出一步，右脚迅速跨出一大步，左脚及时并上，踏在右脚前，脚尖稍向右转。

（3）起跳。助跑跨出最后一步的同时，两臂绕体侧向后引，左脚踏地制动过程中，随着双腿蹬地向上起跳，两臂积极向前摆动。

图 5-15-9 扣球

(4) 空中击球。起跳后挺胸收腹,上体稍右转,右臂向右上方抬起,身体呈反弓,依次带动肩、肘、腕各关节向前上方挥出。击球时,五指微张保持紧张,全手掌包满球,掌心为击球中心,主动用力屈腕屈指击球的后中部。

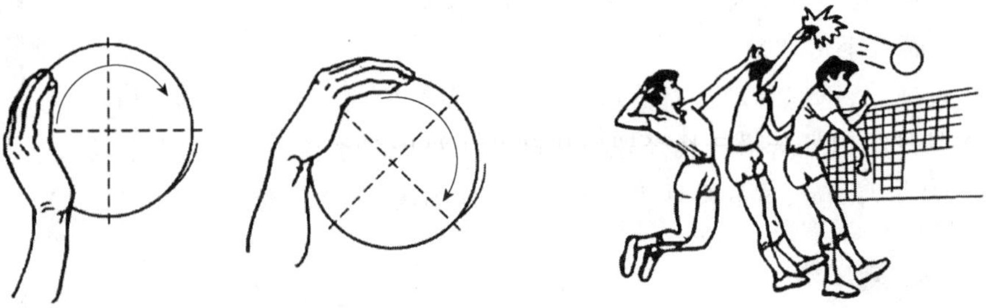

图 5-15-10 空中击球

(5) 落地。前脚掌落地过渡到全脚掌,顺势屈膝、收腹,缓冲下落力量。

6. 拦 网

拦网是第一道防线,也是反攻的重要环节和得分的重要手段,具有强烈的攻击色彩。拦网技术包括准备姿势、移动、起跳、空中动作和落地几个环节。

(1) 单人拦网。

① 准备姿势。面对球网两脚自然开立,与肩同宽,距离球网 30～40 厘米,两膝微屈,两臂在胸前自然屈肘。

② 移动。注意移动时身体重心的控制,合理运用制动技术,以免触网犯规。

③ 起跳。两脚用力蹬地,两臂在身体侧前方屈臂向上摆动,身体垂直上跳,腾空后收腹。

④ 空中动作。身体腾空至最高点时,两臂伸直,两肩上提,手指自然张开,手触球瞬间,手腕用力盖住球的前上方。

⑤ 落地。身体自然下落,以前脚掌着地缓冲屈膝下落力量。

(2) 集体拦网。

根据对方攻击,在单人拦网基础上,由前排相邻的 2～3 人迅速移动,起跳配合,完成空中拦网技术。

(二)排球运动的基本战术

排球战术是指排球比赛中运用本队队员所掌握的各种技术和同伴间的协同配合,克制对方、夺取胜利的手段,它包括个人战术和集体战术两部分。个人战术是指比赛中靠队员个人技术动作的巧妙变化和灵活恰当的运用,达到有效进攻和防守目的的手段;集体战术则是指全队或同队几个队员之间在比赛中有组织、有目的地协同配合,目的在于扬长避短、克敌制胜。

个人战术与集体战术相辅相成,互相促进,互相补充,缺一不可。因此,训练中必须在提高基本技术水平的基础上,加强全队集体战术的训练,并积极发展个人战术,使集体战术与个人战术训练紧密结合。

1. 接发球站位

接发球站位是为了合理、有效地接起对方的发球并组织一攻的战术。根据对方发球的特点,采取不同的阵形。接发球的站位阵形按接发球的人数不同可分为 5 人接发球、4 人接发球、3 人接发球、2 人接发球。通常队伍采用 5 人接发球和 4 人接发球站位,高水平队伍也有采用 3 人或 2 人接发球站位的。

5 人接发球站位阵形主要有"一三二"站位,即"W"形(图 5-15-11)。除 1 名二传员站在网前或从后排插上准备二传,不接发球外,其余 5 名队员都担负一传任务的接发球站位阵形。其优点是队员均衡分布,每人接发球的范围相对减小;接发球时,已站成了基本的进攻阵形,组织进攻比较方便,适合接发球水平不太高的球队。其缺点是队员之间地带较多,配合不默契时容易出现互抢互让或前后排互相干扰的现象。

2. 阵容配备

阵容配备的目的是合理使用队员,充分发挥各人的特长,有"四二"配备、"五一"配备等。"四二"配备由 4 名进攻队员和 2 名二传队员组成,特点是容易组织进攻,如图 5-15-12 所示。

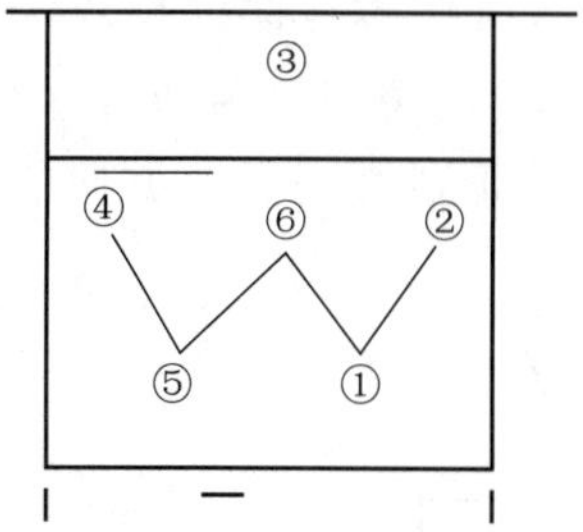

图 5-15-11 "一三二"站位

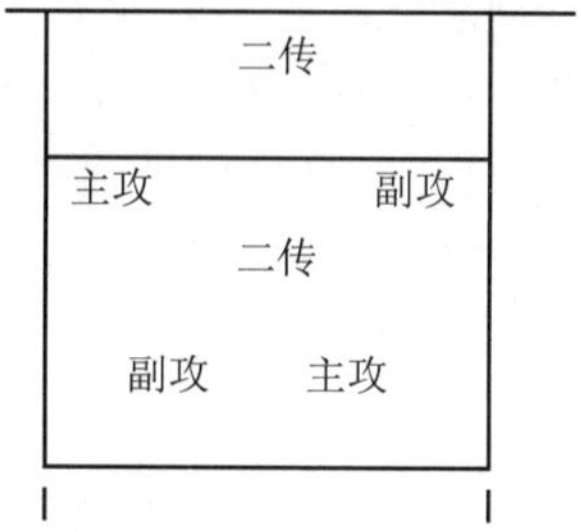

图 5-15-12 "四二"配备

"五一"配备由 5 名进攻队员和 1 名二传队员组成。队员的站位与"四二"配备基本相同,只是要有 1 名同二传对角的队员作为接应二传,这样可以加强拦网和进攻力量。

3. 进攻战术

进攻战术可分为"中一二""边一二""插上""二次球""后排进攻"5 种,下面主要介绍"中一二"和"边一二"进攻战术。

(1)"中一二"进攻阵式。

如图 5-15-13 所示,由③号位队员做二传,将球传给②号或④号位队员,组成进攻的配合形式,称为"中一二"。"中一二"进攻阵式是进攻战术之一,在进攻、反攻中都常采用,并且容易组织,比较简单,是初学者常用的进攻阵式。

(2)"边一二"进攻阵式。

如图 5-15-14 所示，由前排②号(或④号)位队员做二传，把球传给③号或④号(或②号)位队员进攻，这种进攻的组织形式称为"边一二"进攻阵式。"边一二"进攻阵式的优点是右手扣球者在③号或④号位扣球都比较顺手，战术变化也比"中一二"进攻阵式多。

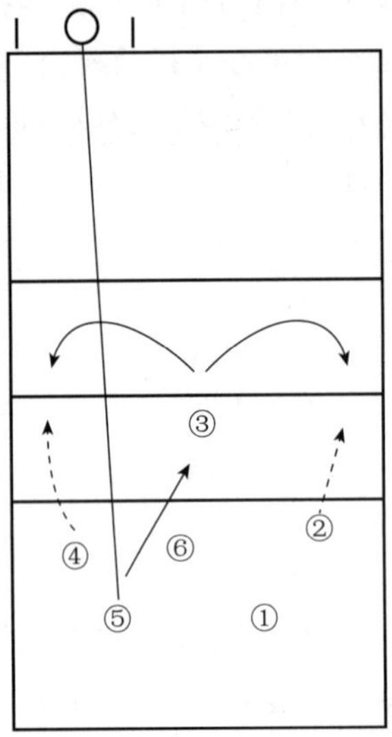

图 5-15-13 "中一二"进攻阵式

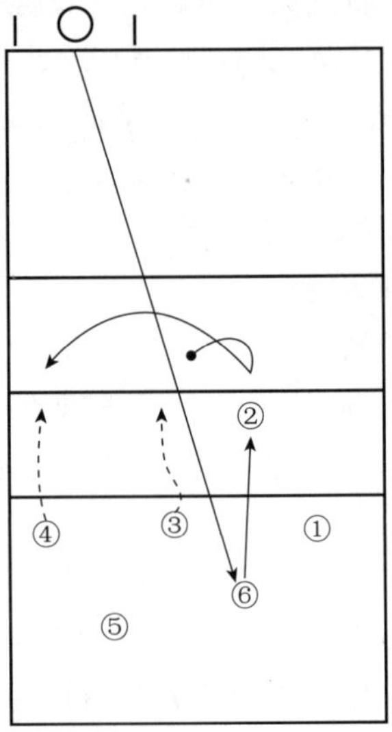

图 5-15-14 "边一二"进攻阵式

4. 防守技术

防守技术包括无人拦网防守技术、单人拦网防守技术、双人拦网防守技术、集体拦网防守技术 4 种。下面主要介绍双人拦网防守技术。

双人拦网防守技术一般在对方进攻威力较强，为了加强本方防守反攻的情况下采用。例如对方④号位队员进攻(与从②号位进攻原理相同)时，本方由②号位和③号位队员组织双人拦网，④号位队员后撤参加后排防守，4 个防守队员形成面对进攻方向的弧形防线(即边跟进"马蹄形"防守)，如图 5-15-15 所示。

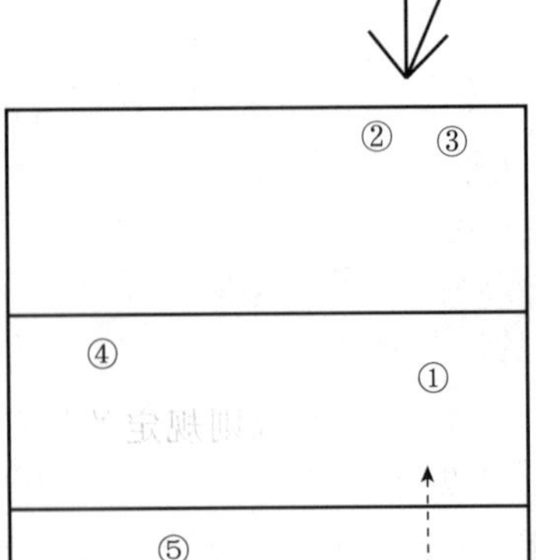

图 5-15-15 双人拦网防守分工

这种防守方式的缺点是拦网和防守队员之间的空隙较大，形成“中空”，如果对方突然改变进攻方式，用吊球或轻扣至“中空”地区，就会给防守造成很大的困难。为了解决“中空”的问题，通常明确规定①号位队员随时跟进，担负保护拦网和防吊球任务。①号位队员要根据对方扣球的特点、二传的情况和本方拦网的情况做出判断，机动灵活地采用“跟进”的行动。“跟进”的方向和地点要根据临场的情况来选择，一般不要跟得离网太近。

当①号位队员“跟进”后，⑥号位队员应注意弥补①号位的空当。对方将球吊到球场中央空当时，可以由不参加拦网的④号位队员做内撤接救，但这种方法对组织反攻不利，④号位队员由防守转入反攻比较困难，需要快速完成连续动作。此外，还有采用⑥号位专职“跟进”保护拦网和防吊球的阵式（“心跟进”），其弱点是后区有空当区，可用加强拦网及⑤号位队员加强判断来弥补。

三、排球运动竞赛规则

（一）场地与器材

排球比赛场地为长方形场地，长约 18 米，宽约 9 米，被分为 2 个对称的场地。

场地中间有一条网，球网高度 2.43 米（男子）或 2.24 米（女子）。球场的前区和后区都有一条 3 米宽的交叉线，用来划分每个队的服务区和场地。球场的两端还有一些其他线条，用来判断是否出界等。

比赛中使用的器材是一个圆形的排球，直径为 65～67 厘米，质量为 260～280 克。

（二）得分、胜局和胜场

得分规则是指在比赛中，每个发球方只有在自己胜得球权的情况下，才能够得分。每次争夺球权均以总共 25 分为一个阶段（若比赛打平，则一方得分超过另一方 2 分以上便可以获得胜利），每场比赛一般为五局三胜制（大比分已经达到 3∶0 或者 3∶1 就可以获得胜利）。

（三）犯　规

1. 发球犯规

（1）发球击球时的犯规：① 发球次序错误；② 发球区外发球；③ 发球击球时球未抛起或持球手未撤离；④ 发球队员未在 8 秒内将球发出。

（2）发球击球后的犯规：① 发出的球触及发球队队员或没有从过网区通过球网垂直平面；② 界外球；③ 球越过发球掩护的个人或集体。

2. 位置错误犯规

发球击球瞬间，双方任何一方队员不在规则规定的位置上，则构成位置错误犯规。

3. 击球时的犯规

（1）4 次击球犯规。一个球队连续击球 4 次（拦网一次除外）为 4 次击球犯规。

（2）持球犯规。球必须击出，不得接住或抛出，否则为持球犯规。

（3）连击犯规。一名队员连续击球 2 次或球连续触及身体的不同部位为连击犯规（拦网一次和第一次击球时除外）。

（4）借助击球犯规。球队在比赛场地以内借助同伴或任何物体的支持进行击球，为借助击球犯规。

4. 队员在球网附近的犯规

(1) 过网击球犯规。过网拦网发生在对方进行进攻性击球前或击球时,一方队员如果在对方场区触球或触及对方队员,则为过网击球犯规。判断是否为过网击球犯规的依据是击球点是否在对方场区。

(2) 过中线犯规。比赛进行中,在不影响比赛的情况下,队员脚以上身体任何部位越过中线触及对方场区都不算犯规,但整只脚越过中线并触及对方场区则为过中线犯规。

(3) 网下穿越进入对方场区并妨碍对方比赛。网下穿越进入对方场区的队员若妨碍了对方比赛,则犯规,反之则没有犯规。

(4) 触网犯规。队员的击球行为触及标志杆以内的球网部分为触网犯规。

5. 拦网犯规

(1) 过网拦网犯规。在对方进攻性击球前或击球时,在对方空间拦网触球为过网拦网犯规。

(2) 后排队员拦网犯规。后排队员靠近球网,将手伸向高于球网处阻拦对方来球,并触及球,为后排队员拦网犯规。

(3) 拦发球犯规。拦对方发过来的球为拦发球犯规。只要队员在球网附近,手高于球网上沿阻拦对方发过来的球,不论拦起、拦死,只要触球即犯规。

6. 进攻性击球犯规

进攻性击球犯规有 2 种情况:一是后排队员在前场区内或踏及进攻线(或其延长线),击整体高于球网上沿的球并使球的整体由过网区通过球网垂直面或触及对方拦网队员,为后排队员进攻性击球犯规;二是对处于前场区内对方发过来的并整体高于球网的球完成进攻性击球,为犯规。

(四) 暂停和换人

比赛过程中,教练可以提出暂停和换人的请求,每局比赛每队最多有 2 次普通暂停机会,暂停时间为 30 秒,在比赛成死球、裁判员鸣哨发球前可以请求暂停。国际性比赛中第 1 局至第 4 局内,每局另外有 2 次技术暂停,时间为 60 秒,在领先队达到 8 分和 16 分时自动执行;第 5 局决胜局没有技术暂停,每队在该局可请求 2 次 30 秒的普通暂停。

局比赛中,每队最多可请求 6 人次换人,可同时替换 1 人或多人。

(五) 后排自由防守队员的相关规定

后排自由防守队员是指除了接发球以外的 3 名队员。他们可以在球场的任何区域进行防守,并帮助前排球员进行攻防转换。但是,当攻方进行进攻时,这些球员不能跃起进行攻击或触碰拦网。

拓展阅读

沙滩排球

沙滩排球是一项在沙地上进行的排球运动。这项运动有着非常强的观赏性、休闲性、娱乐性、竞技性。

1920 年，沙滩排球起源于美国加利福尼亚的 Santa Monica。20 世纪 50—60 年代，沙滩排球成了美国加利福尼亚州海滩上必不可少的娱乐活动。1986 年，第一次国际性沙滩排球比赛在巴西里约热内卢举行。1992 年，国际排联(FIVB)成立了沙滩排球部。1996 年 7 月 23—28 日，在亚特兰大海滨举行了第一次奥运会沙滩排球比赛。

任务十六　乒乓球运动

一、乒乓球运动简介

乒乓球起源于英国。19 世纪末，欧洲盛行网球运动，但由于受到场地和天气的限制，有些大学生便将网球移到室内，以餐桌为球台，用羊皮纸做球拍。1890 年，英国运动员吉布从美国带回一些赛璐珞球，用于乒乓球运动。后来他们改用空心的塑料球，用木板代替网球拍，在桌子上进行"网球赛"，乒乓球就这样诞生了。到 19 世纪末，美国出现了打带羽毛的球的游戏，还使用一种外面蒙上一层丝织物的橡皮实心球。与此同时，在日本沿海城市横滨，外国商船来往频繁，商行里经常进行类似乒乓球运动的游戏。1902 年，在英国游学的日本东京高等师范学校教授坪井玄道将乒乓球整套用具带回日本，于是日本人也模仿起来。由于缺乏器材，他们把饭桌或制图桌当作球台，用毛巾或书籍堆起来做球网。球有的是胶质的，有的是丝织物的，而球拍则用盛饭的木勺子代替。1904 年，我国上海一家文具店的经理王道平从日本买来 10 套乒乓球器材，摆在店中，亲自做打球表演，并介绍在日本看到的打乒乓球的情况，自此国内开始有了乒乓球运动。

(一) 乒乓球运动的特点

乒乓球运动具有以下特点：

1. 速度快

乒乓球比赛中的球速非常快，尤其是在高水平比赛中，球员之间的反应时间极短，需要迅速判断球的落点和旋转，并做出快速反应。

2. 变化多

乒乓球运动中球的旋转变化多端，包括上旋、下旋、侧旋等，这些旋转的变化使得球的飞行轨迹和反弹特性复杂多变，增加了比赛的观赏性和技术性。

3. 技术要求高

乒乓球运动对球员的技术要求非常高，包括发球、接发球、攻球、防守、步伐移动等多方面的技术。球员需要具备良好的手眼协调能力、快速的反应能力和精准的控制能力。

4. 战术丰富

乒乓球比赛不仅仅是技术的较量，更是战术的博弈。球员需要根据对手的特点和比赛情况灵活调整战术，如变化发球策略、控制比赛节奏、选择合适的攻击时机等。

5. 体能要求高

虽然乒乓球运动看起来不像一些其他体育项目那样需要强大的体能，但实际上，高强度的比赛对球员的体能要求也很高，包括耐力、速度、力量和灵活性的要求。

6. 普及性

乒乓球运动器材简单,场地要求不高,易于开展,因此在全球范围内都有广泛的群众基础,是一项非常普及的体育运动。

7. 观赏性

乒乓球比赛节奏快速,球路变化莫测,加上球员之间精彩的技术对决,使得乒乓球比赛具有很高的观赏性。

乒乓球运动的这些特点使其成为一项深受人们喜爱的体育项目,无论是在专业领域还是在业余爱好者中都有着广泛的影响力。

(二) 乒乓球运动的功能

乒乓球运动具有多种功能,包括但不限于以下几点:

1. 健身功能

乒乓球运动是一项全身性的运动,能够有效地锻炼身体各部位的肌肉,增强心肺功能,提升体力和耐力。它对于提高身体的协调性和灵活性也有显著效果。

2. 调节心理健康

乒乓球运动能够帮助人们放松心情,减轻压力。在打球过程中,人们可以暂时忘却日常生活中的烦恼,专注于比赛,从而达到心理放松的效果。

3. 社交功能

乒乓球运动是一项适合多人参与的运动,它能够增进人与人之间的交流和友谊。通过组织比赛或者参与俱乐部活动,人们可以在轻松愉快的氛围中结识新朋友,扩大社交圈。

4. 智力发展

乒乓球运动要求运动员具备快速的反应能力和战术思维,这有助于锻炼大脑,提高思维敏捷性和判断力。对于青少年来说,乒乓球运动还有助于智力发展和学习能力的提升。

5. 娱乐休闲

乒乓球运动是一项老少皆宜的运动,它不仅能够提供竞技的乐趣,还是一种很好的休闲娱乐方式。无论是在家庭聚会还是在朋友间的休闲时光,乒乓球运动都是一项受欢迎的活动。

6. 培养竞技精神

乒乓球运动强调公平竞争和尊重对手,它能够培养运动员的竞技精神和团队协作能力。在比赛中,运动员需要展现出坚韧不拔、勇于挑战的精神。

7. 文化交流

乒乓球运动作为一项国际性的运动,它在不同国家和地区都有广泛的爱好者。通过乒乓球运动,可以促进不同文化之间的交流和理解。

总之,乒乓球运动是一项集健身、娱乐、社交、智力发展等多功能于一体的运动,它适合各个年龄段的人群参与,对于提高生活质量和促进身心健康都有积极的作用。

(三) 乒乓球运动的主要赛事

乒乓球运动是一项全球性的体育运动,国际上有许多知名的乒乓球赛事。

1. 世界乒乓球锦标赛

世界乒乓球锦标赛是乒乓球界最高级别的赛事之一，每 2 年举办一次，包括男子单打、女子单打、男子双打、女子双打和混合双打等多个项目。

2. 奥运会乒乓球比赛

奥运会乒乓球比赛是每 4 年举办一次的体育盛事，包括男子单打、女子单打、男子团体和女子团体等项目，是乒乓球运动员争夺奥运金牌的重要舞台。

3. 世界杯乒乓球赛

世界杯乒乓球赛是每年举办一次的赛事，包括男子单打和女子单打 2 个项目，是乒乓球运动员展示个人实力的舞台。

4. 世界巡回赛

世界巡回赛是由国际乒乓球联合会主办的一系列国际乒乓球比赛，包括多个分站赛和总决赛，是乒乓球运动员积累积分、提高排名的重要途径。

5. 亚洲乒乓球锦标赛

亚洲乒乓球锦标赛是亚洲地区最高水平的乒乓球赛事之一，每 2 年举办一次，包括男子单打、女子单打、男子双打、女子双打和混合双打等多个项目。

这些国际乒乓球赛事不仅为乒乓球运动员提供了展示自己实力的舞台，也促进了乒乓球运动在全球范围内的普及和发展。通过参与这些比赛，运动员们可以互相学习、交流经验，提高自己的技术水平，为乒乓球运动的发展做出贡献。

拓展阅读

中国乒乓球队的成就

中国乒乓球队在国际赛事上取得的奖牌数不胜数，以下是一些主要的成就：

1. 奥运会

自乒乓球在 1988 年汉城（今首尔）奥运会被列为正式比赛项目以来，中国乒乓球队在奥运会上取得了令人瞩目的成绩：

(1) 1988 年汉城奥运会：中国乒乓球队获得 2 金（男子双打、女子单打）、2 银（男子单打、女子双打）和 1 铜（女子单打）。

(2) 1992 年巴塞罗那奥运会：中国乒乓球队获得 3 金（男子单打、女子单打、女子双打）、2 银（男子双打、混合双打）和 1 铜（男子单打）。

(3) 1996 年亚特兰大奥运会：中国乒乓球队包揽了所有 4 枚金牌（男子单打、女子单打、男子双打、女子双打）。

(4) 2000 年悉尼奥运会：中国乒乓球队再次包揽了所有 4 枚金牌，并获得 3 枚银牌和 1 枚铜牌。

(5) 2004 年雅典奥运会：中国乒乓球队获得 3 金（男子单打、女子单打、女子双打）、1 银（男子双打）和 2 铜（男子单打、混合双打）。

(6) 2008 年北京奥运会：中国乒乓球队包揽了所有 4 枚金牌，并获得 2 枚银牌和 2 枚铜牌。

(7) 2012 年伦敦奥运会：中国乒乓球队包揽了所有 4 枚金牌，并获得 2 枚银牌。

(8) 2016 年里约奥运会：中国乒乓球队获得 4 金（男子单打、女子单打、男子团体、女子团体)、2 银(男子单打、女子单打)和 1 铜(男子单打)。

(9) 2020 年东京奥运会(在 2021 年举行):中国乒乓球队获得 4 金(男子单打、女子单打、男子团体、女子团体)、3 银(男子单打、女子单打、混合双打)。

2. 世界乒乓球锦标赛

中国乒乓球队在世界乒乓球锦标赛上的成绩同样辉煌:

(1) 男子单打:中国乒乓球队多次获得冠军,包括马龙、王励勤等名将。

(2) 女子单打:中国乒乓球队几乎垄断了女子单打冠军,包括邓亚萍、王楠、张怡宁、丁宁等传奇选手。

(3) 男子双打、女子双打和混合双打:中国乒乓球队在这些项目上也取得了众多冠军。

(4) 团体赛:中国乒乓球队在男子团体和女子团体项目上几乎无敌,多次夺得冠军。

3. 世界杯乒乓球赛

中国乒乓球队在世界杯乒乓球赛上同样表现出色,多次获得男女单打项目的冠军。

4. 世界巡回赛

中国乒乓球队在世界巡回赛上也取得了优异的成绩,多次获得各个分站赛和总决赛的冠军。

中国乒乓球队的这些成就不仅展示了中国乒乓球运动员的高超技艺和顽强拼搏精神,也为中国体育事业的发展做出了巨大贡献。

二、乒乓球运动基本技战术

(一) 乒乓球运动的基本技术

1. 握　拍

目前常用的握拍方法有 2 种,分别是直拍和横拍。以下技术讲解均以右手持拍为例。

(1) 直拍握拍法。在球拍正面,大拇指第一关节和食指第二关节扣住拍柄两侧,距离保持适中,拍柄压住虎口(图 5-16-1);在球拍背面,中指、无名指和小指自然重叠弯曲,用中指第一关节顶住球拍背面(图 5-16-2)。

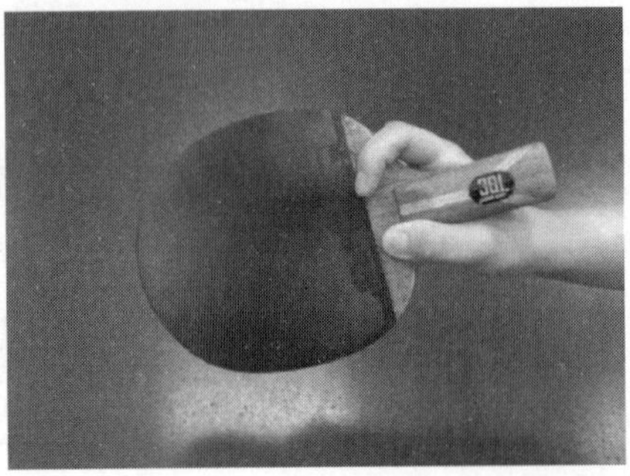

图 5-16-1　直拍正面握拍姿势

图 5-16-2　直拍背面握拍姿势

(2) 横拍握拍法。在球拍正面,大拇指内侧轻贴球拍胶皮商标处(图 5-16-3);在球拍背面,食指自然伸直斜放于球拍胶皮商标处,虎口贴住球拍把侧面,中指、无名指、小拇指自然握住拍柄(图 5-16-4)。

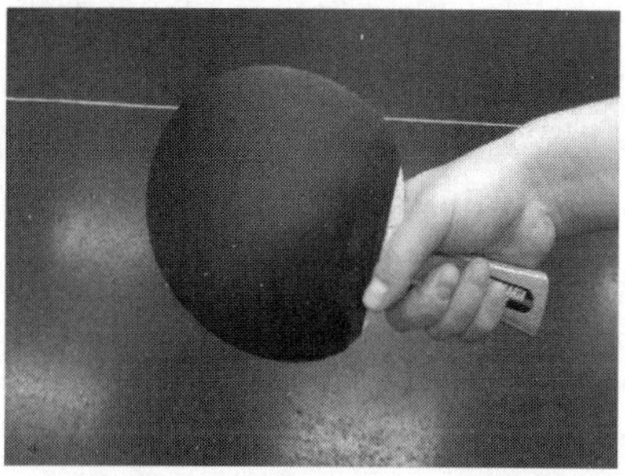
图 5-16-3 横拍正面握拍姿势

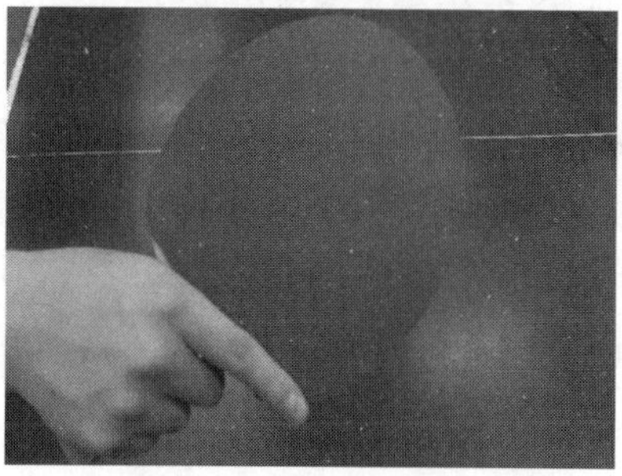
图 5-16-4 横拍背面握拍姿势

2. 熟悉球性

通过使用球拍连续击球的用力体验练习,提高肢体控制球拍动作的时间、空间和用力感觉,初步掌握击球的力量、节奏、拍形、触球部位等技巧,同时提高对球的判断力和专注能力。

(1) 托球。

把球放到球拍上,保证球在球拍中间位置不掉落,保持稳定性。熟练时可加入行走托球练习。托球主要练习手臂的稳定性及身体重心的稳定性。

(2) 颠球。

把球放到球拍上,持拍手向上发力使球弹起一定的高度(10～15 厘米最佳),保证球不掉落,保持稳定性。颠球主要练习手臂的控制力及大臂、小臂的协调配合。

(3) 对墙击球。

身体距墙 50～100 厘米,挥拍击球至墙上一点处,保证每次发力稳定且击球准确,回合越多,水平越高。对墙击球主要培养手眼协调以及控球手感。

3. 站位与准备姿势

(1) 站位。

站位是指运动员击球前根据自己的打法特点站立的位置。例如,采用左推右攻打法的运动员的基本站位应是近台中间偏左的位置,采用两面快攻打法的运动员的基本站位应是近台中间的位置,以弧圈球为主打法的运动员的基本站位应在中台附近,以削球为主打法的运动员的基本站位应在中远台附近。

(2) 准备姿势。

击球之前的基本姿势(以右手为例)应是两脚平行站立,比肩稍宽,脚跟微提,身体重心落于脚前掌,膝盖微曲,大腿与小腿夹角为 105～145 度;上身腰部往前倾斜,眼睛注视来球,持拍手自然弯曲并置于身体右侧,离腹部前约 30 厘米处,同时肘部外张,非持拍手半握拳放松置于身体左腹部。

4. 正反手平击发球

发球时,发球方应在球台端线之后,在发球开始时将球自然置于非持拍手的手掌上,手掌张开,保持静止。发球时向上垂直抛起,不得使球旋转;球离开手掌之后上升不少于 16 厘米,从球开始下降到被击出前不能碰到任何物体。

(1) 正手平击发球。

正手平击发球时,左脚在前,右脚在后,左手掌心持球于球台水平面位置,右手持拍于身体右侧;左手向上抛球后,持拍手从身体右后方向挥动至前额处,拍形稍前倾,击球的中上部,击球后第一落点在本方球台中央,随后越过球网落至对方球台。击球后迅速还原成准备姿势。

(2) 反手平击发球。

反手平击发球时,两脚平行站位,左手掌心托球,置于腹部中间,与球台水平面相平,右手持拍,置于身体左侧;左手向上抛球后,持拍手前臂迅速由后向前挥动,拍形稍前倾,击球的中上部,击球后第一落点在本方球台中央,随后越过球网落至对方球台。击球后迅速还原成准备姿势。

5. 基本步法

(1) 单步。

做好准备姿势,当来球角度不大时,以一只脚的前脚掌为轴,另一只脚根据来球方向分别向前、向后、向左、向右移动。单步(图 5-16-5)的特点是动作快而简单,移动范围小,移动过程中身体重心平稳,适于在来球离身体较近时使用。

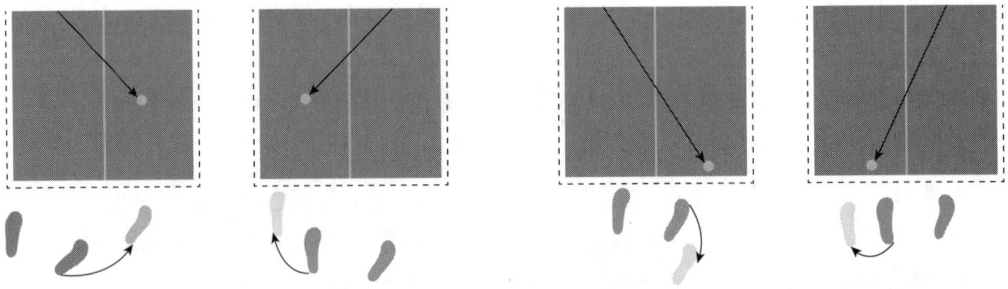

图 5-16-5 单步

(2) 滑步。

做好准备姿势,重心保持在身体的中间。先进行分解动作练习:向右滑步时,左脚先向右移动,随后右脚向右移动;向左滑步时,右脚先向左移动,随后左脚向左移动。然后进行连贯移动练习:一只脚蹬地,另一只脚略微腾空向一侧移动,蹬地脚跟随一起滑动到一侧,滑动时重心全程保持稳定,双脚不要碰撞。滑步的大小、方向可根据来球线路随时调整。滑步是乒乓球步法中最常用、最重要的步法之一。

(3) 跨步。

做好准备姿势,当来球力量大、速度快、角度大时,先以来球同方向的脚向侧跨一大步,另一只脚迅速跟上。因第一步移动幅度大,身体重心降低,故不宜连续使用跨步,跨步适用于离身体较远的球。

(4) 交叉步。

做好准备姿势后,首先向右侧身,随后重心整体向右移动,右脚蹬地,左脚向前方迈出,然后右脚和身体重心跟上并腾空转体,在左脚落地的同时迎球挥出球拍,顺势右脚着地。交叉步用于扑救离身体非常远的球,它的照顾范围比较大,动作幅度比较大,一般用于全台范围的跑位移动。

(5) 小碎步。

做好准备姿势,时刻保持重心前倾,双脚随时小范围移动。在其他步法移动到一定的位置,但还没有找到合适的击球点时,就要通过小碎步来调整,争取更好的击球点。小碎步主要适用于各种步法的衔接、调节以及所有移动的启动和预判,是衡量一个人步法是否合理、协调、科学的重要表现。

6. 正手攻球

以右手为例，击球前在球台中间站位，两脚分立，与肩同宽或稍宽，右脚稍后站立，膝盖微曲，弯腰下沉，重心前倾，身体距离球台约 50 厘米。当来球落至台面时，小臂外展将球拍引至身体右侧，球拍保持在台面以上 10 厘米并前倾约 60 度。击球时，身体重心从右脚移至左脚，同时以腰部带动大臂、大臂带动小臂向左前上方快速挥动，并配合小臂内旋挥拍至前额位置（图 5-16-6），随后迅速还原成击球前的准备姿势。

7. 反手攻球

（1）横拍反手攻球。

以右手为例，击球前，两脚平行站位，膝盖微曲，弯腰下沉，重心前倾，身体距离球台约 50 厘米，手臂自然弯曲并外旋，使球拍前倾约 60 度，手腕内收，将球拍引至腹前偏左的位置。当来球至上升期时，大臂带动小臂加速挥动并外旋，手腕外展击球中上部，借来球反弹力量向右前方挥拍（图 5-16-7），随后迅速还原成击球前的准备姿势。

图 5-16-6 正手攻球

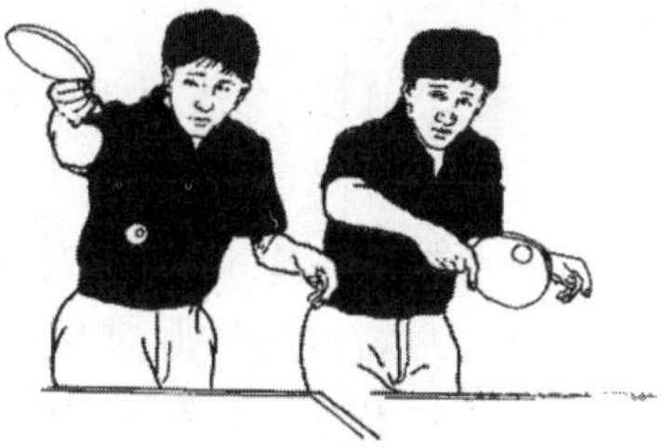

图 5-16-7 横拍反手攻球

（2）直拍反手推挡及横打。

击球前，两脚平行站位，膝盖微曲，弯腰下沉，重心前倾，身体距离球台 30～50 厘米。反手推挡（图 5-16-8）时，引拍尽量靠近身体，小臂向下旋转，肘关节不能外张，引拍高度位于球台上方 10 厘米并前倾约 60 度。当来球至上升期时，向前发力推出，肘关节、小臂、拍子击球方向要成直线，手腕保持固定，推出后迅速还原成击球前的准备姿势。直拍反手横打在握拍上需要变化，球拍背面的三指可同时顶住球拍背面，准备姿势和横拍反手攻球类似，手腕微屈，手臂内旋，肘部抬起。当来球至上升期时，以肘关节为轴，大臂带动小臂外旋，向前向上用力，随后迅速还原成击球前的准备姿势。

图 5-16-8 反手推挡

8. 搓 球

（1）正手搓球。

做好准备姿势，待下旋球来时，持拍手曲臂引拍，大臂带动小臂向前下方摩擦球的中下部，配合手腕动作，朝斜下方将球摩擦击出。拍形与球台的角度大约为 140 度，可根据旋转强弱适时做出调整：如果来球较转，球拍可以放平一些；如果来球不转，球拍可以立起来一些。

(2) 反手搓球。

做好准备姿势，待下旋球来时，持拍手手腕向小拇指方向弯曲，手背朝上，小臂带动手腕，将球向斜下方摩擦击出，手腕保持相对稳定，同样根据来球旋转以适当调整球拍角度。

(3) 慢搓和快搓。

慢搓动作要点如下：

① 应根据来球的具体情况控制好拍面的后仰角度。

② 击球时，前臂用力为主，转腕动作不宜过大。

③ 搓加转球，在向下用力的同时，应增大前送的幅度。慢搓时动作幅度大，在来球的下降期击球，回球速度慢，但有利于增加搓球的旋转强度。

慢搓一般适用于回接旋转较强、线路稍长的来球。在对搓中，快慢搓球结合起来，可以变化击球节奏，牵制对方。

快搓动作要点如下：

① 身体重心前移，身体靠近来球。

② 前臂主动前伸，搓向球的中下部。

③ 快搓一般借力还击，若来球下旋弱，可用力下切。快搓时动作幅度小，回球速度快，借来球的前进力量将球搓回，常用于接发球或削过来的近网下旋球。

在对搓中，可利用快搓变化击球节奏，缩短对方回球的准备时间。

9. 左推右攻

做好准备姿势，站在球台偏左位置，待球来时先反手攻球，动作结束后向右滑步，同时还原成正手攻球准备姿势，正手攻球后继续向左滑步，同时还原成反手攻球准备姿势，依次循环将球击出。

10. 推挡侧身扑正手

做好准备姿势，站在球台偏左位置，待球来时先反手攻球，随后向左滑步侧身，同时还原成正手攻球准备姿势，侧身正手攻球后先垫步还原，随后向右侧做出交叉步并正手攻球，攻球后向左滑步，同时还原成反手攻球准备姿势，依次循环击球。

11. 正手拉下旋球

判断来球是下旋球后，重心降至右脚，沉肩转腰，球拍下沉至膝盖位置处。待来球至下降期，右脚蹬地转腰，同时大臂带动小臂朝前上方摩擦球的中部，顺势引拍至前额，重心转移至左脚，拉球完毕迅速还原姿势，准备下一板击球。

12. 反手拉下旋球

判断来球是下旋球后，重心下沉，球拍沉至球台以下两腿之间的位置。待来球至下降期，双脚蹬地转腰，同时大臂带动小臂朝右上方摩擦球，拉球完毕迅速还原姿势，准备下一板击球。

13. 削　球

正手削球时，右脚稍后，身体偏右侧，双膝微屈，球拍竖立，引拍至肩高附近，在来球的下降前期，小臂在大臂的带动下随身体重心的移动向下、向前、向左挥动，触球中下部，手腕控制好拍形并有摩擦球的动作。

反手削球时，左脚稍后，身体偏左侧，球拍竖立，小臂在大臂的带动下随身体重心的移动向下、向前、向右挥动，在下降前期触球中下部，手腕控制好拍形并有摩擦球动作。

削球动作幅度大，一定程度上类似中远台搓球。

14. 乒乓球发球技术

（1）发下旋球和不转球。

发下旋球时，站到球台左侧，左脚在前，右脚在后，抛球手左手手掌摊开，在球台以外的位置抛球。抛起的球必须直上直下，抛起高度不低于16厘米。抛球后，右手引拍至身体右上方，身体展开，准备击球。待球下降至与球网同高时，迅速以腰带动手臂、手腕朝下方摩擦球的中下部，一定程度上类似“切”的动作。发完球后迅速还原成准备姿势。

与发下旋球对应的是发不转球，下旋球如果发好了，不转球就相对容易些。发不转球的站位、抛球、引拍与发下旋球一样，只是在击球的瞬间用胶皮的上方击球，使它的摩擦面积减小，球的转速就减小。也可以在击球时不摩擦球，而是将球撞击出去，发过去的球就将不转。

（2）发左侧下旋球和左侧上旋球。

发左侧下旋球时，站到球台左侧，左脚在前，右脚在后，抛球手左手手掌摊开，在球台以外的位置抛球。抛起的球必须直上直下，抛起高度不低于16厘米。抛球后，右手引拍至身体右上方，身体展开，准备击球。待球下降至与球网同高时。迅速以腰带动手臂、手腕向左侧下方摩擦球的中下部。发完球后迅速还原成准备姿势。

发左侧上旋球与发左侧下旋球的前期准备一样，只需要注意在击球时球拍朝左侧上方发力摩擦球的中部，这样即可发出左侧上旋球。

（3）发右侧下旋球和右侧上旋球。

发右侧下旋球时，站到球台左侧，左脚在前，右脚在后，抛球手左手手掌摊开，在球台以外的位置抛球。抛起的球必须直上直下，抛起高度不低于16厘米。抛球后，右手手腕引拍内扣，待球下降至与球网同高时，小臂带动手腕向右侧下方摩擦球的中下部。发完球后迅速还原成准备姿势。

发右侧上旋球与发右侧下旋球的前期准备一样，只需要注意在击球时球拍朝右侧上方发力摩擦球的中部，这样即可发出右侧上旋球。

15. 乒乓球接发球技术

（1）接上旋球。

采用正、反手攻球或推挡回接，拍面适当前倾，击球的中部，调节好向前的力量，接完后迅速还原，准备下一板进攻。

（2）接下旋球。

采用正、反手搓球或削球回接，若来球路线较长，也可采用正、反手拉下旋球回接。接下旋球时，搓球多以控制对方为主，拉球上手进攻是最理想的选择。

（3）接左侧下旋球、左侧上旋球。

接左侧下旋球时，接法与接下旋球类似，采用搓球、削球或者拉球，但是接球时球拍需要偏右侧一点，因为对方发球带有左侧旋性质，应依据来球旋转强度适当调整搓球或者拉球的拍形。接左侧上旋球时，同样采用正、反手攻或推挡回接，球拍也要偏右侧一点，依据来球旋转强度，球拍适当前倾以抵消左侧旋旋转。

(4) 接右侧下旋球、右侧上旋球。

接右侧下旋球时，接法与接下旋球类似，采用搓球、削球或者拉球，但是接球时球拍需要偏左侧一点，因为对方发球带有右侧旋性质，应依据来球旋转强度适当调整搓球或者拉球的拍形。接右侧上旋球时，同样采用正、反手攻或推挡回接，球拍也要偏左侧一点，依据来球旋转强度，球拍适当前倾以抵消右侧旋旋转。

16. 乒乓球双打技术

乒乓球双打比赛双方各出2名运动员，按规则规定的顺序轮流击球。双打比赛项目有男子双打、女子双打、混合双打。其竞赛方法和比赛规则与单打基本相同，技战术使用和步法的运用也十分类似，但双打在发球、接发球及击球的顺序上有特殊的规定。

(1) 发球。

在双打中，发球方的球应先后触及发球员和接发球员的右半区第一次(中线算右半区)。在一场比赛中，如果裁判员对运动员发球合法性第一次有怀疑，则叫停比赛并警告发球方；此后如果裁判员对该球员或其双打同伴发球的合法性再次怀疑，则判接发球方得一分。

(2) 比赛次序。

在双打中，首先由发球员发球，再由接发球员还击，然后由发球员的同伴还击，再由接发球员的同伴还击，运动员按此次序轮流还击。

(3) 计分。

双打时，发球员将球发错半区或对方运动员击球次序错误，都要被判失分，其他计分规则与单打比赛一样。

(4) 发球、接发球和方位的次序。

① 每获得2分之后，接发球方即成为发球方，依次类推，直至该局比赛结束；或者直至双方比分都达到10分或实行轮换发球法，这时发球和接发球次序不变，但每人只轮发一分球。

② 确定发球员。在双打的第一局比赛中，先发球方确定第一发球员，再由接发球方确定第一接发球员；在以后的各局比赛中，第一发球员确定后，第一接发球员应是前一局发球给他的运动员。在双打中，每次换发球时，前面的接发球员应成为发球员，前面发球员的同伴应成为接发球员。一局中，首先发球的一方在该场下一局应首先接发球。

③ 在双打决胜局比赛中，当一方先得5分时，双方交换方位，发球方继续发球，接发球方应交换接发球次序，直至比赛结束。

例如AB和ab两对选手，若第一局A发球，a接发球，则下一轮发球为a发球，B接发球，下一轮为B发球，b接发球，下一轮为b发球，A接发球，下一轮为A发球，a接发球……依次循环，直至一方获胜。第二局交换方位后，由a先发球，A接发球，下一轮为A发球，b接发球，下一轮为b发球，B接发球，下一轮为B发球，a接发球，下一轮为a发球，A接发球……依次循环，直至比赛结束。第一局和第三局对位轮次相同，第二局和第四局对位轮次相同，第五局开局对位轮次和第一、第三局相同，当一方比分达到5时，双方交换方位：当遇比分为5∶1或5∶3(总分为偶数)时，原发球员变成接发球员，原接发球员变成发球员；当遇比分为5∶2或5∶4(总分为奇数)时，此前一位运动员继续发球而由先前接发球员的同伴接发球。这样做是为了保证双打比赛中对位的公平性。

(5) 发球、接发球次序和方位的错误。

裁判员一旦发现发球、接发球次序错误，应立即暂停比赛，并按该场比赛开始时确立的次序，按场上比分由应发球或接发球的运动员发球或接发球。在双打中，应按发现错误时那一局中首先有发球权的一方所确立的次序进行纠正，继续比赛。裁判员一旦发现运动员应交换方位而未交换发球、接发球时，应立即暂停比赛，并按该场比赛开始时确立的次序，按场上比分运动员应站的正确方位进行纠正，然后继续比赛。在任何情况下，发现错误之前的所有得分均有效。

(二) 乒乓球运动的基本战术

1. 基本战术

在比赛中，运动员根据自己和对方的情况，有目的、有意识且正确地运用自己掌握的各种技术，发挥自己的长处，攻击对方的短处，为战胜对手所采用的有效方法称为战术。战术以基本技术为基础，技术的纯熟性、全面性直接影响比赛中战术的运用。比赛中的技战术变化很多，因此在训练中要将基本技术和基本战术相结合，才能使所练的技战术不呆板，从而在比赛中取得好成绩。基本技术和战术之间既有区别，又紧密相连，没有好的战术，基本技术无法施展，没有好的基本技术，战术也无法发挥。技术的发展必然会出现新的战术，而战术又将促进新技术的改进和发展。

(1) 了解对手，分析对手。

在比赛前，要观察对手的情况，通过观察了解其技战术水平，如长处在哪、弱点在哪，球拍的性能，发挥状态等，做到心中有数，再根据自己的技战术水平，有针对性地制订出自己的作战方案，做到知己知彼，有的放矢。

(2) 以己之长，克彼之短。

每个队员都有属于自己的一套比赛方法和技战术特点，如有的发球好、有的发球抢攻好、有的回合好、有的搓攻好。比赛中要争取发挥每个队员的技战术优势，同时想办法遏制对方的优势，牵制对方，掌握比赛的主动权，争取胜利。

(3) 灵活机动，敌变我变。

在比赛中，战术的制定要多变，不能一套战术打到底。例如自己发球好，比赛开始时连得几分，可对方适应后便出现了接发球抢攻战术，这时就要换一种发球方法。又如发反手直线长球，对方反手回球后压低底线，取得好的效果，但对方适应后突压自己正手，此时应使球的旋转角度、落点变一变，给对方回球制造困难，这样才能取得比赛的主动。

(4) 多观察，多变化。

在比赛中，运动员要时刻观察对手的一举一动，发球或打回合时要用眼睛的余光盯住对方。如在发球时，这个球本想发对方反手位，球刚抛起时，余光观察到对方想侧身用正手进攻，这时可随机应变，将球发到对方直线正手位，使对方措手不及。

(5) 勇于拼搏，敢拼敢抢。

在比赛中，要敢打敢拼，领先了也不放松，一鼓作气，乘胜前进；落后了也不气馁，不放弃，奋起直追。关键时刻不手软，特别是到最后关键球时，要敢于上手，发挥自己的优势技战术，这样才能在比赛中发挥自己的水平，达到理想的成绩。

2. 战术种类

战术是一种先发制人的技术，大部分运动员以进攻为主，用作得分的主要手段。战术的种类有很多，其运用要结合自己的特点来定，如发球好的有发球抢攻战术，回合好的有对攻战术，拉球好的有拉攻战术等。

(1) 发球抢攻战术。

① 发长球与短球结合落点变化进行抢攻。

② 发上旋或下旋球结合落点变化进行抢攻。

③ 发侧上或侧下旋球结合落点变化进行抢攻。

④ 发上旋长球进行抢攻。

(2) 相持对攻战术。

① 攻左、右 2 条线拉开，或逢直线变斜线、逢斜线变直线。

② 抢攻后压对方反手，再突然侧身攻对方左、中、右 3 点。

③ 在对方位置还原不好的情况下攻对方身体中路，随后变 2 条斜线。

④ 轻重相结合。如对方退到远台，在相持的情况下，可突然借力，放一个短球，等对方扑上来后拉一个长球，使之措手不及。

⑤ 攻防结合。比赛中，随时都可能主动变被动或被动变主动，因此要能攻能守。对方攻时可用正、反手防守，挡对方的空当，争取主动；进攻对方时，对方回的角度很大，位置移动不到位，先轻挡过渡调整一板，再找机会进攻。

(3) 搓球抢攻战术。

① 对方发球后，搓对方反手短球；对方搓球回球后，可突然搓到对方的 2 条线长球。

② 对方发球后，搓对方反手长球，然后突然摆正手位短球，找机会进攻。

③ 自己发球，发对方正手位短球时，若对方回搓一个反手位短球，在其不能侧身的情况下，可直接搓其反手空当，也可搓追身球。

(4) 接发球抢攻战术。

① 用抢拉、抢攻、拧拉等技术抢攻对方发球。

② 对方发球后，用快搓、摆短等技术控制对方上手，从而为自己进攻创造机会。

③ 主动上手。因为进攻是最好的防守，所以主动进攻是最有效的回球方法。

(5) 削中反攻战术。

① 削转与不转球，伺机反攻。

② 削长短球，伺机反攻。

③ 削 2 个大角，伺机反攻。

④ 利用胶粒球拍的性能变化，伺机反攻。

以上几套战术是乒乓球比赛中常用的战术，比赛中要根据自己的打法特点和对方的实力确定战术，战术要随场上情况而变。因此，只有平时勤学苦练，积累一定的知识技能，才能在比赛中取得好成绩。

三、乒乓球运动竞赛规则

1. 相关定义

(1) 回合：球处于比赛状态的一段时间。

(2) 球处于比赛状态：从发球时，球被有意向上抛起前静止在不执拍手掌上的一瞬间，到该回合被判得分或重发球。

(3) 重发球：不予判分的回合。

(4) 一分:判分的回合。

(5) 执拍手:正握着球拍的手。

(6) 不执拍手:未握着球拍的手。

(7) 击球:用握在手中的球拍或执拍手手腕以下部分触球。

(8) 阻挡:对方击球后,处于比赛状态的球尚未触及本方台区,也未超过比赛台面或其端线,即触及本方运动员或其穿戴的任何物品。

(9) 发球员:在一个回合中,首先击球的运动员。

(10) 接发球员:在一个回合中,第二个击球的运动员。

(11) 裁判员:被指定管理一场比赛的人。

(12) 裁判助理:被指定在某些方面协助裁判员工作的人。

(13) 穿或戴的物品:运动员在一个回合开始时穿或戴的任何物品,但不包括比赛用球。

(14) 超过或绕过球网装置:除从球网和比赛台面之间通过以及从球网和网架之间通过的情况外,球均应视作超过或绕过球网装置。

(15) 球台的端线:包括球台端线以及端线两端的无限延长线。

2. 合法发球

(1) 发球开始时,球自然地置于不持拍手的手掌上,手掌张开,保持静止。

(2) 随后发球员须将球几乎垂直地向上抛起,不得使球旋转,并使球在离开不执拍手的手掌之后上升不少于 16 厘米,球下降到被击出前不能碰到任何物体。

(3) 当球从抛起的最高点下降时,发球员方可击球,使球首先触及本方台区,然后直接触及接发球员的台区。在双打中,球应先后触及发球员和接发球员的右半区。

(4) 从发球开始,到球被击出,球要始终在比赛台面的水平面以上和发球员的端线以外,而且从接发球方看,球不能被发球员或其双打同伴的身体或他们所穿戴的任何物品挡住。

(5) 球一旦被抛起,发球员的不执拍手及其手臂应立即从球和球网之间的空间移开。球和球网之间的空间由球和球网及其向上的无限延伸来界定。

(6) 运动员发球时,有责任让裁判员或副裁判员确信他的发球符合规则的要求,且裁判员或副裁判员均可判定发球不合法。

(7) 当裁判员怀疑发球员某个发球动作的正确性,并且他或者副裁判员都不能确信该发球动作不合法,一场比赛中此现象第一次出现时,裁判员可以警告发球员而不予判分。

(8) 在同一场比赛中,如果发球员发球动作的正确性再次受到怀疑,不管是否出于同样的原因,不再警告而判失一分。

(9) 无论是否第一次或任何时候,只要发球员明显没有按照合法发球的规定发球,他将被判失一分,无须警告。

(10) 运动员因身体伤病而不能严格遵守合法发球的某些规定时,可由裁判员做出决定免予执行,但须在赛前向裁判员说明。

3. 合法还击

对方发球或还击后,本方运动员必须击球,使球直接越过或绕过球网装置,或触及球网装置后再触及对方台区。

4. 比赛次序

(1) 在单打中,首先由发球员合法发球,再由接发球员合法还击,然后两者交替合法还击。

(2) 在双打中,首先由发球员合法发球,再由接发球员合法还击,然后由发球员的同伴合法还击,再由接发球员的同伴合法还击,此后运动员按此次序轮流合法还击。

5. 重发球

(1) 回合出现下列情况时应判重发球:

① 如果发球员发出的球在越过或绕过球网装置时触及球网装置,此后成为合法发球或被接发球员或其同伴阻挡。

② 如果接发球员或同伴未准备好,但球已发出,而且接发球员或其同伴均没有企图击球。

③ 由于发生了运动员无法控制的干扰,而使运动员未能合法发球、合法还击或遵守规则。

④ 裁判员或副裁判员暂停比赛。

⑤ 双打时,运动员错发、错接。

(2) 可以在下列情况下暂停比赛:

① 要纠正发球、接发球次序或方位错误。

② 要实行轮换发球法。

③ 警告或处罚运动员。

④ 由于比赛环境受到干扰,以致该回合结果有可能受到影响。

6. 一　分

除被判重发球的回合外,下列情况下(均是在比赛状态下)运动员得一分:

(1) 对方运动员未能合法发球。

(2) 对方运动员未能合法还击。

(3) 运动员在发球或还击后,对方运动员在击球前,球触及了除球网装置以外的任何东西。

(4) 对方击球后,该球越过本方端线而没有触及本方台区。

(5) 对方阻挡

(6) 对方连击。

(7) 对方用不符合条款的拍面击球。

(8) 对方运动员或他穿戴的任何东西使球台移动。

(9) 对方运动员或他穿戴的任何东西触及球网装置。

(10) 对方运动员不执拍手触及比赛台面。

(11) 双打时,对方运动员击球次序错误。

(12) 执行轮换发球法时,接发球运动员或其双打同伴,包括接发球一击,完成了 13 次合法还击。

7. 一局比赛

在一局比赛中,先得 11 分的一方为胜方,10 平后,先多得 2 分的一方为胜方。

8. 一场比赛

(1) 一场比赛应采用三局两胜制或五局三胜制或七局四胜制。

(2) 一场比赛应连续进行,但在局与局之间,任何一名运动员都有权要求不超过 1 分钟的休息时间。

9. 发球、接发球次序和方位的选择

(1) 选择发球、接发球和方位的权力应由抽签来决定,中签者可以选择先发球或先接发球,或选择先在某一方位。

(2) 当一方运动员选择了先发球或先接发球,或选择先在某一方位后,另一方运动员应有另一个选择的权力。

(3) 每获得 2 分之后,接发球方即成为发球方,依此类推,直至该局比赛结束,或者直至双方比分都达到 10 分或实行轮换发球法,这时发球和接发次序仍然不变,但每人只轮发一分球。

(4) 在双打的第一局比赛中,先发球方确定第一发球员,再由先接发球方确定第一接发球员。在以后的各局比赛中,第一发球员确定后,第一接发球员应是前一局发球给他的运动员。

(5) 在双打中,每次换发球时,前面的接发球员应成为发球员,前面的发球员的同伴应成为接发球员。

(6) 一局中,首先发球的一方在该场下一局应首先接发球。在双打决胜局中,当一方先得 5 分时,接发球方应交换接发球次序。

(7) 一局中,在某一方位比赛的一方,在该场下一局应换到另一方位。在决胜局中,一方先得 5 分时,双方应交换方位。

10. 发球、接发球次序和方位的错误

(1) 裁判员一旦发现发球、接发球次序错误,应立即暂停比赛,并按该场比赛开始时确立的次序,按场上比分由应该发球或接发球的运动员发球或接发球;在双打中,则按发现错误时那一局中首先有发球权的一方所确立的次序进行纠正,继续比赛。

(2) 裁判员一旦发现运动员应交换方位而未交换时,应立即暂停比赛,并按该场比赛开始时确立的次序,按场上比分运动员应站的正确方位进行纠正,再继续比赛。

(3) 在任何情况下,发现错误之前的所有得分均有效。

11. 轮换发球法

(1) 如果一局比赛进行到 10 分钟仍未结束(双方都已获得至少 9 分时除外),或者在此之前任何时间应双方运动员要求,应实行轮换发球法。

(2) 当时限到时,球仍处于比赛状态,裁判员应立即暂停比赛。由被暂停回合的发球员发球,继续比赛。

(3) 当时限到时,球未处于比赛状态,应由前一回合的接发球员发球,继续比赛。

(4) 此后,每个运动员都轮发一分球,直至该局结束。如果接发球方进行了 13 次合法还击,则判发球方失一分。

(5) 轮换发球法一经实行,该场比赛的剩余部分必须继续实行,直至该场比赛结束。

12. 团体比赛程序

乒乓球团体比赛规则常采用世界乒乓球锦标赛团体比赛规则中的五场三胜制(5 场单

打)。一个队由 3 名运动员组成,分出主客队,主队 3 名运动员代号分别为 A,B,C,客队 3 名运动员代号分别为 X,Y,Z。比赛顺序是:

第一场:A—X;第二场:B—Y;第三场:C—Z;第四场:A—Y;第五场:B—X。

13. 乒乓球比赛的基本方法

(1) 淘汰赛。

所谓淘汰赛,就是将所有参加比赛的选手或队伍编排成一定的比赛次序,由相邻的 2 名选手或队伍进行比赛,败者淘汰,胜者进入下一轮比赛,直至淘汰成最后一名选手或队伍。

(2) 循环赛。

循环赛是乒乓球竞赛的另一种比赛办法。所谓循环赛,就是使参加比赛的各方相互之间都直接比赛一次,又称单循环赛。参加比赛的各方相互间直接比赛 2 次称为双循环赛。循环赛的办法能使参加比赛的各队或选手之间都能得到比赛的机会,这有利于通过比赛全面地交流经验,比赛的结果偶然性小、机遇性少,因而也就更能反映出参赛各队或选手之间的真正技术水平。

循环赛的名次计算方法在国际竞赛规程中有明确规定:

① 在分组循环赛中,分组时每一成员应与组内所有其他成员进行比赛,胜一场得2 分,输一场得 1 分,未出场比赛或未完成比赛的场次为 0 分。小组名次应根据所获得的场次分数决定。

② 如果小组的 2 个或更多的队伍得分数相同,则他们有关的名次应按他们之间的比赛成绩确定。首先计算他们之间获得的场次分数,再根据需要计算比赛场次(团体赛)、局和分的胜负比率,直至算出名次。

③ 如果在任何阶段已经决定出一个或更多的队伍的名次后其他队仍然得分相同,为决定相同分数的名次,根据①和②继续计算时,应该将已决定出名次的队伍的比赛成绩删除。

④ 如果按照③所规定的程序不能决定出某些队伍的名次,则这些队伍的名次将由抽签来决定。

任务十七　网球运动

一、网球运动简介

网球运动是一项流行的球类运动,其起源可以追溯到 13 世纪的法国。网球与高尔夫球、保龄球、桌球并称为“世界四大绅士运动”。早在 20 世纪 70 年代,中国就开始有一些人参加国际网球比赛。20 世纪 80 年代,网球开始在国内流行起来,更多的人参加网球运动。2009 年,中国成功举办了职业网球联合会(ATP)世界巡回赛的九站 ATP1000 大师赛之一的上海网球大师赛,这次比赛的成功举办推动了中国网球事业的进一步发展。随着中国经济的快速发展和人们生活水平的提高,越来越多的人开始参加网球运动。同时,在政府支持下,越来越多的网球场地和俱乐部也在各地兴起。目前,中国的网球事业发展迅速,越来越多的优秀选手在国际比赛中获得好成绩。

（一）网球运动的特点

网球是一项具有多种体能要素和技术要求的球类运动，其主要特点如下：

1. 易普及性

网球运动的开展没有年龄、性别、场地、身份、阶层等方面的限制，只要个人喜欢都可参与其中；网球运动不似篮球、足球运动那样身体对抗冲撞激烈，它没有身体上的接触，不会因受到冲撞而导致身体上的直接伤害。

2. 休闲娱乐性

网球运动以“贵族绅士运动”的身份登上体育的历史舞台并备受追捧，更有人将其誉为“运动芭蕾”。球员在网球运动中体会的不仅是运动带来的身心上的放松与快乐，更是一种艺术上的舒心享受。

3. 全面发展性

网球运动员除了需具备良好的灵敏性、反应能力、爆发力和心理素质外，还要有快速起动、急停和变向速度能力，以适应在场地上前后左右奔跑、急停、变向等的需要。因此，网球运动是一项集灵活性、速度和爆发力等多项身体素质于一体的综合性运动项目。

4. 独特文化性

网球运动是一项注重文化积淀的体育运动，它将文明、高雅和礼仪整合在一起，体现了尊重传统、尊重对手、尊重观众、尊重裁判及工作人员、遵守规则和制度等的良好文化。

综上所述，网球是一项高强度、高技术、综合性强的运动项目，它不仅能提高身体素质，还能够锻炼心理素质。

（二）网球运动的功能

网球运动具有以下功能：

1. 强身健体

网球运动是一项高强度的有氧运动，能够增强心肺功能，改善血液循环系统机能，消耗体内多余能量，达到增进健康、增强体质、强壮身心的目的和作用。另外，网球运动还可以疏缓解精神压力、调节生活节奏等。

2. 社会功能

网球运动是全面、协调、完善发展个人素质的一种运动项目。它注重运用自身智慧取胜，适合现代文明社会的高雅格调。张弛有度的节奏变换不仅是对自身运动能力的一种考验，更是训练快速敏捷的反应能力的有效方法，还能提高参与者的自信心，促进其社会化的完美展现。

3. 教育功能

网球运动对人的身体、心理素质和道德品质的培养具有重要影响。经常从事网球运动能改善人的心理、生理机能，增强体质，培养果敢、顽强、拼搏向上的意志品质，更能陶冶情操。作为一种时尚的体育运动，网球运动非常适合现在的都市人群。

4. 审美功能

网球运动将力量美和艺术美、形体美和体态美、服饰美和环境美、比赛竞争中的激烈争夺和文明道德有机结合在一起，是融竞争性、文化性、观赏性和参与性为一体的极具魅力的体育项目。

5. 经济功能

举办大型网球比赛可成为一种能带来巨大经济效益的显性经济价值活动，在发达国家已成为国家创收的一项朝阳产业，其电视转播权、现场门票、体育彩票、纪念品以及由此带来的旅游、交通、通信等多项产业的发展，不仅带来了经济效益，也带来了社会效益。

（三）网球运动的主要赛事

网球运动是一项全球性的体育运动，有很多不同级别的赛事，尤以以下四大满贯赛事知名。

1. 澳大利亚网球公开赛

澳大利亚网球公开赛自 1905 年以来每年在澳大利亚墨尔本举办，是全球最早的网球大满贯赛事之一。

2. 法国网球公开赛

法国网球公开赛自 1891 年以来每年在巴黎举办，以红土场地著名。

3. 温布尔登网球公开赛

温布尔登网球公开赛自 1877 年以来每年在英国伦敦温布尔登网球俱乐部举办，是全球最古老的网球锦标赛之一。

4. 美国网球公开赛

美国网球公开赛自 1881 年以来每年在美国纽约举办，比赛场地为草地、硬地和合成材料。

除此之外，还有 ATP 世界巡回赛和 WTA（国际女子网球协会）世界巡回赛等全球性巡回赛事，以及一些地区性的锦标赛和邀请赛。

二、网球运动基本技战术

（一）网球运动的基本技术

1. 握　拍

从一定意义上说，球拍是击球者手臂的延伸和手掌的扩大，是球员身体的一部分。每个击球动作都是由手臂、手腕、手指相互配合用力完成的，因此握拍的质量对技术的提高和全面发展有较大影响。

如图 5-17-1 所示，根据标号顺序，球拍拍柄面依次为上面(1)—右上斜面(2)—右垂直面(3)—右下斜面(4)—下面(5)—左下斜面(6)—左垂直面(7)—左上斜面(8)。

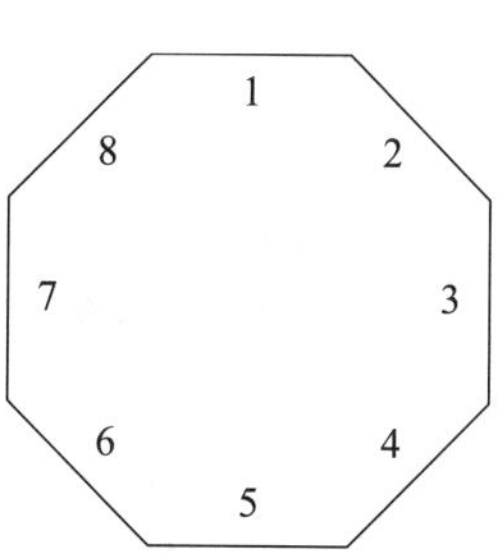

图 5-17-1　拍柄面编号

(1) 东方式握拍法。

① 正手握拍法。左手握住拍颈，拇指垫握拍柄的左垂直面，五指握紧拍柄，食指稍离中指，食指下关节压住拍柄右垂直面，使拍面与地面垂直，手掌也垂直于地面，手握拍柄像与人握手，手腕向上绷紧，拍头向上抬起，也称握手式握拍法。

② 反手握拍法。用手掌根压住拍柄的左上斜面，拇指贴在左垂直面上，食指下关节压在右上斜面上，掌根压住拍柄的左上斜面。

(2) 大陆式握拍法。

握拍时，手掌根贴住拍柄上部平面，食指和其余三指稍微分开，食指上关节紧贴在右上斜面上，拇指垫贴在拍柄的左垂直面上，此法常用于发球、截击、高压和削球。

(3) 西方式握拍法。

握拍时，手掌心朝下，手掌的大部分放在拍柄底部，手掌根贴在拍柄的右下斜面，拇指压在拍柄的上部手面，食指的下关节握住拍柄的右下斜面，拇指与食指呈"V"形对准拍柄的右垂直面。

(4) 混合式握拍法。

右手虎口对准拍柄的右上斜面拍棱上，五指轻握球拍，这是目前较流行的一种握拍法。

(5) 双手握拍法。

通常以东方式反手握拍为主，左手握于右手上方，左手作为辅助，握拍介于大陆式和东方式反手握拍法之间，握于拍柄底部，手掌与拍柄对齐。此握法要求步法比单手握拍精确，体力要求也较高。

2. 击　球

完整的击球动作技术环节一般包含握拍、准备姿势、引拍、击球、随挥及还原准备姿势等部分。下面介绍一下正手击球与反手击球的动作要领。

(1) 正手击球(图 5-17-2)。

① 握拍。采用东方式正手握拍法或混合式握拍法。

② 准备姿势。站位一般选在底线附近，两脚分开与肩宽，身体前倾，双膝微屈，重心置于前脚掌，后脚跟稍抬起，右手握拍，左手轻托拍颈。

③ 引拍。判断好来球方向及落点时，找准合适的击球位置。击球前拍头后摆略高于腕，拍面与身体平行并垂直于地面，身体重心移至后脚。

④ 击球。击球时，重心由后脚向前脚移动，后脚用力蹬地，以腰部转动带动手臂，使球拍从略低于腰部处开始逐渐上升并向前挥动，于齐腰处击球。注意击球时击球点正对前髋，拍面与地面保持垂直，尽可能延长球与拍子的接触时间，最大可能地控制来球方向。

⑤ 随挥动作。击球后，球拍继续向上挥动，握拍肘前伸，挥拍过左肩。

⑥ 还原准备姿势。击球结束后，身体立即恢复到准备姿势，以准备迎击下次来球。

图 5-17-2 正手击球

正手击球的几种打法如下：

① 拉上旋球。抬起手臂，用球拍向上摩擦整个球体。球的特点是飞行弧度高，下降快，弹跳后向前冲。

② 平击球。打平击球时需稍加旋转，以便更好地控制球。球的特点是无旋转，无弧度。

③ 削下旋球。拍面稍向后倾斜，拍面触球后继续向前推送，身体重心随之前压。球的特点是被击出后向前飘行，落地后弹起低，速度慢。

(2) 反手击球(图 5-17-3)。

① 握拍。采用东方式反手握拍法或双手握拍法。

② 准备姿势。准备姿势同正手击球准备姿势。移动双脚使身体朝向边线。站位时双脚站稳，侧身转肩，背对球网，手腕紧锁，固定球拍。

③ 引拍。球拍向后引要到位，肘关节外展伸直，将击球点控制在身体的侧前方。

④ 击球。击球时身体重心由后脚移至前脚，向球网方向回身转腰，屈膝，身体重心前压，拍面稍向后倾，从而增加击球稳定性。

⑤ 随挥动作。击球后注意之后的随挥动作，跟进时球拍应向上挥至肩或头高度。

⑥ 还原准备姿势。为保持身体平衡并准备下次击球，身体正面对球网，迅速恢复击球前的准备姿势。

图 5-17-3 反手击球

反手击球的几种打法如下：

① 反手上旋球。反手击球准备姿势站好，眼睛盯住来球，迅速转肩以带动手臂向后拉拍。引拍时拍柄与地面平行，拍头翘起，动作连贯完整。挥拍时保持屈膝、上体前倾，挥拍路线由下向前向上方，尽可能长时间保持球与拍面的接触时间，以较好地控制球。

② 反手下旋球。与反手上旋球的基本姿势相同，不同点在于：挥拍后球拍从后上方向下挥动，击球时做切削动作，拍面后仰，球拍右下稍向上呈弧形。

3. 发　球

(1) 发球动作。

发球(图 5-17-4)一般包含四大要素,即平衡、节奏、抛球和清晰的意图,四大要素中任何一环的提高都可以改善发球中整体动作的连贯性及发球威力。完整的发球动作技术环节包括握拍、准备姿势、抛球、挥拍击球、随挥及还原准备姿势等动作。

图 5-17-4　发球

① 握拍。采用大陆式握拍法或东方式反手握拍法。

② 准备姿势。两脚开立与肩宽,侧身,左肩对网,站在端线后,前脚与端线约呈 45 度角,右手持拍,拍头指向前方,左手持球与拍面相触。

③ 抛球。开始发球时全身放松,使挥拍动作摆幅大且轻快协调,抛球时用拇指和另外 3 个手指托球,发球时身体摆动协调合拍,双手提至腰部,重心落在左脚,随身体重心移至右脚,两臂同时下垂。

④ 挥拍击球。握拍臂上举向后引,双膝微屈,腰呈反弓形。

⑤ 随挥及还原准备姿势。击球后身体向场内倾斜,触球时双肩与球网平行,非持拍手回收到身后以保持平衡,并及时做好跟进动作,迅速保持身体平衡等待来球。

(2) 发球方法。

① 上旋发球。抛球至头顶的斜后上方,大幅向后弯腰,身体重心移至前脚,球拍向上急速挥起。拍面触球时,手腕快速挥拍搓击球上方以旋球,使球呈弧形飞行过网。击球后持拍手落在身体右前方。

② 平击球发球。抛球至右侧上方,击球瞬间,拍面触球的后部正中心,尽量不旋转。发球快速有力,后拉拍时转动身体,球拍尽量后拉,前臂与地面平行,身体重心跟进。

③ 切削发球。抛球至右侧斜上方,球拍快速向前方挥动,击球的中部偏右侧,使其旋转。

4. 接发球

(1) 握拍。

一般采用东方式正手握拍法。

(2) 站位及准备姿势。

站位选在端线附近有利位置,摆好接球准备姿势,此时拍头向上,屈膝,身体前倾,重心置于前脚掌部位,两脚左右分开,自然站立。

(3) 判断击球点。

球一旦离开对方球拍,就应决定是否要转变握拍,换拍和后引拍动作结束,开始向前做挥拍动作。

(4) 击球。

当对方抛球并准备击球时，迅速提升重心，两脚快速交替跳动，并判断来球方向迎前回击。击球点要在身体前面，以便于控制球和发出力量。如果遇到对方发平击球，应快速向前或后移动脚步，保持身体平衡，重心落至两脚掌上。

(5) 随挥动作及还原准备姿势。

击球后迅速做好跟进随挥动作，保持身体站位平衡，等待迎击下一来球。

5. 截　击

截击是在来球落地前被凌空拦击，是网前技术中的一种攻击球方法，也是现代网球比赛中一项重要的得分手段。

(1) 正手近网截击。

① 握拍。采用东方式握拍法或大陆式握拍法。

② 准备姿势。双脚自然开立，身体面向球网前倾，双腿微屈，非持拍手轻托拍颈，球拍在体前，拍头稍高于握拍手。

③ 引拍。当判断来球向正手时，转动上身和肩部，球拍后摆较小，引拍时握拍手的肘关节稍先行，但固定手腕。

④ 击球。击球时左脚向来球方向跨出，拍面高于手腕，手腕绷紧，在身体前面击球同时拍面稍向上，在向前推球的过程中略带一些切削，可较好地控制球的方向。

⑤ 随挥动作及还原准备姿势。击球后球拍沿击球方向前挥 30 厘米左右以完成随挥动作。球击出后迅速还原至准备姿势。

(2) 反手近网截击。

① 握拍。采用东方式握拍法或大陆式握拍法。

② 准备姿势。双脚自然开立，身体面向球网，身体前倾，双腿微屈，非持拍手轻托拍颈，球拍在体前，拍头稍高于握拍手。

③ 引拍。判明来球向反手时，立即转肩向左，左手扶拍，球拍后引，拍头向上，高于手腕。

④ 击球。击球时右脚上步，球拍向前对准球做简短的撞击动作，手腕绷紧，手臂伸直，在体前 15～30 厘米处击球。

⑤ 随挥动作及还原准备姿势。左手自然伸向后方，保持身体平衡，球拍接触后沿击球方向送出，及时恢复至准备姿势。

(3) 中路球截击。

将球拍放至体前用反拍拦截。截击时球拍与球网平行，手腕紧绷，向边线方向横跨一步，两腿微屈，身体重心落在右腿，拍面正对来球，用球拍面击球，击球后身体前倾，球拍对球落地方向随挥出去。

(4) 低位球截击。

截击低位球时，降低身体重心，尽可能地接近球的飞行路线。击球时球拍后仰，短促有力地向前撞击球，并随球飞行方向做随挥动作。

6. 基本步法

(1) 分腿垫步。

对手开始挥拍时，膝盖微屈，做一个跳跃(高度不超过 5 厘米)，双脚前脚掌着地(两脚间距离略宽于肩)，保持适当站位。

(2) 滑步。

若向前移动，蹬出右脚的同时左脚向前跨出，连续向前形成前滑步步法；若向后移动，左脚后蹬的同时向后迈出右脚，连续形成后滑步步法。

(3) 交叉步。

向右移动时，向右转体，左脚先向右前方跨出，交叉于右脚外侧前方，再跨出右脚；继续跨出左脚于右脚外侧，反复向右交叉移动，即右交叉步步法。向左移动步法为左交叉步步法。

(4) 基本步法的练习方法。

① 听或看信号进行单个基本移动步法练习。

② 听或看信号进行基本移动步法组合练习。

③ 进行与其他击球技术组合的练习。

7. 打高压球

打高压球的关键是判断来球位置、球下落速度，以此来协调挥拍动作。打高压球与发环动作相似，一般分落地打高压球、凌空打高压球、跳起打高压球和反手打高压球四种。

(1) 落地打高压球。

① 站位及移动。回击时，身体侧对球网，垫步迅速后退，重心落至两脚前脚掌。向后移动时，边移动边判断球落地位置，迅速退至球落地位置的后面。

② 击球。击球点选在身体前面稍靠右处。击球时，利用身体重心的跟进和手腕的扣击使拍头加速。挥拍时，抬高肘关节，前臂平行于地面，拍头下垂，向上鞭打，手腕翘起，手臂向上，随身体重心前移做转体转肩和扣击动作。

(2) 凌空打高压球。

① 站位。侧对网，两脚前后开立，迅速后退至球即将落下的位置，身体重心落在后脚上。

② 击球。击球时重心前移，身体朝球的飞行路线与来球垂直，在右肩上方迅猛挥拍，击球的后侧方。击球后有一个较长的跟进动作。

(3) 跳起打高压球。

① 站位。侧身对球网，等到球接近击球点时迅速跳起，挥拍和跳起动作同时进行。

② 击球。击球时注意扣腕以增加击球力量。

(4) 反手打高压球。

① 站位。侧身面对来球，手臂迅速抬起，球拍向后，拍头垂下。

② 击球。击球时前臂伸直，紧握拍并在体前击球，随挥动作尽量向前送出。

(二) 网球运动的基本战术

1. 网球单打战术

(1) 发球战术。

发球不受对方支配，可通过力量、速度和准确性达到得分目的；针对对方弱点，攻其薄弱环节；利用不同的发球方式，随球上网截击；运用相似手法发不同性能的球，使对方不易捉摸；利用外界自然条件(如风向、阳光、硬地和草地等)发球，给对方接发球制造困难。

(2) 接发球战术。

接发球时站位:站在对方可能把球发到的角度的角分线上。当对方发向外或向内旋转的球时,要靠近旋转方向一点。此外,应尽量站在底线内半米左右处,以压制对方,自己上网。

接发球击球方法:一般采用平击抽球,将球回击到对方底线两角;也可通过旋转使球旋向两边线外,从而使对方左右奔跑;或运用切削球打到近网两角,或运用挑高球挑过发球上网者头顶等。

(3) 底线对攻战术。

以进攻型打法为前提,用快速、力量准确取胜,使看起来是防守性的打法具有攻击性。常用的有逼右攻左、逼左攻右,攻击对方弱点或打对方不喜欢打的球。

(4) 上网战术。

上网战术是指在发球或接发球后冲到离网较近的位置,不等对方回击的球落地便进行空中截击或高压的一种战术。

上网时机:多用于第一次发球。发上旋球后,借球在空中飞行时间长,对方难以回击之机上网截击。若抽击球后上网,则出球要斜、要深、要重,或接近中央地带。

上网站位:尽可能站到距网约2米处。近网进攻威胁性大,封网角度小,防守控制面积大。此时,站位应在对方可能的击球角度的分角线上。

2. 网球双打战术

(1) 密切协作,默契配合。

密切协作,默契配合是双打战术最突出的特点,也是双打战术成功取胜的关键。默契配合是建立在两人相互了解和信任的基础上,紧密合作、互创条件、扬长避短、相辅相成,在场上有呼有应、相互鼓励,即使失利,两人合作也是愉快、融洽的。

(2) 攻人战术。

攻人战术是双打比赛中常用的一种战术,在对方两名队员技术水平不平衡时一般采用这种战术,即使在对付两名球员技术水平相差不大的对手时也可灵活运用该战术。先通过将球下压或控制前场取得进攻机会,然后集中力量"二打一",避其所长,攻其所短。

(3) 攻中路战术。

攻中路战术是将球击到对方两名队员站位之间的空隙,从而造成对方经常出现争抢回击或相互让球漏接等错误,尤其对一些配合不够默契的对手,该战术往往比较有效。当对方前后站位时,可将球击到对方中场两侧边线处;当对方分两边左右站位防守时,可利用杀球、吊球等技术攻击对方的中路。

三、网球运动竞赛规则

(一) 场地与器材

1. 网球比赛场地

网球比赛场地是一块平整的长方形地面,长23.77米、宽8.23米,球网(网的两端高度为107厘米,其他部分高度为91.4厘米)把全场隔成相等的两个半场,接近球网两边的4块相等的区域是发球区,双打场地的两边较单打场地宽1.37米。全场除了端线可宽至10厘米外，其他各线的宽度均不得超过 5 厘米，并且不得少于 2.5 厘米。网球场地可分草地、土地、硬地和塑胶场地等类型。

2. 网球与球拍

网球为白色或黄色，外表毛质均匀，接缝处没有缝线。网球的直径为 6.35～6.67 厘米，质量为 56.7～58.5 克。网球从 2.54 米的高处自由落下时，应能在混凝土地面上弹起 1.35～1.47 米。

网球拍一般由木质、铝合金等材质制成。网球拍的击球面必须是平的，由弦线上下交替编织或连接组成。拍框和拍柄的总长不得超过 81.28 厘米，总宽不得超过 31.75 厘米。拍框包括拍柄部分，拍框上不应有附属物或设备。在比赛期间，不应有任何可使运动员改变球拍形状或改变其重力分配的设备。

(二) 交换场地

(1) 双方应在每盘的第一、三、五等单数局结束后，以及每盘结束，双方局数之和为单数时，交换场地。

(2) 在抢 7 分比赛中，双方分数相加，每 6 分交换一次场地。

(三) 失　分

发生下列任何一种情况时均判失分：

(1) 在球第二次着地前未能还击过网。

(2) 还击的球触及对方场区界线以外的地面、固定物或其他物件。

(3) 回击空中球失败。

(4) 故意用球拍触球超过 1 次。

(5) 运动员的身体、球拍在还击期间触及球网。

(6) 过网击球。

(7) 抛拍击球。

(8) 发球双失误。

(9) 击球时人的身体触网。

(四) 压线球

落在线上的球都算界内球。

(五) 休息时间

网球运动中的休息时间有如下规则：

(1) 分与分之间，运动员捡到球后直至发出的最大间隔为 25 秒。

(2) 单数局结束后，交换场地时可休息 90 秒。

(3) 每盘结束后，可休息 120 秒。

(4) 每盘的第一局结束后，交换场地时不能休息。

(5) 在抢 7 分比赛中，双方分数相加满 6 分，交换场地时不能休息。

(六) 胜1分

遇到下列情况时判对方胜1分:

(1) 发球员连续2次发球失误或脚误。

(2) 接球员在发来的球没有着地前用球拍击球,或球触及自己的身体及衣物。

(3) 在球第2次落地前未能还击过网。

(4) 还击球触及对方场区界线以外的地面、固定物或其他物件。

(5) 还击空中球失败。

(6) 在比赛中,击球员故意用球拍拖带或接住球,或故意用球拍触球超过1次。

(7)"活球"期间运动员的身体、球拍(不论是否握在手中)或穿戴的物件触及球网、网柱、单打支柱、绳(或钢丝绳)、中心带、网边白布或对方场区以内的场地地面。

(8) 还击尚未过网的空中球(过网击球)。

(9) 除握在手中(不论单手或双手)的球拍外,运动员的身体或穿戴的物件触球。

(10) 抛拍击球。

(11) 比赛进行中,运动员故意改变其球拍形状。

(12) 对方发球或回球时出界。

(七) 1局与1盘

1. 局

(1) 每胜1球得1分,先胜4分者胜1局。

(2) 双方各得3分时为平分,平分后净胜2分者为胜1局。

2. 盘

(1) 一方先胜6局为胜1盘。

(2) 双方各胜5局时,一方净胜2局为胜1盘。

(八) 决胜局计分制

在每盘的局数为6平时,有以下两种计分制。

(1) 长盘制:一方净胜2局为胜1盘。

(2) 短盘制(抢7分):决胜盘除外,除非赛前另有规定,一般应按以下办法执行。

① 先得7分者为胜该局及该盘(若分数为6平,则一方必须净胜2分)。

② 首先发球员发第1分球,对方发第2和第3分球,然后轮流发2分球,直至比赛结束。

③ 第1分球在右区发,第2分球在左区发,第3分球在右区发。

④ 每6分球和决胜局结束后都要交换场地。

(九) 赛　制

网球运动实行淘汰赛。一场比赛中,男子单打比赛除大满贯赛事采用五盘三胜制外,均采用三盘两胜制。女子比赛全部采用三盘两胜制。

任务十八　羽毛球运动

一、羽毛球运动简介

相传在14世纪末，日本出现了把樱桃插上美丽的羽毛当球，两人用木板来回对打的运动。这便是羽毛球运动的雏形。19世纪中期，印度的蒲那(Poona)城出现了类似今日羽毛球活动的游戏，当时人们以绒线编织成球形且插上羽毛，参与者手持木拍，隔网将球在空中来回对击。这种游戏流行时间不长便消失了。现代羽毛球运动诞生于英国。大约在19世纪70年代，一些英国军人把在印度学到的蒲那游戏带回国并作为茶余饭后的消遣。1873年的一天，英国格拉斯哥郡伯明顿(Badminton)镇的鲍弗特公爵在其庄园中举行了蒲那游戏，游戏引人入胜，妙趣横生。随着该游戏规则水平的不断提高，技术也日益成熟，从而诞生了现代羽毛球运动，“伯明顿”(Badminton)即成为羽毛球的英文名字。不到10年，这种游戏便从伯明顿镇迅速传播开来，成为大众喜闻乐见的活动。

(一) 羽毛球运动的特点

羽毛球运动是一项在全球范围内广受欢迎的体育活动，它具有以下几个显著特点：

1. 速度快

羽毛球比赛中，球速可以达到非常高，尤其是在专业水平的比赛中，球员需要具备极快的反应速度和敏捷的身体移动能力。

2. 技术多样

羽毛球运动包含多种技术动作，如发球、接发球、扣杀、挑球、吊球、平抽等。球员需要掌握这些技术，并根据比赛情况灵活运用。

3. 耐力要求高

羽毛球运动通常需要较长时间的持续运动，球员在场上需要不断地跑动、跳跃和挥拍，这对球员的耐力和体能提出了较高要求。

4. 心理素质要求高

羽毛球比赛往往在短时间内决定胜负，因此球员的心理素质也非常重要。球员需要具备良好的心理承受能力、集中注意力和抗压能力。

5. 场地要求高

羽毛球运动对场地有一定的要求，需要标准的羽毛球场地，包括网高、场地尺寸等。场地的条件直接影响比赛的进行和球员的表现。

6. 观赏性高

羽毛球比赛节奏快速，球路变化莫测，加上球员之间精彩的技术对决，使得羽毛球比赛具有很高的观赏性。

羽毛球运动的这些特点使其成为一项深受人们喜爱的体育项目，无论是在专业领域还是在业余爱好者中都有着广泛的影响力。

(二)羽毛球运动的功能

羽毛球运动不仅是一项竞技体育项目,还具有多种功能,包括但不限于以下几点:

1. 娱乐功能

羽毛球作为一项体育运动项目,具有娱乐功能。参与者在球的对击过程中,通过不停地跑动和身体的肢体变化,努力把球击到对方的场地,使这种运动本身充满了丰富的乐趣。

2. 观赏功能

由于羽毛球技术的运用有着千变万化的组合,羽毛球运动有很高的观赏性。一切动作都在展示着羽毛球运动的力与美,令人心旷神怡。

3. 锻炼功能

(1) 增强体质。

经常从事该项体育活动可以发展人体的灵活性、协调性,可以提高人们上下肢及躯干的活动能力,改善呼吸系统和心血管系统的功能,提高有氧供能和无氧供能的能力,调节神经系统并提高其抗乳酸的能力,而且能起到增进健康、抗病防衰、调节精神的作用。

(2) 培养意志。

羽毛球运动因其竞争性及对抗性强、运动强度大等诸多特点,使意志品质在该项运动中占有非常重要的地位。

(3) 提高心理素质。

羽毛球活动包括对对方战术意图的揣摩、对各种战机的把握、对自己运用什么战术的选择等智力因素,因此经常从事该项运动可以使人思维敏捷,使练习者的心理素质得到很好的锻炼。在竞争中,强化进取精神,使人的智、勇、技在竞争与对抗中得到升华。

(三)羽毛球运动的主要赛事

羽毛球运动在全球范围内有许多知名的国际和地区性赛事,以下是一些主要的羽毛球赛事。

1. 奥运会羽毛球比赛

作为四年一度的体育盛事,奥运会羽毛球比赛是羽毛球运动员展示技艺的最高舞台之一。比赛项目包括男子单打、女子单打、男子双打、女子双打和混合双打。

2. 世界羽毛球锦标赛

世界羽毛球锦标赛由世界羽毛球联合会(BWF)主办,每年举办一次,是羽毛球界重要的单项赛事之一。比赛项目包括男子单打、女子单打、男子双打、女子双打和混合双打。

3. 汤姆斯杯和尤伯杯

汤姆斯杯是男子团体赛事,而尤伯杯则是女子团体赛事。这两项赛事每两年举办一次,代表了各国羽毛球团体实力的较量。

4. 苏迪曼杯

苏迪曼杯是一项混合团体赛事,每两年举办一次,参赛队伍需要派出男子单打、女子单打、男子双打、女子双打和混合双打的选手进行比赛。

5. 世界羽联超级系列赛/世界巡回赛

这是由世界羽毛球联合会组织的系列赛事，包括多个级别的比赛，如超级1000、超级750、超级500等。这些赛事分布在世界各地，为顶尖选手提供了展示和竞争的平台。

6. 亚洲羽毛球锦标赛

亚洲羽毛球锦标赛是亚洲地区最高水平的羽毛球赛事，每年举办一次，包括单打、双打和混合双打项目。

7. 全英羽毛球公开赛

全英羽毛球公开赛是历史悠久的羽毛球赛事之一，每年在英国举行，被认为是羽毛球界的"大满贯"赛事之一。

这些赛事不仅为羽毛球运动员提供了竞技的平台，也为全球羽毛球爱好者带来了精彩的比赛和观赏的机会。

二、羽毛球运动基本技战术

（一）羽毛球运动的基本技术

以下技术讲解均以右手持拍为例。

1. 握　拍

握拍是学习羽毛球击球基本技术的基础，能否正确掌握握拍的方法对今后学习和运用其他各项基本技术有着十分重要的影响。正确的握拍有利于发力和控制发力的大小，并有利于控制击球的拍面。羽毛球的握拍方法有很多，特别强调握拍要"活"，也就是要求运动员在击球时根据技术运用的需要灵活地变化自己的握拍方法。羽毛球的击球技术比较复杂多样，实战中，击球点经常会出现在击球者身体的上下、左右、前后各个方向。如果在如此众多的击球点上不能快速、熟练地变换握拍方法，就难以充分发挥击球的力量，控制和变化出球的方向。基本的握拍法主要有两种，即正手握拍法和反手握拍法。

（1）正手握拍法。

虎口对着拍柄窄面内侧的小棱边，拇指和食指贴在拍柄的两个宽面上，食指和中指稍分开，中指、无名指和小指并拢握住拍柄，掌心不要紧贴拍柄，要留有一定的空隙，拍柄端与近腕部的小鱼际肌齐平。自然握拍状态下，拍面基本与地面垂直。一般来说，正手发球、右场区击球和左场区头顶击球等都采用这种握拍法。

（2）反手握拍法。

在正手握拍法的基础上，拇指和食指将拍柄稍向外转，食指稍向中指收拢，拇指内侧贴在拍柄的内侧棱上或宽面上，并提高拇指的位置，降低食指的位置，使击球时更能借用拇指的力量。

2. 发球与接发球

羽毛球的发球方法从技术动作上可分为正手发球和反手发球；根据球发出后在空中飞行的弧线和落点的不同，可分为高远球、平高球、平快球、追身球、网前球等。无论采用哪种方法，发哪种弧线和落点的球，在动作准备和挥拍的前期阶段都应力求动作的一致性，以使对方难以判断发球落点和意图。不同发球弧线和落点的关键在于击球瞬间球拍与地面所形成的角度、用力的大小和球与球拍接触的部位。

(1) 正手发球。

身体左肩侧对球网，两脚分立，与肩同宽。左脚在前，脚尖向网，右脚在后，脚尖稍向右侧，重心放在右脚上。准备发球时，右手握拍向右后侧举起，肘部微屈，左手拇指、食指和中指夹住球，举在腹部右前方。准备发力击球时，先放开球，然后转体同时挥拍击球。击球时，身体重心由右脚移至左脚上。

① 正手发高远球。在左手放开球使之下落时，右手上臂带动前臂，自右后方随转体向左前上方挥拍。在球下落到右臂向前下方伸直能接到球的刹那，紧握球拍，并利用手腕屈伸的力量向前上方发力击球，然后球拍顺势向左上方挥动并缓冲。

② 正手发网前球。握拍要放松，上臂动作要小，主要靠前臂带动手腕向前送，球的弧线要尽量控制贴网而过，落点在前发球线附近。

(2) 反手发球。

反手发球是采用反手握拍法，用反拍面击球的发球方法的统称。其特点是动作幅度小、速度比较快、突然性强，但发力不如正手发球，一般多用于双打比赛中，目前在男子单打比赛中也被普遍使用。

反手发球站位一般靠近前发球线的中线处，左脚或右脚在前均可，上体略前倾，后脚跟略提起，身体重心落在前脚上。右手应稍前移于拍柄前部，反手握拍，右侧肩关节外展提起肘关节，手腕自然下垂，将球拍提放在体前低于腰部处。左手持球在拍面前方，并使球托对准拍面。主要利用手腕和手指发力，由后下向前上挥拍击球，同时要掌握好挥拍和放球的时间配合。

(3) 接发球。

接发球是将对方发过来的球还击到对方场内的技术动作的统称。它不但要求掌握多种实用的基本技术及具有良好的判断能力，而且必须贯彻积极主动的指导思想。如果说好的发球是每一分球胜利的开端，那么好的接发球同样是夺取主动的第一步，它可以破坏对方的发球抢攻，限制对方特长技术的发挥，同时可以为自己下一拍球的抢攻和特长技术的发挥创造条件，甚至可以直接得分。

① 接发球站位。

a. 单打接发球站位。一般站在离前发球线约 1.5 米处(可根据自己的身高和对手发球特点加以调整)，在右发球区接发球时，站位应靠中线一些；在左发球区接发球时，则应站在左发球区的中间。

b. 双打接发球站位。由于发球区相对要短，且发球以发网前球和后场平快球为主，因此接发球时应站在靠近前发球线附近的地方。

② 接发球准备姿势。

身体侧对球网，左脚在前，右脚在后，两脚自然开立，单打接发球时身体重心落在左脚上，右脚跟自然提起，双膝微屈，含胸收腹，两臂自然提起，球拍举在身体前方，两眼注视对方。双打接发球时，身体重心相对要比单打下蹲一些，并应根据对对方发球意图的判断在两脚间进行调整，球拍也应比单打时举得更高一些。

3. 后场击球

后场击球根据技术的性质、特点不同，通常可分为高球、吊球、杀球；根据击球点的高度可分为上手和下手技术；根据击球的方位，有正手击球、反手击球和头顶击球的区别。

（1）高球。

高球是指将对方击向本方后场区的来球，在自己头部的上方以较高的飞行弧线还击到对方后场区靠近端线附近的击球方法。按其飞行弧线的高低，通常将比较平直的称为平高球，将弧线比较高的称为高远球。按击球后球飞行的路线区分，高球有直线高球和斜线高球之分。以击球点在击球者身体位置的不同，高球可分为正手高球、头顶高球、反手高球。

① 正手高球。正手高球是后场正手上手击球技术的基础。击球前，身体先半侧对球网，右脚在后，左脚在前，两脚尖稍踮起，身体重心自然落在右脚掌上。右手采用正手握拍，自然将球拍举到右肩侧上方，左手自然上举，眼睛注视来球。当球下落到接近击球点高度时，右腿开始蹲伸，并以髋关节带动身体由右向左转动，做左腿后撤、右腿前迈的两腿交叉动作。伴随下肢蹲转动作，胸部舒张，两侧肩关节外展，左手上举，持拍手的前臂向后移动。保持高肘后撤球拍。在腰腹协调用力的配合下，上臂带动前臂，利用伸肘关节、前臂旋内和屈腕的力量向前上方甩臂挥拍击球。在球拍与球接触的瞬间，迅速握紧球拍将球击出。

平高球和高远球的区别主要在于击球瞬间拍面与地面形成的角度不同。击高远球时向上用力多一些，而击平高球时则向前用力稍多一些。

② 头顶高球。当球飞向本方左侧后场时，面对球网后退，身体充分向左后侧伸展，持拍手与左手同时直接上举，并将球拍引至身体左侧上方。在下肢用力蹬伸、腰腹充分向右前方屈体的配合下，利用肩、肘关节充分旋内，并带动伸肘关节和屈腕的力量，向前上方甩臂挥拍击球。在球拍与球接触的瞬间，迅速握紧球拍将球击出。掌握头顶击球技术的关键是面对球网后退，击球前上体应充分向左后侧伸展，击球时应更多地运用肩、肘关节的旋内力量。

③ 反手高球。首先判断好对方来球的方向和落点，迅速将身体转向左后方，移动步伐，最后一步用右脚前交叉跨到左侧底线，背对球网，身体重心在右脚上，使球处在身体右上方；击球前，迅速换成反手握拍，持拍于右胸前，拍面向上；击球时，以大臂带动前臂，产生初速度；在肘部上抬至与肩平行时，转为前臂带动腕部，通过手腕的闪动自下而上地甩臂将球击出。在最后用力时，要注意拇指的侧压力与甩腕的配合，以及两腿蹬地转体的全身协调用力。

由于反拍击球引拍时身体转体的幅度比正手击球要小得多，所以反拍击球力量比正手要小，击球时更需借助前臂和手腕的力量。

（2）吊球。

吊球是指将对方击向本方后场区的来球，在自己头部的上方以向前下的飞行弧线还击到对方网前区域的技术方法。实战中，它通常和高球结合使用，起到拉开调动对方场上位置，为自己创造突击进攻机会的作用。吊球技术根据不同击球位置可分为正手吊球、头顶吊球等。

① 正手吊球。正手吊球的准备姿势及前期动作与正手高球相同，击球点要比高球稍靠前一些。正手吊直线时，拍面正对来球，利用手指、手腕和前臂旋内的动作，挥拍轻击球托或羽毛的后部；吊对角线时，利用手指、手腕的力量，朝左前下方挥拍切击来球右侧部的羽毛和球托。

② 头顶吊球。头顶吊球的准备姿势及前期动作与头顶高球基本相同。头顶吊直线球时，利用手指、手腕和前臂旋内的动作，由后向前下方挥拍轻击球托或羽毛的后部；吊对角线时，利用手指、手腕和前臂充分旋内的力量，快速挥拍切击来球左侧部的羽毛和球托。头顶吊球时，为使拍面能在击球瞬间转击到来球的左侧部位，以提高动作隐蔽性，在击球的瞬间应利用食指和拇指的捻动，使拍子在手中滑动，灵活变换握拍的方法。

(3) 杀球。

杀球是把对方击来的高球在尽量高的击球点上压下去，打到对方场内的一种进攻性技术。它具有击球力量大、飞行弧线较直、球速快、落地时间短、给对方威胁较大的特点。杀球技术根据不同击球位置可分为正手杀球、头顶杀球等。

① 正手杀球。正手杀球的准备姿势及前期动作与正手高球基本一致，右脚在后，侧身对网，屈膝降低重心，做好起跳击球准备。蹬跳后，身体左转同时后仰，挺胸成反弓形，随后腾空转体，收腹，上臂向上摆起，肘部领先，前臂快速往前上挥动，手腕充分后伸，当球落至肩前上方击球点时前臂内旋，闪腕发力击球。与此同时，手指突然握紧拍柄，使手腕的发力点集中到击球点上。此时，球拍和击球方向水平间夹角应小于90度，球拍正面击球托的后部，使球快速向下直线飞行。杀球后，前臂靠着惯性向左下方挥动并往体前回收，形成左脚在后、右脚在前的身体姿态。

② 头顶杀球。头顶杀球的准备姿势及前期动作与头顶高球基本相同，由于杀球需要用力向前下方挥拍击球，所以头顶杀球时，身体后仰的程度和起跳后两腿在空中分开的幅度都要明显大于头顶高球，击球点应控制在身体前上方。

4. 网前击球

网前击球是羽毛球基本技术中较细腻的技术，击球时所需的力量较小，但特别强调握拍的灵活变换、手指与手腕的灵巧性、击球前期动作的一致性。网前击球基本技术按击球方位可分为正手和反手网前击球技术；按击球后球飞行的线路、弧度、落点和是否明显旋转的特征可分为放网前球、搓球、推球、勾对角球、扑球和挑球等技术。

(1) 放网前球。

放网前球是指用拍面轻切对方击到本方近网区域的球的球托底部，使球直线越过球网并落在对方近网区域的一种击球方法。放网前球时，应注重体会击球动作的缓冲，用力不宜过大，主要靠手腕、手指控制击球力量及拍面的方向和角度。

① 正手放网前球。

准备姿势：侧身对右边网前，右脚在前，跨步成弓箭步，身体重心在右脚上。右手采用正手握拍法，放松持拍于体前右侧，约与肩高。击球前前臂稍旋外，手腕外展引拍至右侧前，拍面右边稍高斜对网，左臂自然后伸。

击球：手腕稍内收，食指和拇指控制拍面和用力大小，轻切球托将球轻送过网。击球后，右脚回动，身体重心复原的同时收拍至胸前。

② 反手放网前球。

准备姿势：侧身对左边网前，右脚在前，跨步成弓箭步，身体重心在右脚上。右手采用反手握拍法，放松持拍于体前左侧，约与肩高。击球前前臂稍内旋，手腕外展引拍，拍面左边稍高斜对球网，左臂自然后伸。

击球：稍收腕，向球托左斜侧面与底部轻切球托将球轻送过网。击球后，右脚回动，身体重心复原的同时收拍至胸前。

（2）搓球。

搓球是在放网前球的基础上发展出来的一种击球方法，要求在尽可能高处用球拍切击球托的左侧、右侧或底部，使球向右侧或左侧旋转与翻滚过网。旋转或翻转状态越明显，对方回击的难度就越大，从而为己方创造更有利的进攻形势。

搓球是羽毛球技术中特别细腻的一种击球技术，按照击球位置和握拍方法可分为正手搓球和反手搓球，按照击球挥拍的路线可分为收搓和展搓两大类。搓球的准备姿势及前期动作与放网前球基本一致。

① 正手搓球。正手收搓击球时，前臂旋外，手腕由外展做内收，同时带动手指动作控制拍面向前下方切削球托和羽毛。正手展搓击球主要在来球比较贴近球网时运用，击球时前臂旋内，手腕略外展，带动手指动作使球拍做向前下再向前上展搓球托的底部。

② 反手搓球。反手收搓击球时，主要利用前臂前伸、手腕内收和手指的力量，向前切击球托和羽毛。反手展搓击球时，肘关节带动手腕稍做外展，并利用手指捻动球拍，使拍面做由上而下、再向上展搓球托的底部。

（3）推球。

推球是指在网前较高的击球点，以比较低平的弧线，用直线或斜线将来球还击到对方场区端线附近两角的一种进攻性击球方法。其准备姿势及前期动作与放网前球基本相同。无论是正手推球还是反手推球，动作幅度都要小，出手带有突然性。引拍和前期动作力求与其他网前击球保持一致性。

实战中，推球如果能与搓球、勾对角球等技术配合运用，由于其出手后球的弧线较平，飞行速度较快，往往能迫使对方不得不退至底线，用低手比较被动地还击，从而为自己创造更有利的进攻得分机会。但推球需要准确把握运用时机，如果运用不当，极易遭到对方中场拦截反击，从而转入被动或失分。

① 正手推球。正手推球主要利用前臂旋内、手腕屈动、食指和拇指捻动推压，其余三指突然握紧拍柄，快速闪动发力，使拍面伴随球拍前挥，从后仰的位置突然转向，与球网平行，将球击出。击球后，球拍应明显制动，随前动作甚微，尽快收拍还原于体前。

② 反手推球。反手推球主要利用前臂旋外和食指配合拇指捻动顶压拍柄，其余三指突然握紧拍柄，快速闪动发力，使拍面从后仰的位置突然快速转向，与球网平行，将球击出。击球后，球拍应明显制动，随前动作甚微，尽快收拍还原于体前。

（4）勾对角球。

勾对角球是指在还击网前球、接吊球或接杀球时，运用手腕的微小动作将来球以斜线方向击向对方场区的技术统称。由于动作小且突然，常可出其不意地使对方判断错误，破坏对方进攻的连续性。

（5）扑球。

扑球是指在对方的回球刚越过球网上空时，随即运用跨步或蹬跳步迅速上前，利用前臂、手腕和手指的力量，快速地由高向下将球击回对方场区的一种进攻性技术，也是一种网前直接得分的手段。

扑球的击球时机非常短暂，判断要准确，反应和起动要迅速，出手要快，动作幅度要小，因此扑球时主要应依靠手腕和手指的爆发力击球。

如果击球点比较贴近球网，则击球的挥拍要带有一个与网平行横向类似“抹”的动作，这样才可以有效避免发生球拍触网违例的情况。

① 正手扑球。看到对方来球距网较高时，迅速向前蹬跃，如果距网较远，可加一个并步后前跃。身体腾空后向右前倾，手臂充分前伸，同时迅速变换握拍方法，使拍面与球网平行并正对来球。手腕后伸，中指、无名指和小指放松握拍，使球拍稍后引。击球时，主要通过中指、无名指和小指突然握紧拍柄和手腕闪动将球向前下方击出。击球后，随前动作甚微，右脚落地制动，立即收拍高举，以便拦截对方可能挡回的来球。

② 反手扑球。看到对方来球距网较高时，身体迅速转向来球，向前蹬跃，如果距网较远，可加一个并步后前跃。身体腾空后向左前倾，手臂充分前伸，同时迅速变换握拍方法，拇指顶压在球拍柄的内侧宽面上，使拍面与球网平行并正对来球。中指、无名指和小指放松握拍，使球拍稍后引。击球时，主要通过拇指顶压，中指、无名指和小指突然握紧拍柄以及手腕内收闪动，将球向前下方击出。击球后，随前动作甚微，右脚落地制动，立即收拍高举，以便拦截对方可能挡回的来球。

(6) 挑球。

挑球是将对方击来的网前球、吊球或杀球等，运用较高的弧线向上还击到对方后场的技术方法的泛称。挑球根据场上击球点所处的位置高低，可分为主动挑球和被动挑球；根据击球位置和握拍不同，可分为正手挑球和反手挑球。

① 正手挑球。准备姿势及前期动作与正手放网前球基本相同，但挑球的击球点要比网前其他主动技术低，因而要适当降低身体重心，右脚在前，成弓箭步，且右脚尖正对来球方向。前臂充分前伸并旋外，手腕尽量后伸使球拍后引，采用正手握拍法。击球时，主要利用前臂旋内、屈腕和手指的力量，在身体右侧前下方，向右前至左上方挥拍击球托底部，将球向前上方击出。击球后，右脚稍内扣，蹬地回收，球拍收回至胸前，还原成准备姿势。

② 反手挑球。挑球前身体先迅速转向左侧球网，最后一步适当降低身体重心，右脚在前，成弓箭步，且右脚尖正对来球方向。前臂旋内前伸，手腕稍外展，采用反手握拍法，将球拍引至左下方。击球时，主要利用前臂旋外、伸腕和拇指顶压拍柄的力量，在身体左侧前下方，向左前至右上方挥拍击球托底部，将球向前上方击出。击球后，右脚稍内扣，蹬地回收，球拍收回至胸前，还原成准备姿势。

5. 中场击球

中场击球技术主要包括接杀球、平抽平挡技术。无论是单打还是双打，中场区都是攻防转换的主要区域，因此羽毛球中场击球技术要求引拍和挥拍击球的动作幅度小，发力快而短促，突出“快打、平打、前打”。

(1) 接杀球。

接杀球是指将对方扣杀过来的球还击到对方场区的技术方法。根据接杀时所使用的不同技术方法，可分为接杀球挡网、接杀球勾对角、接杀球挑后场、接杀球平抽等。

由于杀球的球速较快，因此要想接好杀球，首先要积极准备。降低重心，两脚左右开立，比肩略宽，脚后跟稍抬起，身体稍前倾，以便能迅速起动。准备时，球拍自然放于体前约腰部高度，判断起动后伸拍要快，击球动作幅度要小。回击球应主要依靠前臂、手腕和手指发力，以达到抢时间、争速度的目的。

要善于根据对方杀球的力量大小和自己回球的方法、落点，控制好自己的拍面和还击的力量。例如，在接杀球挡网和勾对角时，要松握球拍，用力要小，主要借用对方杀球的力量，当对方来球力量较大时，球拍触球瞬间还应做适当的后撤以进行必要的缓冲；在接杀球需用挑、抽等方法将球还击到对方后场时，击球瞬间应紧握球拍，同时利用前臂、手腕和手指进行闪动发力。另外，还需根据击球点的不同高度，对击球拍面进行调整，击球点越低，拍面后仰的幅度越大。

(2) 平抽平挡。

平抽球是指击球点在肩以下部位，以较平的飞行弧线、较快的球速、接近球网的高度还击到对方场区的一种进攻性技术。在中场平抽时，为了增加挥拍的速度，应尽可能前握球拍，以缩短挥拍的半径。同时，击球前握拍一定要放松，以利于根据不同的来球，快速地变化握拍方法并充分发挥手指和手腕的力量快速击球。

击球时，应借助腰部的转体带动前臂、手腕和手指的力量快速协调地发力。击球点尽量争取在身体的侧前方，这样将有利于转动腰部和前臂旋内、旋外的发力。如果对方来球正对自己而又来不及闪让，千万不要用正手方法击球，因为当来球靠近身体时，即使击球点在右侧腋下，反手也要比正手容易发力还击。另外，在正手平抽时，要善于运用食指的力量发力击球，而在反手平抽时，拇指朝前顶压发力非常重要。

6. 羽毛球步法

羽毛球步法是指在本方场地上进行快速、合理且有一定规律的上网、后退和两侧移动的方法。步法是羽毛球技术的重要组成部分，在实战中具有十分重要的地位和作用，也是学习和掌握好正确击球技术的基础。根据场上移动的方向和场区的位置，通常将羽毛球步法分为上网步法、后退步法、两侧移动步法和前后场连贯步法。每一次完整的步法均包括起动、移动、协助完成击球和回动等环节。

(1) 基本步法。

根据动作的结构，羽毛球步法通常由以下一些基本步法组成：

① 跨步：向击球点迈出较大步幅的移动方法，通常在上网步法的最后一步时使用。

② 垫步：在移动到最后一步，与击球点尚有较短的距离时，用另一脚再加一小步的移动方法。这种步法比较轻捷、灵巧，不但能使移动的步数比较经济，而且能保持移动中身体重心的稳定，有利于协助击球动作的完成。

③ 并步：离击球点方向远侧的一只脚向前一只脚垫一小步，同时前脚在其尚未落地时，又马上向前跨出的一种移动方法。这种步法较多地运用在上网、接杀球和正手后退突击扣杀时。

④ 交叉步：侧对击球点方向，两脚采用前后交叉的移动方法。这种步法的步幅较大，移动中身体重心比较稳定。

⑤ 蹬跳步：在移动到最后一步时，采用单脚或双脚起跳击球的一种移动方法。例如网前扑球时，为加快速度抢点击球，后脚用力蹬伸，前脚成弓箭步前跃；在后场突击扣杀时，先转体用垫步或并步移动，最后一步再用单脚或双脚起跳扣杀。使用这种步法，要求协调性

好、弹跳力强，在击球后还要善于控制自己的身体重心，以便连贯好下一拍的击球。

（2）上网步法。

上网步法是指从场地中心位置向网前移动的步法。上网步法包括跨步上网、垫步上网和蹬跳步上网。无论采用哪种步法上网，其上网前的站位及准备姿势都是一样的，即站于场地中心位置，两脚左右开立（稍有前后），比肩略宽，两膝微屈，两脚前脚掌着地，后脚跟稍提起并左右微动；上体稍前倾，右手持拍于体前，两眼注视对方的来球。

① 正手上网步法。正手上网步法是指在场地中央区域向右侧网前移动的方法，通常有交叉步上网步法、并步上网步法和垫步上网步法等。

② 反手上网步法。在羽毛球技术中，无论正手上网还是反手上网，都要求最后一步到位击球时应保持右脚在前、左脚在后的身体姿势，因此反手上网的脚步移动方法和正手上网时是相同的，区别在于起动时右髋应迅速转向左前方，使身体右侧斜对反手网前的击球点位置，以便于朝左前方移动。

③ 蹬跳步上网扑球步法。蹬跳步上网扑球步法是指在对来球准确判断的基础上，迅速蹬地扑向球网，以争取在球刚越过球网时立即进行还击的脚步移动方法。比赛中，常用此步法进行扑球。当对方有还击网前球的意图时，其站位应稍靠前，右脚稍向前做一小步调整，脚刚一着地，便用力蹬跳侧身扑向球网。在使用蹬跳上网扑球步法时，既要快，又要注重着地后的制动和缓冲，以防止因前冲过大而触网或侵入对方场区。

（3）后退步法。

后退步法是指从中心位置后退到底线的步法，包括正手后退步法、头顶后退步法和反手后退步法。无论采用哪种步法后退击球，其移动前的站位及准备姿势均与上网步法相同。

① 正手后退步法。正手后退步法通常在接对方发来的后场高球或用正手技术还击对方击向本方后场区的高球时运用，主要有并步后退和交叉步后退两种。

判断来球后，先调整身体重心至右脚，然后右脚向右后侧蹬转后撤一小步，使髋带动身体转向右后场，随后以交叉步或并步移动到接近击球点的位置，在移动的同时必须完成举拍准备动作，最后一步利用右脚（或双脚）蹬地起跳在空中转体，击球后左腿后撤落地缓冲，右腿前跨以利于迅速回动。

② 头顶后退步法。头顶后退步法是指运用正手或头顶击球技术，还击对方击向本方左后场区的高球的脚步移动方法。

头顶后退步法与正手后退步法的主要区别在于：起动时，右脚向左后侧蹬转的幅度更大一些，以保证髋关节能带动身体转向左后方，使左肩能接近朝向右侧网柱；最后一步起跳击球时，左侧髋部迅速转向左后方，带动左腿后撤到身后，用左脚掌和脚跟内侧着地缓冲以支撑身体重心，同时右脚前跨，着地时身体前倾，身体重心移至右脚上，左脚开始回动。

③ 反手后退步法。反手后退步法是指运用反手技术还击对方击向本方左后场区的高球的脚步移动方法。它应根据当时所处的位置、离击球点距离的远近，选择采用一步、两步或三步转体后退方法。

如果离球较近，可采用一步转体后退击球：起动时，身体重心移向左脚，并以左脚为轴，身体向左后方转动，同时右脚向击球点方向跨出一大步，背对网击球。

如果离球稍远一些，可采用两步转体后退击球：左脚先向左后方后撤一小步，紧接着身体左转，右脚向左后方跨一大步，背对网击球。

如果离击球点比较远，可采用三步（或更多的步子）转体后退击球。该方法与两步转体后退的区别在于：起动时，右脚先向左脚快速做一并步，以增加一步的移动距离，后两步移动方法相同。

无论采用哪种方法移动，有一点都很重要，那就是最后一步时要尽可能保证右脚靠近击球点位置，以有利于协助击球动作的完成。

（4）两侧移动步法。

两侧移动步法是从球场中心位置向左右两侧移动到击球点上击球的步法，是接对方杀球、平射球时所采用的步法。两侧移动步法包括左侧移动步法和右侧移动步法，其站位及准备姿势与上网步法基本相同。

（二）羽毛球运动的基本战术

一场比赛采用何种战术，需要根据自身及对手的技术特点、比赛前和比赛中的心理状态、身体素质、竞技状态等来制定和调整。“以己之长，克敌之短”或“以己之短，克敌之劣”是最正确、最佳的战术选择。战术的合理应用是决定比赛胜负的重要因素。

球员掌握的技术越全面、熟练、正确和实用，那么其战术的运用和实现就越有保证。战术必须建立在熟练和正确地掌握一定数量和质量的技术动作的前提下。就技术和战术的关系而言，技术是战术的基础，是组成战术必不可少的基本要素。

我国羽毛球战术的指导思想为“以我为主、以快为主、以攻为主”。“以我为主”：不受或尽可能少受对方影响，积极施展自己的特长技术和打法，压制对方技术的发挥，掌握比赛场上的主动权。“以快为主”：在手法上、步法上、意识上都要抢时间，争速度，从而抓住有利时机控制场上的主动，同时也要善于根据战术变化的需要，把握快慢节奏的转换，使快速进攻收到更好的效果。“以攻为主”：进攻是得分的最好手段，任何时候都要把进攻放在首位，同时也强调要能攻善守，在防守时仍要以各种球路变化来积极地转守为攻。

1. 单打基本战术

（1）发球抢攻战术。

发球时可根据对手的站位、回击球的习惯球路、反击能力、打法特点、精神和心理状态等情况，运用多变的发球方法，以发网前球或平快球为主，限制对方进攻，迫使对方出高球，然后运用杀球和吊球攻击对方的弱点或空档。发球抢攻战术主要用于对付防守技能较差或后场进攻技能较强的对手，从而为自己创造更多的进攻机会。

（2）拉开突击战术。

先以快速而准确的落点控制对方场区四个角落，迫使对方前后左右地来回奔跑，当对方来不及回中心位置或失去身体平衡时，抓住空档及其弱点进行突击。这种战术通常用来对付步法移动较慢、灵活性和体力较差的球员。

（3）控后突前战术。

采用后场的高远球和平高球、网前的推球和挑球等技术，重复压对方后场两角，造成对方被动，然后伺机采用杀球、吊球、搓球、勾对角球等技术攻击对方空当。控后突前战术用来对付后场技战术进攻能力较弱者和后退步法慢或击球后急于上网的球员较为有效。

(4) 控网抢点突击战术。

通过运用各种技术主动抢先放网,或迫使对方先放网后再凭借良好的网前手法,灵活运用搓球、推球、勾对角球技术,造成对方网前直接失误,或抓住其被动击球的有利时机进行中后场的杀球、劈球、吊球和网前的扑球得分。

(5) 对角线球路战术。

无论进攻或防守、前场或后场,都是以打对角线球路为主,迫使对方球员在移动中多做转体、多走曲线。对角线球路战术主要用来对付场上灵活性较差、转体较慢的球员。

(6) 重复球战术。

通过自身出球的节奏变化和良好的击球动作一致性,针对对方队员的某一个技术薄弱点,或击球后回中心位置较快的特点,重复地将球攻击到对方场上的某一区域。如运用重复压后场战术来对付后场移动较慢或技术较差的对手,运用重复压头顶来攻击对方反手区的薄弱区域,运用重复放网来控制网前击球后习惯后退较多、封网意识较差的对手。

2. 双打基本战术

(1) 攻人战术。

攻人战术是双打比赛中常用的一种战术,在对方两名队员技术水平不平衡时一般都采用这种战术,即使在对方两名球员技术水平相差不大时也可灵活运用该战术。该战术是先通过将球下压或控制前场取得进攻机会,然后集中力量"二打一",避其所长,攻其所短。

(2) 攻中路战术。

攻中路战术是指将球击到对方两名队员站位之间的空隙,从而造成对方经常出现争抢回击或相互让球漏接等错误,尤其对一些配合不够默契的对手,该战术往往比较有效。当对方前后站位时,可将球击到对方中场两侧边线处;当对方分边左右站位防守时,可利用杀球、吊球等技术攻击对方的中路。

(3) 后攻前封战术。

后攻前封战术是指将后场攻击能力强的队员放在后场积极进攻,另一名队员则积极至网前封网。后场队员可以连续杀球、吊球进攻,守方若回球至前场,则前场队员可用搓球、勾对角球、推球、扑球封住网前,或用拦球、吊球、点球、杀球控制前场。

(4) 前场打点封压战术。

前场打点封压战术要求打法比较积极,前半场技术要好,步法移动要快,两名队员配合默契。主要通过前半场积极抢点放网、推拨半场、平抽平挡和接杀球挡网跟进等技术,迫使对方被动起高球,从而有利于自己一方后攻前封进攻得分。

(5) 压后场拉开反击战术。

压后场拉开反击战术通常用来应对后场扣杀能力较差的对手,也可结合将对方的弱者调到后场使用。此战术是用平高球、平推球、接杀吊抽、挑后场球等技术,把对方一名队员紧逼在底线两角来回移动击球,并迫使其回击出质量不高的球,然后抓住有利时机反击。如果在此过程中,对方处于前场的同伴欲后撤援助,则可伺机攻击网前空当或对其打追身球。

三、羽毛球运动竞赛规则

(一) 场地与器材

1. 场　地

羽毛球场地呈长方形，长度为 13.40 米，双打场地宽为 6.10 米，单打场地宽为 5.18 米，场地上各条线宽均为 4 厘米。

羽毛球网长 6.10 米，宽 76 厘米，由优质深色的天然或人造纤维制成，网孔大小在 15～20 毫米之间，网的上沿缝有 75 毫米宽的双层白布(对折而成)，将细钢丝绳或尼龙绳从夹层穿过，并牢固地张挂在两网柱之间。标准球网应为黄褐色或草绿色。网柱高 1.55 米，无论是单打或双打，两根网柱都应分别立在双打场地边线的中点上。正式比赛时，球网中部上沿离地面高度必须为 1.524 米，球网两端高度为 1.55 米。球网的两端必须与网柱系紧，它们之间不应该有缺缝。

2. 球与球拍

(1) 羽毛球。

羽毛球可用天然材料、人造材料或两者混合制成。羽毛球应将 16 根羽毛插在半球形软木球托上。软木球托直径为 25～28 毫米，托底为圆形，包有一层白色薄皮革或类似材料制成的皮。羽毛从托面至羽毛尖长 62～70 毫米。羽毛上端围成圆形，直径为 58～68 毫米。在球托上 1.25 厘米和 2.5 厘米处，用线或其他材料将羽毛扎牢。标准羽毛球的质量应为 4.74～5.50 克。

(2) 羽毛球拍。

羽毛球拍由拍框、拍线、拍杆、拍柄构成。球拍质量为 78～120 克，总长度不超过 68 厘米，宽度不超过 23 厘米。球拍框为椭圆形，拍框面长度不超过 28 厘米，宽度不超过 22 厘米。球拍不得有附加物和突出部分，不允许改变球拍的规定样式。

(二) 竞赛规则

1. 选择场区与发球权

比赛开始前，主裁判员应召集双方队员通过挑边而决定场区或发球权一方有权选择首先发球，或不首先发球，或选边；输的一方选剩下的一项。

2. 单打的发球方位、顺序和接发球方位

(1) 当发球方得分为 0 或偶数时，应站在右发球区发球，将球发到对方的右发球区。

(2) 当发球方得分为奇数时，应站在左发球区将球发到对方的左发球区。

(3) 接发球员应站在发球员斜对角的发球区接发球。

(4) 发球方只能在连续得分时才能连续发球。

3. 双打的发球方位、顺序与接发球方位

比赛开始前，双方通过投掷硬币方式确定由哪一方来选择先发球或后发球。双打时，每方有两名队员。每局开始比赛时，甲队先在右发球区发球的一名队员为第一发球员，另一名队员为第二发球员。乙队先在右发球区接发球的队员为第一发球员，而另一名队员为第二发球员。一方发球队员只能在连续得分时才能连续发球。双打双方采用轮换发球,失分方同时失去发球权,由对方发球。

4. 发球违例

(1) 发球时,球拍击中球的瞬间,击球点不能超过 1.15 米(发球线高)。

(2) 发球时,球拍顶端未向下,整个拍框未明显低于握拍手的整个手部。

(3) 发球时,脚踩在发球区四周的线上或线外的地面。

(4) 发球时,发球员的两脚或任何一脚离开地面或移动。

(5) 在发球员、接球员均做好准备姿势后,发球员在发球过程中有破坏发球连续性的动作。

(6) 发球时,在击球瞬间不是首先击中羽毛球的球托。

(7) 球未发过网,或从网下穿过。

(8) 球发出后触网并停留在网上。

(9) 球发出越过网后卡在网上。

(10) 发过去的球落在非规定的一个发球区内。

(11) 发过去的球落在网与前发球线之间的区域内。

(12) 双打比赛中,发过去的球落在双打发球线之后与端线之前区域内,或发过去的球落在边线、端线以外的地区。

5. 接发球违例

(1) 接发球时,接发球员的两脚或任何一脚离开地面或移动。

(2) 接发球时,接发球员的脚踩在或碰触发球区四周的任何线上或线外。

(3) 双打时,发出的球被接发球员的同伴击打。

6. 击球违例

(1) 每个拍连续击球两次或同队两名运动员各击球一次。

(2) 击球时,球停滞在球拍上,紧接着又有拖带动作。

(3) 球的整体落在对方边线或端线以外(球的任何部分压线为界内球)。

(4) 比赛进行中,球拍或运动员身体、衣服触及球网或球网的支撑物。

(5) 击球时,球拍与球的接触点在对方场区上空。

(6) 击出的球碰到障碍物。

(7) 队员的身体被球击中。

(8) 球拍或身体从球网上方进入对方场地。以下情况除外:击球者在击球动作后,球拍跟随球越过球网上方且击球点位于本方场地时。

(9) 球拍或身体从球网下方进入对方场地,阻碍或干扰了对方。

(10) 阻挡对方,如当球在飞越球网上方时阻止对方进行合法的击球动作。

(11) 以任何动作故意干扰对方,如大喊或做手势。

(12) 击出的球落在本方场区内或场区外或从网下击入对方场区。

7. 重发球

(1) 发球方在接球方准备好前发球。

(2) 发球时,发球方和接球方都有违例。

(3) 击球过程中羽毛球破裂，球托完全与羽毛分离。

(4) 裁判认为比赛混乱，或者一方球员认为被对方教练干扰。

(5) 司线裁判未看清且主裁判不能决定。

(6) 发生任何未预料到的意外情况时。

8. 暂停(休息时间)

(1) 每一局当一方先得到 11 分时暂停不超过 60 秒。

(2) 第一局与第二局之间、第二局与第三局之间暂停不超过 120 秒。

9. 交换场地

球员应在以下情况下交换场地：

(1) 每一局结束时。

(2) 第三局某一方先得 11 分时。

10. 比赛胜负

(1) 每场比赛采取三局两胜制，先得到 21 分的一方赢得当局比赛。

(2) 如果双方比分打成 20 比 20，则胜一方需超过对手 2 分才算取胜。

(3) 如果双方比分打成 29 比 29，则率先得到第 30 分的一方取胜。

(4) 首局获胜一方在接下来的一局比赛中率先发球。

思考题

1. 简述足球运动、篮球运动、排球运动、乒乓球运动、网球运动、羽毛球运动的特点和功能。

2. 简述足球运动、篮球运动、排球运动、乒乓球运动、网球运动、羽毛球运动的基本技战术。

项目六　武　术

学习目标

1. 了解武术的起源与发展、内容和分类。
2. 掌握太极拳、跆拳道、散打的基本技术。

任务十九　武术概述

一、武术的起源与发展

中华武术源远流长，博大精深，它有着悠久的历史和广泛的群众基础，是中华民族在长期生活实践中逐步积累和发展起来的一项宝贵文化遗产。武术内容丰富多彩，形式多样，风格独特。它具有强身健体、防身自卫、锻炼意志、陶冶情操、竞技比赛、娱乐观赏、交流技艺、增进友谊的功能，是一项具有广泛社会价值和民族特色的中国传统体育项目。

远在原始社会氏族公社时期，"角抵戏"与"干戚舞"等已成为社会成员增强体质、祛病延年、锻炼意志和操练军事技能的手段，它是武术运动最早的雏形。商周时期不仅用武术活动操练士兵，而且将习舞干戈列为学校的教育内容，有着体育教育的意义。春秋战国时期，人们重视技术在战场的应用，为选拔士卒，每年春秋两季举行"角试"。

秦汉时期刀舞、钺舞、剑舞等近似套路运动的舞练项目相继出现，而手搏、角抵、击剑等格斗形式的竞技活动在《汉书·艺文志》《汉书·武帝本纪》和《典论·自论》中已有记载。

唐宋时期民间练武已有结社组织出现，如"相扑棚""相扑社""英略社""弓箭社"等。此外，还有以卖艺为主的"路歧人"，他们在街头巷尾表演"使拳""弄棒""舞剑"和"枪对牌"等单、对练项目。手搏、相扑亦盛行，并出现在擂台上进行比赛，俗称"打擂台"。这时的比赛已有裁判员，有简单的规则，还设有奖品。

明清时期是武术发展的昌盛时期，各种流派林立，内容丰富。明朝时期见于史载的拳械有32式拳、六步拳、猴拳、巴子拳、少林拳、内家拳等拳术，俞大猷棍、青田棍、少林棍、张家子棍等棍术，杨家枪、六合枪、峨眉枪、少林枪等枪术，单刀、双刀、偃月刀等刀术，还有24剑势等。清朝时期拳械继续繁衍发展，并逐渐形成流派，如太极拳、形意拳、八卦掌等主要拳系及流派已形成。手搏也有所发展，摔跤亦逐渐形成体系。

民国时期，民间出现了许多拳社、武士会和体育会等武术组织。在上海，1910年成立了精武体育会，相继又成立了中华武士会和致柔拳社等，这对武术的传播和发展起了一定的作用。

《精武本纪·序》
（孙中山）

1928年在南京成立了中央国术馆。该馆成立后，一些省、市、县相继建立了国术馆。中央国术馆曾于1928年和1933年在南京举行了2届国术国考，进行了拳术、长兵、短兵、散打和摔跤等项目比赛。1936 年，中国武术团旅行访问东南亚，同年中国武术队赴柏林参加第 11 届奥林匹克运动会并进行表演，受到热烈欢迎。

中华人民共和国成立后，武术成为人民体育事业的一个组成部分，得到蓬勃发展。1953 年，天津举行了全国民族形式体育表演及竞赛大会，武术是这次大会的主要内容。与此同时，各地体育院系把武术列入正式课程。1956 年，中国武术协会成立，推动了武术的发展。1958 年，国家体育运动委员会制定了第一部《武术竞赛规则》，相继整理出版了《简化太极拳》，甲、乙组和初级的拳、刀、剑、棍、枪等规定套路，对武术的普及提高起了很大作用。1982 年、1992 年和 1996 年召开了 3 次全国武术工作会议，明确了武术发展的方针、政策和任务，使武术得到健康的发展。

武术在各级学校成为体育教育的内容之一，一些大专院校成立了武术协会和武术队，并经常组织比赛和表演，体育院校和师范学院体育系还设置了武术系或武术专业，培养本科生和研究生等武术专门人才。1984 年国家批准设立了武术硕士学位，1986 年国家批准成立了中国武术研究院，作为学术研究机构并组织学术和技术研究。为加强武术的管理工作，1994 年成立了国家体委武术运动管理中心，1996 年国家批准设立武术博士学位。

在国家体委武术运动管理中心的统一指导下，各省、自治区、直辖市以及部分县(市)都成立了武术协会，建立了武术馆、武术社、研究会、武术学校、业余体校、武术班、辅导站等，形成了广泛的群众武术活动网，为“全民健身计划”的实施做出了贡献。中国武术协会于 1992 年评选了 35 个全国武术之乡，并组织了武术之乡、武术馆校的比赛交流活动，推动了群众武术的普及和提高。

国家教委从 1994 年开始举办全国大学生武术比赛。武术在全国少数民族运动会、全国大学生运动会、全国农民运动会和全运会中都被列为正式比赛项目。

1985 年武术套路项目开始推行运动员技术等级标准。1989 年散打正式列为竞赛项目后，1990 年实行了散打运动技术等级标准。

国家和地方曾多次派武术团、队出国访问表演，派教练员和专家出国讲学，扩大了武术的国际影响。1984 年武术开始向国际推广，1985 年在西安举行了首届国际武术邀请赛，并成立了国际联合会筹委会。1986 年在天津举行了第二届国际武术邀请赛。1990 年 10 月正式成立了国际武术联合会，并成功举办了世界武术锦标赛，武术套路和散打均列为正式比赛项目。1994 年第 12 届亚运会武术被列为正式比赛项目。武术不仅在中国得到了蓬勃发展，而且在国际上受到了越来越多国家的青睐和支持。可以说，武术已在亚洲站稳脚跟，并走向世界。

二、武术的内容与分类

有记载的比较有代表性的中国武术分类方法归纳起来有地域分类法、名山大川分类法、姓氏分类法、技术特点分类法等，这些分类方法从某一个侧面展现出武术的内容，但缺少整体性和系统化。

下面介绍形式与类别分类法、功能分类法 2 种分类方法。形式与类别分类法是通过 2 种运动形式(即套路运动和搏斗运动)、5 个类别(即拳术、器械、对练、集体项目和攻防技术)，对中国武术的基本内容进行了归纳。功能分类法是根据武术的教育功能和社会功能而分成竞技武术、健身武术(传统武术)和学校武术。

(一)形式与类别分类法

1. 套路运动

以技击动作为素材,遵照攻守进退、动静疾徐、刚柔虚实等运动变化规律编成的整套练习形式称为套路运动。套路运动按照演练形式的不同分为单练、对练和集体演练3种,其中单练包括拳术和器械2类,对练包括徒手对练、器械对练、徒手与器械对练3类。

(1)拳术。

徒手演练的套路运动称为拳术。拳术中又包含许多不同的种类,称为拳种。主要的拳种有长拳、太极拳、南拳、形意拳、八卦掌、八极拳、通背拳、劈卦拳、翻子拳、地躺拳、象形拳等。

长拳:以手型、手法、步型、步法、腿法、平衡以及蹿蹦跳跃、闪展腾挪、起伏转折等动作与技术组成的拳术。其运动特点是姿势舒展、动作灵活、快速有力、节奏鲜明。长拳是竞技武术中的主要项目,传统的长拳有查拳、华拳等。

太极拳:一种柔和、缓慢、连贯、圆活的拳术。它以掤、捋、挤、按、采、挒、肘、靠、进、退、顾、盼、定为基本运动方法(亦称太极十三势)。太极拳在国内外广为流行,以健身修性为主,也是竞赛项目,传统的太极拳有陈、杨、吴、孙、武等式。

南拳:一种流行于我国南方各地拳术的总称。其拳种流派颇多,广东有洪、刘、蔡、李、莫等家,福建有咏春、五祖等派。它的运动特点是拳势刚烈,步法稳固,多桥法,擅标手,常以发声吐气助发力、助拳势。

形意拳:以三体式为基本姿势,以劈、崩、钻、炮、横五拳为基本拳法,并吸取了龙、虎、猴、马、鼍、鸡、鹞、燕、蛇、骀、鹰、熊12种动物的动作与形象组成的拳术。其运动特点是整齐简练,严密紧凑,发力沉着,朴实明快。

八卦掌:以摆扣步走转为主,以推、托、带、领、穿、搬、截、拦等掌法变换为内容的拳术。其运动特点是沿圆走转,势势相连,身灵步活,随走随变。

通背拳:以摔、拍、穿、劈、攒5种基本掌法为主要内容,通过圈、揽、勾、劫、削、摩、拨、扇八法的运用所组成的拳术。其运动特点是出手为掌,点手成拳,甩膀抖腕,放长击远,发力冷弹脆快。

象形拳:以攻防动作结合模拟各种动物形态或人物形象所组成的拳术。常见的有螳螂拳、鹰爪拳、猴拳、蛇拳、醉拳等。其运动特点是象形生动,取意体现攻防特点。

(2)器械。

器械套路种类繁多,分为短器械、长器械、双器械、软器械4类。短器械主要有刀、剑、匕首等;长器械主要有棍、枪、大刀等;双器械主要有双刀、双剑、双钩、双枪、双鞭等;软器械主要有三节棍、九节鞭、绳标、流星锤等。下面介绍4种主要的单练器械项目。

剑术:以刺、点、撩、挂、截、穿、崩、挑等剑法,配合步型、步法、平衡、跳跃等动作构成的套路。其运动特点是轻灵洒脱,身法矫健,刚柔相兼,富有韵律。

刀术:以缠头、裹脑和劈、砍、斩、撩、扎等基本刀法,配合步型、步法、跳跃等动作构成的套路。其运动特点是快速勇猛,激烈奔腾,紧密缠身,雄健剽悍。

枪术:以拦、拿、扎枪为主,兼有崩、点、劈、穿、挑等枪法,配合步型、步法、身法等构成的套路。其运动特点是走势开展，力贯枪尖，上下翻飞，变幻莫测。

棍术：以劈、扫、抡、戳、撩、挑等棍法，配合步型、步法、跳跃等构成的套路。其运动特点是勇敢泼辣，横打一片，密集如雨，稍把并用。

2. 搏斗运动

搏斗运动是2人在一定条件下，按照一定的规则进行斗智较力的对抗练习形式，包括散打、太极推手和短兵3项。目前在全国广为开展的搏斗运动有散打、太极推手。

(1) 散打：2人按照一定的规则，使用踢、打、摔等技术方法制胜对方的竞技项目。

(2) 太极推手：2人按照一定的规则，使用掤、捋、挤、按、采、挒、肘、靠等手法，双方沾连黏随，通过肌肉感觉来判断对方的用劲，然后借劲发力将对方推出界外或使之倒地以决胜负的竞技项目。

(3) 短兵：2人手持一种用藤、皮、棉制作的短棒似的器械，在16尺(1尺＝33.33厘米)直径的圆形场地内，按照一定的规则使用劈、砍、刺、崩、点、斩等方法以决胜负的竞技项目。

(二) 功能分类法

功能分类法是依据体育分类法的基本原理和武术发展实际，从宏观的角度运用系统的观点对中国武术进行分类。它既能反映出中国武术多内容、多形式、多类别的特点，又能反映出其多功能、多层次的特点。功能分类法把中国武术分为学校武术、竞技武术和健身武术三大类。武术是体育运动的组成部分，并且早已纳入现代化的轨道，它同其他现代体育项目一样具有教育功能(学校武术)和社会功能(竞技和健身)。这种分类法可以真实、清晰地反映出现代武术的格局和发展实际。

1. 学校武术

学校武术侧重体现武术的教育功能，其目的是使学生通过武术的锻炼达到增强体质、增进健康，并使之了解祖国传统文化，达到振奋民族精神、培养优良品质的教育目的。

中华人民共和国成立后武术成为社会主义体育事业的重要组成部分。党和政府十分重视民族传统体育的开展和推广，使武术得到蓬勃发展。在国家体委和中国武协的领导下，各省、自治区、直辖市建立了武术协会、武术馆、武术社、研究会、辅导站、业余体校武术班，这些都是传授武术技能的途径。武术教育的重要标志是武术作为体育教学内容走进各级各类学校，特别是普通大、中、小学。目前在大、中、小学开展的教学内容有长拳类的少年拳、青年拳、刀术、剑术、枪术、棍术及太极拳剑、攻防格斗技术以及各种健身功法等。另外，军事院校、公安学校、警校开展以擒拿格斗、散打为重点的套路和攻防格斗技术教学。这一部分武术称为学校武术。

2. 竞技武术

竞技武术是以创造优异运动成绩为主要目的。中华人民共和国成立以后国家在这方面开展了大量的工作，如竞赛体制的建立，竞赛规则的制定，裁判法的研究与实施，竞赛规定套路的创编、推广和使用。特别是针对武术中流行最广、最具代表性的长拳、南拳、太极拳剑等项目进行改造使之成为能够进行比赛的竞赛项目，这是武术竞赛史上前所未有的创新之举。近年来又有传统拳术如形意拳、八卦掌等竞赛规定套路的创编、推广以及国际武术竞赛套路的推出，这些项目与学校武术相比较存在层次上的不同，有初级与高级之分、简单与复杂之别。竞技武术在动作数量、动作组别、技术难度、编排布局上均有特定要求，所以与学校武术存在明显的区别。同时竞技武术还包括按规则进行比赛的散打、太极推手、短兵等对抗性运动。

3. 健身武术

健身武术是指除学校武术、竞技武术以外的流行于广大民间的那些源流有序、拳理明晰、风格独特、自成体系的传统武术。这些传统武术的各拳种包括拳术、器械、练功方法、对练以及攻防实战技术(也包括以健身为目的的新编健身套路)。我国人民自古以来就以此作为健体强身、防身自卫、保家卫国、娱乐身心的方法和手段。在现代快节奏以及和平安定的生活环境中把武术作为健身方法和手段已成为人们生活的一大需要。

拓展阅读

武术运动的身体素质要求

1. 爆发力

武术中拳法和腿法,包括跳跃动作对个人手脚的爆发力提出了较高的要求。

2. 无氧耐力

武术运动完成一套套路需要在高强度的运动中持续1分40秒以上,需要具备较高的无氧耐力能力。

3. 平衡能力

武术中有许多平衡动作,对身体的平衡能力要求较高。部分离地跳跃动作也对身体的平衡能力有要求。

4. 灵敏能力

武术的动作复杂多变,许多动作需要手、眼、脚和躯干协调配合完成,所以对协调性的要求也很高。

5. 柔韧能力

武术因为很多动作要求超过普通人的动作极限,所以对身体各个关节的柔韧度都有很高的要求。

任务二十　太极拳

太极拳是国家级非物质文化遗产,是以中国传统儒、道哲学中的太极、阴阳辩证理念为核心思想,集颐养性情、强身健体、技击对抗等多种功能为一体,结合易学的阴阳五行之变化、中医经络学、古代的导引术和吐纳术形成的一种内外兼修、柔和、缓慢、轻灵、刚柔相济的中国传统拳术。

一、太极拳简介

太极拳是我国传统体育项目之一,是一种柔和、缓慢的拳术健身运动,其动作圆活并处处带有弧形,动作连贯流畅。练习太极拳对中枢神经系统、呼吸和心血管系统、消化系统、骨骼肌肉等都有良好的作用,再加上太极拳要求意识引导动作,配合均匀深沉的呼吸,在练习之后周身血脉流通却不气喘，身心舒适，精神焕发。下面以二十四式太极拳为例介绍其动作技术。

拓展阅读

太极拳的技击性

太极拳的技击性动作有掤、捋、挤、按、采、挒、肘、靠等。技击性强调"以静制动""后发制人""引劲落空""四两拨千斤""借力打力""舍己从人"等。要达到较高的技击水平，除了强健体魄外，还要进行套路练习；专门练习技击动作，领会和掌握太极拳的技击要领和精髓；在实战中加以运用，不断强化。

二、太极拳基本技术

(一) 起　势

(1) 身体自然直立，两脚开立，与肩同宽，两臂自然下垂，两手放在大腿外侧，眼向前平看，如图 6-20-1(a)所示。

要点：头颈正直，下颌微向后收，不要故意挺胸或收腹，精神要集中。

(2) 两臂慢慢向前平举，两手高与肩平，手心向下，如图 6-20-1(b)和(c)所示。

(3) 上体保持正直，两腿屈膝下蹲，同时两掌轻轻下按，两肘下垂与两膝相对，目平视前方，如图 6-20-1(d)所示。

要点：两肩下沉，两肘松垂，手指自然微屈，身体重心落于两腿中间。屈膝松腰，臀部不可突出。两臂下落的动作要和身体下蹲协调一致。

(a)　(b)　(c)　(d)

图 6-20-1　起势

(二) 左右野马分鬃

(1) 身体微向右转，重心移至右腿上，同时右手收在胸前平屈，手心向下；左手经体前向右下画弧放在右手下，手心向上，两手相对呈抱球状；左脚随之收到右脚内侧，脚尖点地；眼看右手，如图 6-20-2(a)和(b)所示。

(2) 上体左转，左脚向左前方迈出，右脚脚跟后蹬呈左弓步，同时左、右手慢慢分别向左上、右下分开，左手高与眼平(手心斜向上)，肘微屈；右手落在右胯旁，手心向下，指尖向前；眼看左手，如图 6-20-2(c)～(e)所示。

图 6-20-2 左右野马分鬃 1

(3) 上体慢慢后坐，身体重心移至右腿上，左脚脚尖跷起微向外撇，随即左腿慢慢前弓，身体左转，身体重心移至左腿上，同时左手翻转向下，收在胸前平屈，右手向左上画弧放在左手下，两手手心相对呈抱球状；右脚随之收到左脚内侧，脚尖点地；眼看左手，如图 6-20-3(a)～(c)所示。

(4) 右腿向右前方迈出，左脚脚跟后蹬呈右弓步，同时左、右手分别慢慢向左下、右上分开，右手高与眼平(手心斜向上)，肘微屈；左手放在左胯旁，手心向下，指尖向前；眼看右手，如图 6-20-3(d)和(e)所示。

图 6-20-3 左右野马分鬃 2

(5)与(3)同，唯左右相反。

(6)与(4)同，唯左右相反。

要点：上体勿前俯后仰。两手分开要保持弧形，身体转动要以腰为轴，做弓步的速度与分手要一致。做弓步时，迈出脚的脚跟先着地，然后慢慢踏实，膝盖不要超过脚尖；后腿稍后蹬，使该腿与地面保持约 45 度。前后脚的脚跟在直线两侧，两脚横向距离(身体的正前方为纵轴，其两侧为横向，下同)应为 10～30 厘米。

(三) 白鹤亮翅

(1) 上体微向左转，左手翻掌向下在胸前，右手向左上画弧，手心转向上，与左手呈抱球状，如图 6-20-4(a)所示。

(2) 右脚跟进半步，上体后坐，将身体重心移至右腿上，左脚稍向前移，以脚尖点地；同时，两手慢慢地分别向右上、左下分开，右手上提停于头部右侧(偏前)，手心向左后方，左手落于左胯前，手心向下，眼平看前方，如图 6-20-4(b)和(c)所示。

要点：胸部不要挺出，两臂上下都要保持半圆形，左膝要微屈，体重后移的动作和右手上提要协调一致。

（a）　（b）　（c）

图 6-20-4　白鹤亮翅

（四）左右搂膝拗步

（1）右手从体前下落，由下向后上方画弧至右肩部外侧，臂微屈，手与耳同高，手心向上，左手上起由左向上向右下方画弧至右胸前，手心向下；同时，上体微向左再向右转，眼看右手，如图 6-20-5(a)～(c)所示。

（2）上体左转，左脚向前（偏左）迈出呈左弓步，同时右手屈回由耳侧向前推出，高与鼻尖平；左手向下由左膝前搂过落于左胯旁，眼看右手手指，如图 6-20-5(d)和(e)所示。

（a）　（b）　（c）　（d）　（e）

图 6-20-5　左右搂膝拗步 1

（3）上体慢慢后坐，身体重心移至右腿上，左脚脚尖跷起微向外撇；随即左腿慢慢前弓，身体左转，重心移至左腿上，右脚向左脚靠拢以脚尖点地。同时，左手向外翻掌由左后向上平举，手心向上；右手随转体向上、向左下画弧落于左肩前，手心向下，眼看左手，如图 6-20-6 所示。

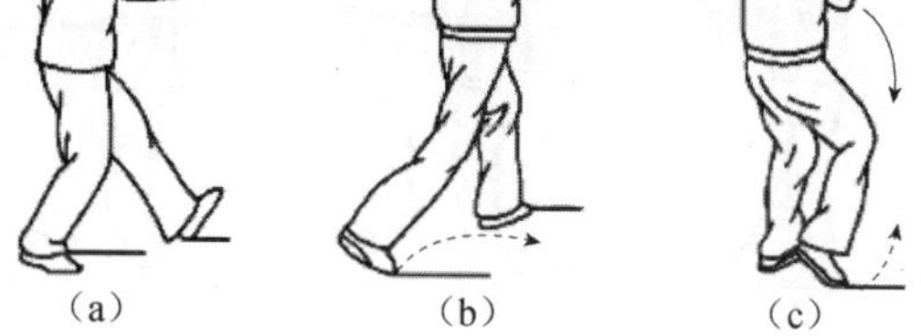

（a）　（b）　（c）

图 6-20-6　左右搂膝拗步 2

(4)与(2)同,唯左右相反。

(5)与(3)同,唯左右相反。

(6)与(2)同。

要点:手推出后,身体不可前俯后仰,要松腰松胯。推掌时须沉肩垂肘,坐腕舒掌必须与松腰、弓腿上下协调一致。做弓步时,两脚跟的横向距离一般不少于 30 厘米。

(五) 手挥琵琶

右脚脚跟进半步,上体后坐,将身体重心移至右腿上,左脚略提起且稍向前移,变成左虚步,脚跟着地,膝部微屈。同时,左手由左下向上举,高与鼻尖平,臂微屈;右手收回放在左臂肘部里侧,眼看左手食指,如图 6-20-7 所示。

(a)　(b)　(c)

图 6-20-7　手挥琵琶

要点:身体要平稳自然,沉肩垂肘,胸部放松。左手上起时不要直向上挑,要由左向上向前,微带弧形。右脚跟进时,前脚掌先着地,再全脚落实。身体重心后移和左手上起要协调一致。

(六) 左右倒卷肱

(1) 右手翻掌(手心向上)经腹前由下向后上方画弧平举,臂微屈;左手随之翻掌向上,左脚尖点地,眼随着向右转体先向右看再转看左手,如图 6-20-8(a)和(b)所示。

(2) 右臂屈肘回收,右手由耳侧向前推出,手心向前;左手回收经左肋外侧向后上画弧平举,手心向上;右手随之再翻掌向上。同时,左腿轻轻提起向左后侧方退一步,脚尖先着地,然后慢慢踏实,身体重心在左腿上,呈右虚步;眼随转体左看,再转看右手,如图 6-20-8(c)～(e)所示。

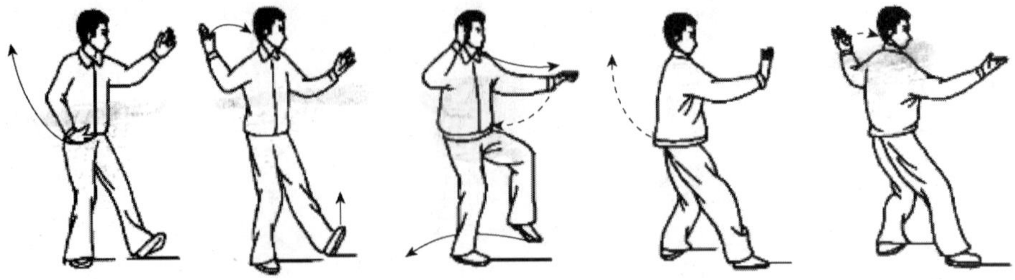

(a)　(b)　(c)　(d)　(e)

图 6-20-8　左右倒卷肱

(3)与(2)同,唯左右相反。

(4)与(2)同。

(5)与(2)同,唯左右相反。

要点:前推的手不要伸直,后手也不可直向回抽,仍走弧线。前推时,要转腰松胯,与两手的速度要一致,避免僵硬。退步时,脚尖先着地,再慢慢踏实,同时把前脚扭正,退左脚略向左后斜,退右脚略向右后斜,避免两脚落在一条直线上。后退时,眼神随转体动作向左右看(约转 90 度),然后转看前手。

(七)左揽雀尾

(1) 身体慢慢向右转,左手自然下落经腹前画弧至右肋前,手心向上;右臂屈肘,手心转向下,收至右胸前,两手相对呈抱球状。同时,右脚尖微向外撇,左脚收回靠拢右脚,以左脚脚尖点地,如图 6-20-9(a)和(b)所示。

(2) 左脚向左前方迈出,上体微向左转,右脚脚跟向后蹬,脚尖微向里扣呈左弓步。同时,左臂向左掤(左臂平屈呈弓形,用前臂外侧和手背向左侧推出),高与肩平,手心向后;右手向右下方落放于右胯旁,手心向下,眼看左前臂,如图 6-20-9(c)和(d)所示。

图 6-20-9　左揽雀尾 1

要点:掤出时,两臂前后均保持弧形,分手与松腰、弓腿三者必须协调一致。

(3) 身体微向左转,左手随之前伸翻掌向下,右手翻掌向上,经腹前向上、向前伸至左腕下方;然后两手下捋(掤、捋、挤、按的"捋"字,过去曾用"履"字),上体稍向右转,两手经腹前向右后方画弧,直到右手手心向上高与肩齐,左手手心向后平屈于胸前,同时身体重心移至右腿上,眼看右手,如图 6-20-10(a)和(b)所示。

要点:下捋时,上体不可前倾,臀部不要突出。两臂下捋须随腰旋转,仍走弧线。

(4) 上体微向左转,右臂屈肘收回,右手附于左手腕里侧(相距约 5 厘米),双手同时向前慢慢挤出,左手心向后,右手心向前,左前臂要保持半圆。同时,身体重心前移变成左弓步,眼看左手腕部,如图 6-20-10(c)和(d)所示。

图 6-20-10　左揽雀尾 2

要点：向前挤时，上体要正、直，动作要与松腰、弓腿相一致。

（5）右手经左腕上方向前、向右伸出与左手齐，手心向下；左手翻掌向下，两手向左、右分开，宽与肩同。然后上体后坐，身体重心移至右腿上，左脚脚尖跷起。两手屈肘时回收至胸前，手心向前下方，眼向前平看，如图 6-20-11(a)～(c)所示。

（6）上势不停，两手向前、向上按出，手腕部高与肩平，同时左腿前弓呈左弓步，眼平看前方，如图 6-20-11(d)所示。

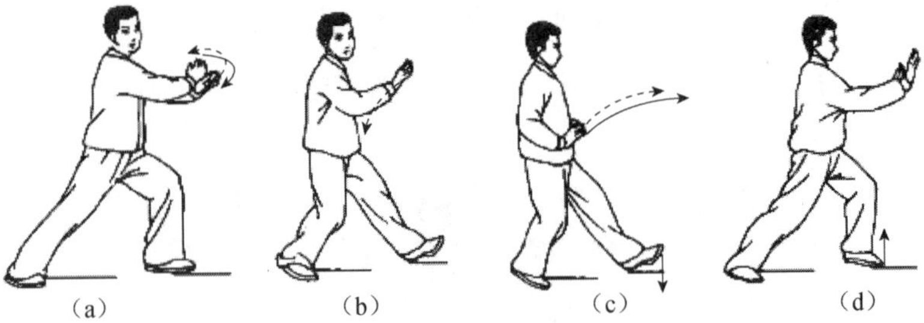

图 6-20-11　左揽雀尾 3

（八）右揽雀尾

（1）上体后坐并向右转，身体重心移至右腿上，左脚脚尖里扣；右手向右平行画弧至右侧，然后由右下方经腹前向左上方画弧至左肋前，手心向上；左手翻掌向下平屈，在胸前与右手呈抱球状。同时，身体重心再移至左腿上，右脚向左脚靠拢，右脚脚尖点地，如图 6-20-12所示。

图 6-20-12　右揽雀尾

(2)同左揽雀尾(2),将左变为右即可。
(3)同左揽雀尾(3),将左变为右即可。
(4)同左揽雀尾(4),将左变为右即可。
(5)同左揽雀尾(5),将左变为右即可。
(6)同左揽雀尾(6),将左变为右即可。
要点:均与左揽雀尾相同,唯左右相反。

(九)单　鞭

(1) 上体后坐,身体重心逐渐移至左腿上,右脚脚尖里扣。同时,上体左转,两手(左高右低)向左运转,直至左臂平举于左侧,右手经腹前运至左肋前(左手心向左,右手心向后上方),眼看左手,如图 6-20-13(a)和(b)所示。

(2) 身体重心再渐渐移至右腿上,左脚向右脚靠拢,以脚尖点地,同时右手向右上方画弧至右侧方时变勾手,臂与肩平;左手向下经腹前向右上方画弧停于右肩前,手心向后,眼看左手,如图 6-20-13(c)和(d)所示。

图 6-20-13　单鞭 1

(3) 上体微向左转,左脚向左侧方迈出,右脚脚跟后蹬成左弓步;在身体重心移向左腿的同时,左掌慢慢翻转向前推出,手心向前,手指与眼齐平,臂微屈,眼看左手,如图 6-20-14 所示。

图 6-20-14　单鞭 2

要点:上体正直,松腰。右臂肘部稍下垂,左肘与左膝上下相对,两肩下沉。左手向外推时要随转随推,不要翻掌太快。全部过渡动作要上下协调一致。

(十)左云手

(1) 将身体重心移至右腿上,身体渐向右转,左脚脚尖里扣;左手经腹前向右上方画弧至右肩前,手心斜向后,同时右手变掌,手心向右,眼看左手,如图 6-20-15 所示。

图 6-20-15　左云手 1

(2) 身体重心慢慢左移，左手由面前向左侧运转，手心渐渐转向左方；右手由右下方经腹前向左上方画弧至左肩前，手心斜向后，同时右脚靠近左脚，呈小开立步(两脚距离为10～20厘米)，眼看右手，如图 6-20-16 所示。

图 6-20-16　左云手 2

(3) 右手继续向右侧运转，左手经腹前向右上方画弧至右腹前，手心斜向后；同时，右手翻转手心向右，左腿向左横跨一步，眼看右手，如图 6-20-17 所示。

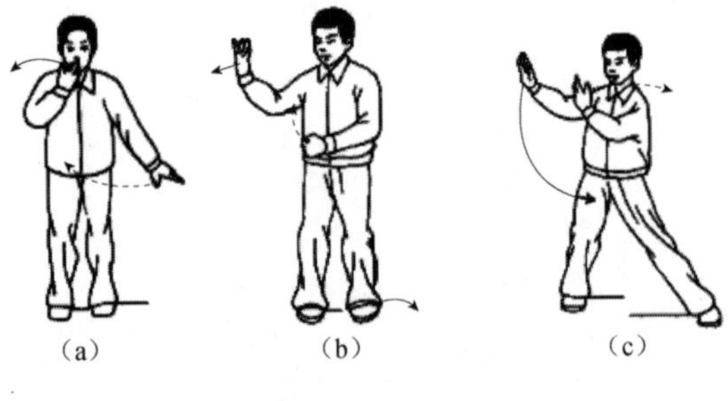

图 6-20-17　左云手 3

(4)同(2)。

(5)同(3)。

(6)同(2)。

要点：身体转动要以腰脊为轴，松腰、松胯，避免忽高忽低。两臂随腰运转要自然、圆活，速度要缓慢均匀。下肢移动时，身体重心要稳定。眼的视线随左、右手而移动。

(十一) 再单鞭

(1) 右手继续向右运转,至右侧方时变成勾手,左手经腹前向右上方画弧至右肩前,手心向后,眼看右手,如图 6-20-18(a)和(b)所示。

(2) 上体微向左转,左脚向左侧方迈出,右脚脚跟后蹬呈左弓步;在身体重心移向左腿的同时,左掌慢慢翻转向前推出,呈单鞭式,如图 6-20-18(c)和(d)所示。

(a) (b) (c) (d)

图 6-20-18 再单鞭

要点:与前单鞭式相同。

(十二) 高探马

(1) 右脚跟进半步,身体重心移至右腿上。右勾手变成掌,两手心翻转向上,两肘微屈,同时身体微向右转,左脚脚跟渐渐离地,呈左虚步,眼看左手,如图 6-20-19(a)所示。

(2) 上体微微左转,右掌经耳旁向前推出,手心向前,手指与眼同高;左手收至左侧腰前,手心向上,同时左脚微向前移,脚尖点地,眼看右手,如图 6-20-19(b)所示。

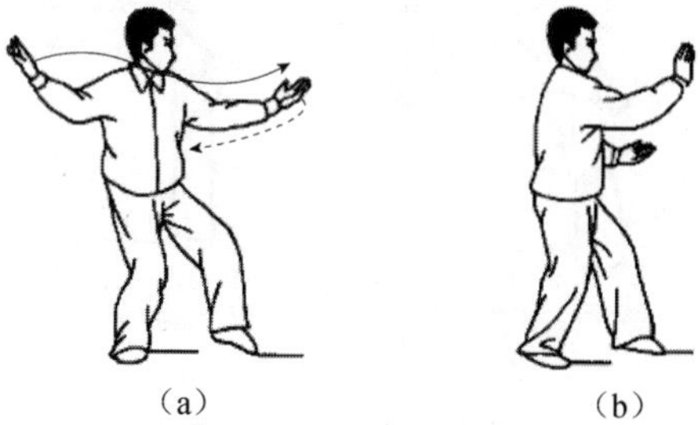

(a) (b)

图 6-20-19 高探马

要点:上体自然正直,双肩要下沉,右肘微下垂。

(十三) 右蹬脚

(1) 左手手心向上,前伸至右手腕背面,两手相互交叉,随即两手分开自两侧向下画弧,手心斜向下;同时,左脚提起向左前方进步呈左弓步,如图 6-20-20 所示。

（a）　　（b）

图 6-20-20　右蹬脚 1

（2）两手由外圈向里圈画弧合抱于胸前，右手在外（手心均向后）；同时右脚向左脚靠拢，脚尖点地，眼平看右方，如图 6-20-21 所示。

（a）　　（b）

图 6-20-21　右蹬脚 2

（3）两臂左、右分开平举，手心均向外，同时右脚提起向右前方慢慢蹬出，眼看右手，如图 6-20-22 所示。

（a）　　（b）

图 6-20-22　右蹬脚 3

要点：身体要稳。两手分开时，腕部与肩齐平。左腿微屈，蹬脚时脚尖回勾，力使在脚跟，分手和蹬脚须协调一致。右臂和右腿上下相对。

（十四）双峰贯耳

（1）将右腿收回，膝盖提起，左手由后向上、向前下落，右手手心翻转向上，两手同时向下画弧分落于右膝盖两侧，手心均向上，如图 6-20-23（a）和（b）所示。

（2）右脚向右前方落下变成右弓步，同时两手下垂慢慢变拳，分别从两侧向上、向前画弧至脸前呈钳形状，拳眼都斜向后（两拳中间距离为 10～20 厘米），眼看右拳，如图 6-20-23

(c)和(d)所示。

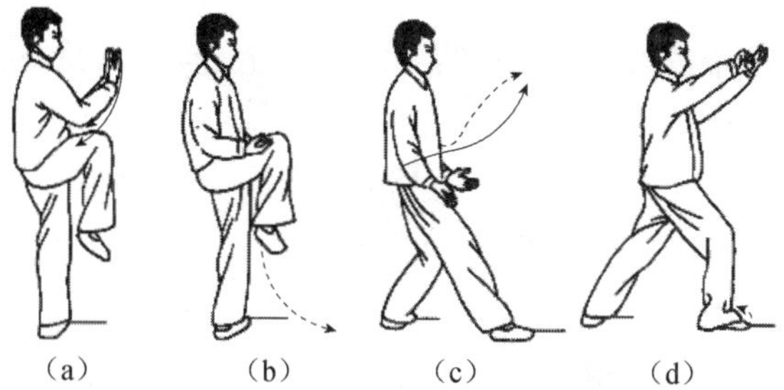

图 6-20-23　双峰贯耳

要点：头颈正直，松腰，两拳松握，沉肩垂肘，两臂均保持弧形。

(十五) 转身左蹬脚

(1) 将身体重心渐渐移至左腿上，右脚脚尖里扣，上体向左转，同时两拳变掌，由上向左、右画弧分开平举，手心向前，眼看左手，如图 6-20-24(a)和(b)所示。

(2) 将身体重心再移至右腿上，左脚靠近右脚内侧，以脚尖点地，同时两手由外圈向里圈画弧合抱于胸前，左手在外，手心均向后，眼平看左方，如图 6-20-24(c)和(d)所示。

图 6-20-24　转身左蹬脚 1

(3) 两臂左、右分开平举，手心均向外，同时左脚提起向左前方慢慢蹬出，眼看左手，如图 6-20-25 所示。

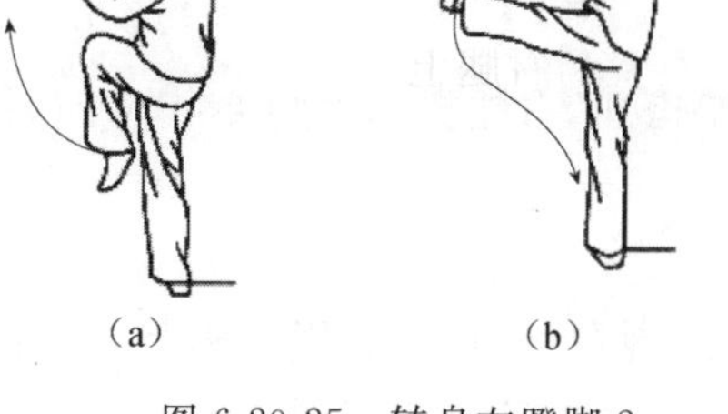

图 6-20-25　转身左蹬脚 2

要点：与右蹬脚式相同，唯左右相反。

（十六）左下势独立

（1）左腿收回平屈，右掌变成勾手，然后左掌向上、向右画弧下落，立于右肩前，眼看右手，如图 6-20-26(a)和(b)所示。

（2）右腿慢慢屈膝下蹲，左腿向左侧（偏后）伸出，呈左仆步，左手下落向左下经左腿内侧穿出，眼看左手，如图 6-20-26(c)和(d)所示。

(a)　(b)　(c)　(d)

图 6-20-26　左下势独立 1

要点：右腿全蹲时脚尖微向外撇，左腿伸直时脚尖向里扣，脚掌全部着地，左脚尖与右脚跟在一条直线上，上体不可过于前倾。

（3）以左脚跟为轴，脚尖向外扭直（略外撇），随着右腿后蹬，左腿前弓，右脚脚尖里扣，上体微向左转并向前起身，同时左臂继续向前伸出（立掌），眼看左手，如图 6-20-27(a)所示。

（4）右腿慢慢提起平屈（呈独立式），同时右勾手下落变成掌，并由后下方顺右腿外侧向前摆出，屈臂立于右腿上方，肘与膝相对，手心向左；左手落于左胯旁，手心向下，眼看右手，如图 6-20-27(b)和(c)所示。

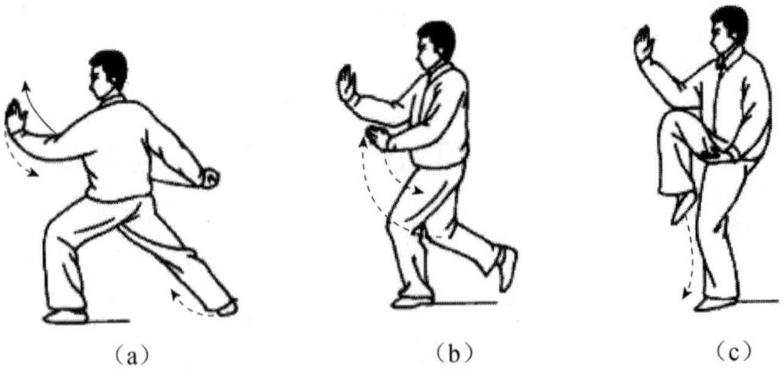

(a)　(b)　(c)

图 6-20-27　左下势独立 2

要点：上体正直，独立的腿微屈，右腿提起时脚尖自然下垂。

（十七）右下势独立

（1）右脚下落于左脚前，以脚尖点地，然后以左脚掌为轴向左转体，左脚微向外撇。同时，左手向后平举变成勾手，右掌随着转体向左侧画弧，立于左肩前，眼看左手，如图 6-20-28 所示。

(a) (b)

图 6-20-28 右下势独立

(2)同“左下势独立”(2),将左变为右即可。

(3)同“左下势独立”(3),将左变为右即可。

(4)同“左下势独立”(4),将左变为右即可。

要点:右脚脚尖触地后必须稍微提起,然后向下仆腿,其他均与左下势独立相同,唯左右相反。

(十八) 左右穿梭

(1) 身体微向右转,左脚向前落地,脚尖外撇,右脚脚跟离地成半坐盘式,同时两手在左胸前呈抱球状(左上右下);然后右脚向左脚内侧靠拢,脚尖点地,眼看左前臂,如图 6-20-29 所示。

(a) (b) (c)

图 6-20-29 左右穿梭 1

(2) 右脚向右前方迈出呈右弓步,同时右手由面前向上举并翻掌停在右额前,手心斜向上;左手先向左下再经体前向前推出,高与鼻尖平,手心向前,眼看左手,如图 6-20-30 所示。

(a) (b) (c)

图 6-20-30 左右穿梭 2

(3) 将身体重心略向后移,右脚脚尖稍向外撇,随即身体重心再移至右腿上,左脚跟进,附于右脚内侧,以脚尖点地,同时两手在右胸前呈抱球状(右上左下),眼看右前臂,如图 6-20-31 所示。

(a)　(b)

图 6-20-31　左右穿梭 3

(4)同(2),唯左右相反。

要点:手推出后,上体不可前俯,手上举时,要防止引肩上耸。前推时,上举手和前推手的速度要与腰腿前弓上下协调一致。做弓步时,两脚跟的横向距离以不少于 30 厘米为宜。

(十九) 海底针

右腿向前跟进半步,左腿稍向前移,以脚尖点地,变成左虚步。同时,身体稍向左转,右手下落经体前向后、向上提起,并由右耳旁斜向前下方插出,指尖向下;左手向前、向下画弧落于左胯旁,手心向下,眼看前下方,如图 6-20-32 所示。

(a)　(b)

图 6-20-32　海底针

要点:身体要先向右转,再向左转,上体不可太前倾,避免低头和臀部外凸,左腿要微屈。

(二十) 闪通臂

上体稍右转,左脚向前迈出呈左弓步。同时,右手由体前上提,掌心向上翻,右臂平屈于头上方,拇指朝下;左手上起向前平推,高与鼻尖平,手心向前,眼看左手,如图 6-20-33 所示。

要点:上体自然正直,松腰、松胯,左臂不要伸直,背部肌肉要伸展开。推掌动作和弓腿要协调一致。

(a) (b) (c)

图 6-20-33 闪通臂

(二十一) 转身搬拦捶

(1) 上体后坐,将身体重心移至右腿上,左脚脚尖里扣,身体向右后转,然后身体重心再移至左腿上。同时,右手随着转体而向右、向下(变拳)经腹前画弧至左肋旁,拳心向下;左掌上举于头前方,掌心斜向上,眼看前方,如图 6-20-34 所示。

(a) (b) (c)

图 6-20-34 转身搬拦捶 1

(2) 向右转体,右拳经胸前向前翻转撇出,拳心向上,左手落于左胯旁,同时右脚收回后再向前迈出,脚尖外撇,眼看右拳,如图 6-20-35 所示。

(a) (b) (c)

图 6-20-35 转身搬拦捶 2

(3) 将身体重心移至右腿上,左脚向前迈一步;左手上起经左侧向前平行画弧拦出,掌心向前下方,同时右拳收到右腰旁,拳心向上,眼看左手,如图 6-20-36(a)和(b)所示。

(4) 左腿前弓变成左弓步,同时右拳向前打出,拳眼向上,高与胸平,左手附于右前臂里侧,眼看右拳,如图 6-20-36(c)所示。

要点:右拳松握,前臂先慢慢内旋后收,再外旋停于右腰旁,拳心向上。向前打出时,右肩随拳略向前引，沉肩垂肘，右臂微屈。

（a）　　（b）　　（c）

图 6-20-36　转身搬拦捶 3

（二十二）如封似闭

（1）左手由右腕下向前伸，右拳变掌，两手心向上慢慢回收；同时身体后坐，左脚尖跷起，身体重心移至右腿上，眼看前方，如图 6-20-37 所示。

（a）　　（b）　　（c）

图 6-20-37　如封似闭 1

（2）两手在胸前翻掌，向前推出，腕与肩平，手心向前，同时左腿前弓变成左弓步，眼看前方，如图 6-20-38 所示。

（a）　　（b）　　（c）

图 6-20-38　如封似闭 1

要点：身体后坐时，要避免后仰，臀部不可凸出。两臂随身体回收时，肩、肘部略向外松开，不要直着抽回。两手宽度不要超过两肩。

（二十三）十字手

（1）将身体重心移至右腿上，左脚脚尖里扣，向右转体；右手随着转体动作向右平摆画弧，与左手呈两臂侧平举，肘部下垂，同时右脚脚尖随着转体稍向外撇，呈右弓步，眼看右手，如图 6-20-39(a)和(b)所示。

(2) 将身体重心慢慢移至左腿上,右脚脚尖里扣,然后右脚向左收回与左脚呈开立步,两脚距离与肩同宽,同时两手向下经腹前向上画弧交叉于胸前,右手在外,手心均向后,呈十字手,眼看前方,如图 6-20-39(c)和(d)所示。

(a) (b) (c) (d)

图 6-20-39 十字手

要点:两手分开和合抱时上体勿前俯,站起后身体自然正直,头微上顶,下颌稍向后收。两臂环抱时须圆满舒适,沉肩垂肘。

(二十四) 收 势

两手向外翻掌,手心向下,慢慢下落于两胯外侧,眼看前方,如图 6-20-40 所示。

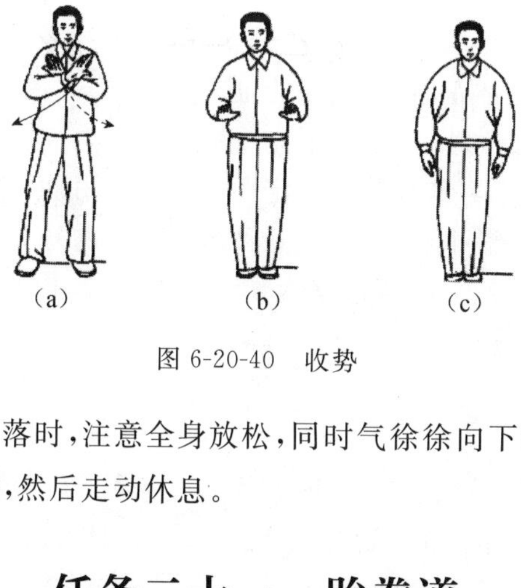

(a) (b) (c)

图 6-20-40 收势

要点:两手左右分开下落时,注意全身放松,同时气徐徐向下沉(呼气略加长)。待呼吸平稳后,把左脚收到右脚旁,然后走动休息。

任务二十一 跆拳道

一、跆拳道简介

跆拳道运动是一项以手脚技术为进攻武器,以技击格斗为核心,充满对抗性的现代竞技体育运动。

(一) 跆拳道的起源与发展

跆拳道起源于 2 000 多年前的朝鲜半岛,其前身是朝鲜民间的各种技击术。在其漫长的历史发展演变中，跆拳道糅合了中国的武术、日本的空手道等东亚武术的精华，经过几代人的艰辛努力与探索，逐步形成了今日风靡世界的跆拳道运动。

目前跆拳道在世界上非常流行，全世界有170多个国家和地区的约7 000万人从事跆拳道的学习和训练。在第27届悉尼奥运会上，跆拳道成为正式比赛项目。我国开展此项运动尽管才10余年的时间，但发展很快，深受青少年的喜爱。练习跆拳道能增强人的各种力量，使身体素质全面发展，培养无畏、坚毅的意志品质。

(二) 跆拳道运动礼仪

跆拳道运动始终倡导“以礼始，以礼终”的尚武精神，礼仪是跆拳道运动必不可少且十分重要的组成部分。跆拳道的礼仪是指练习者从内心深处溢出的自然地表现在人的行为上的高尚、有价值的行为举动。跆拳道练习者在学习技术训练之前，首先要学习的是跆拳道的礼仪知识。只有懂得了跆拳道的礼仪知识，才可以练好跆拳道，从而达到最高境界。跆拳道礼仪的学习对一个跆拳道练习者非常重要，谦虚和正确的言语、忍让和友好的态度、虚心和好学的作风是跆拳道练习者应当遵循的重要礼仪。

1. 立姿、稍息及坐姿

立姿：双脚尖并拢、脚跟相靠，身体立直，下颚内收，双眼平视，双臂自然下垂，双手握拳，拳心贴于大腿外侧。

稍息：两脚分开，与肩同宽，脚尖正对前方，双手掌交叉置于腰后，挺胸收腹，目视前方。

坐姿：坐下或起立时不得以手扶地。盘腿坐下，脚尖往后绷，双手握拳，拳心向下，置于膝关节上。勿耸肩抬肘、上体歪斜、含胸驼背，应体现出修炼者沉稳平静的精神，放松自然。

2. 跆拳道的鞠躬礼及细则

跆拳道要求练习者在学习与训练中一定要严格遵守礼仪，要学会敬礼。跆拳道中的敬礼是表示尊重、礼貌、友好、谦虚和感谢，是一种内心思想的外在的表达方式。跆拳道的敬礼要求是：身体面向对方，并步直立，两臂自然置于身体两侧，上体前倾15度，头部前倾45度，目视地面稍停后还原成直立姿势，行礼完毕。

(三) 跆拳道运动的发声

跆拳道的发声并没有严格规定发什么音才是正确的，但原则是发出的声音要给对方以威慑力，提高自己的自信心和气势，能使自己迅速进入训练或比赛状态。

一般来说，跆拳道的发声有2种：

(1) 发类似“eyi——呃咿”的声音，这种发声一般多用于品势演练中，“e”的声音要气沉丹田，“yi”的声音是拖长的声音，也可不发。

(2) 发“acai——啊哚”的声音，这种发声一般多用于跆拳道训练和比赛中，拖的声音可以很长。

跆拳道发声的作用如下：

(1) 跆拳道的发声正是跆拳道的气势所在，有利于体内气的呼出，使身体和意识能够集中精力。

(2) 跆拳道的发声有助于提升自己的爆发力，发声的同时让人们踢出腿法更有速度和力度。

(3) 在跆拳道实战比赛中，有气势的发声能给对方一种震慑力。

(四) 跆拳道的级别与段位划分方法

跆拳道有着严格的技术水平等级制度和晋级升段考核要求。跆拳道修炼者水平的高低以级、品、段来划分。级位分为十级至一级，品位分为一品至三品，段位分为一段至九段。十级选手是最初级的初学者，通过相应的时间及课程的训练，逐步上升至九级、八级、七级……直至达到较高水平的一级。一级以后进入段位，一段至三段为黑带新手的段位，四段至六段属高水平段位，七段至九段授予具有很高学识造诣和对跆拳道的发展做出重大贡献的杰出人物。如果15周岁以下的未成年选手达到了一段至三段的水平，则授予一品、二品、三品而不是段位。腰带的颜色代表着练习者的水平，从低到高依次为白带(十级)、白黄带(九级)、黄带(八级)、黄绿带(七级)、绿带(六级)、绿蓝带(五级)、蓝带(四级)、蓝红带(三级)、红带(二级)、红黑带(一级或一品、二品、三品)、黑带(一段至九段)。

(五) 跆拳道运动的锻炼价值

1. 跆拳道运动的精神价值

跆拳道的精神"礼仪、廉耻、忍耐、克己、百折不屈"高度总结了跆拳道精神价值的本质。礼仪，即对人有礼，不卑不亢；廉耻，即有羞耻之心，知耻而后勇；忍耐，即有毅力，能包容；克己，即有自制力，能控制情绪、欲望；百折不屈，即遭遇挫折时不气馁、永不言弃，越挫越勇。跆拳道起源于朝鲜半岛，然而其精神价值的发挥需要结合传入国家的国情进行整合，需要有"接地气"和"本土化"的过程。

2. 跆拳道运动对青少年体适能提升的积极作用

(1) 跆拳道运动能够改善青少年的柔韧适能。柔韧适能是指运动中不损害机体情况下人体骨骼肌各关节的最大活动范围。在人体健康中柔韧适能发挥着重要作用，它反映了肌肉、韧带等组织的弹性和伸展性，人体柔韧得到发展后，各关节运动幅度会变大，稳固性也有提高，人们做运动过程中机体柔韧好可以避免一些大幅度运动导致的运动损害。跆拳道运动在练习过程中有大量的柔韧性练习，可以很好地改善练习者的柔韧适能。好的柔韧性可以避免因动作幅度大而产生的软组织损伤，让练习者在安全的运动体验中形成长期体育锻炼的习惯和意识。

(2) 跆拳道运动能改善练习者的心肺耐力适能。心肺耐力适能是人们持续保持运动锻炼的能力，是构成人体健康的重要组成部分，它反映了心脏、肺呼吸等向肌肉运送能源物质，维持身体参与运动的能力。跆拳道练习者积极地进行专项体能练习、模拟攻防练习、模拟实战练习等运动形式，可以提高练习者的心肺耐力适能。

(3) 跆拳道运动能提升青少年的肌肉适能。肌肉适能由2个部分构成：一部分是肌肉力量，另一部分是肌肉耐力。肌肉力量指在运动过程中肌肉对抗阻力时肌肉收缩一次所迸发出的最大力量，而肌肉耐力指肌肉为了维持某项肌力反复的次数或者持续作用力的时间。肌肉适能对人体的健康很重要，经常进行肌肉适能方面的练习，可以预防肌肉以及关节方面的疾病、减少运动损伤等。跆拳道项目的运动特点以动力性肌肉力量练习为主，循环练习跆拳道空击腿法，提升腿部力量，攻防练习教学时要求步法与腿法配合，可发挥出肌肉的速度和爆发力。科学研究表明，跆拳道运动对练习者肌肉适能的提高有积极影响。

(六) 跆拳道运动的教育价值

(1) 完善人格。跆拳道不仅是身体锻炼的运动,而且是重视陶冶精神的运动,可提高全民素质,有着以完善人格及自我教育为重点的教育效果和价值。因此,没有精神修养为前提的跆拳道不能成为真正的跆拳道。跆拳道的目的和教育的目的一样,都是塑造人格。

(2) 塑造良好意志品质。跆拳道只有在持之以恒的练习下才能逐渐培养练习者的忍耐力及顽强拼搏的精神,所以学习跆拳道的价值在于重新塑造人的良好意志品质。

二、跆拳道基本技术

在现代跆拳道的品势、实战(竞技跆拳道)、表演特技三大领域中,就技术方面而言,三大领域既有相互关联性,具有共通的技术要素和理论,又具有各自的技术突出点。它们把跆拳道基本技术以固化、特定的方式结合,形成了完整的跆拳道技术体系。基本技术是指跆拳道技术中共通的、核心的技术。从技术分类的观点来说,相似技术中最具代表性的技术就是这一系列技术中的基本技术。基本技术既是基础阶段的技术,也是可以向其他技术变化和应用的基础。跆拳道基本技术的概念不仅是指技术种类,也是名称,其中蕴含着技术动作的正确运动形式和运动原理。

(一) 实战(竞技跆拳道)基本技术

1. 实战姿势

跆拳道实战姿势是实战技术练习或与对手对抗时的准备姿势。一般来说,运动员做出准备姿势,或是准备进攻,或是准备防守反击,此时要求运动员心理和身体都要放松,重心的高低取决于自己是否能以最快的速度向各个方向移动。实战姿势是应用跆拳道技术的出发点,有 3 种:标准实战姿势、侧向实战姿势、低位实战姿势。

(1) 标准实战姿势。左脚在前叫左势,右脚在前叫右势。标准实战姿势的动作规格为:两脚前后开立与肩同宽,前脚尖 45 度左右斜向右前方,后脚倾斜 30 度左右,与前脚保持同向,脚跟微抬起,膝关节微弯曲,身体重心在两脚中点,压在双脚前掌;头部正对对手,下颌微收,目视对手头部或肩部,两臂肘部自然下垂,弯曲 90 度左右,双手半握拳,前手齐于肩平,置于身体前,后手置于同侧下颌附近,身体放松,保持弹性待发状态。

(2) 侧向实战姿势。身体完全侧向,前后脚在一条直线上,其他部位同标准实战姿势。

(3) 低位实战姿势。身体姿势同标准实战姿势,只是双膝弯曲加大,重心降低。这种姿势重心低,不易失去重心,但移动较慢。

在比赛中,双方运动员经常有一个互不进攻的短暂时间,即双方都保持着准备姿势,原因是:① 等待对方进攻,自己准备反击;② 自己直接进攻得点的把握不大,犹豫不决;③ 进行短暂的休息,调整体力;④ 在比分领先的情况下拖延时间;⑤ 其他战术的需要。此时运动员不一定站在固定位置上,有经验的运动员往往会主动后撤或向一侧移动几步,使对方也不得不随自己而调整准备姿势,此时是对方进攻自己的较好时机,运动员应在平时训练中进行这方面的专门练习。如果双方运动员都是左架站立或都是右架站立,则称双方站位为闭式站位;如果一方是左架站立,一方是右架站立,则称双方站位为开式站位。一般来讲,运动员都有一条腿是自己经常使用的,也就是无论在出腿速度或是力量上都觉得这条腿进攻得点或防守反击更有把握一些，这条腿称为优势腿或主打腿或得点腿等。由于生活中的习惯，一般运动员是将右腿作为优势腿。一般习惯使用前腿旋踢得分的运动员常将优势腿放在前面，如果左腿是优势腿，则运动员常以右架准备姿势站立；而经常使用后腿旋踢的运动员往往将优势腿放在后面，如果右腿是优势腿，则常以右架准备姿势站立。

2. 基本拳法技术

跆拳道是以腿踢为主、拳打为辅的运动项目，实战（竞技跆拳道）中运动员使用拳法的种类不多，出现的频率也不高，但是拳法不但有用武之地，而且能够发挥很重要的作用。跆拳道的拳法主要是在双方运动员距离较近且在动态的情况下用于阻击、迎击对方的腹部。

由于跆拳道的拳法不能攻击对方的头部，只能攻击对方的腹部，而且得分分值不高，因此比赛中拳法的运用率不高。但如果遵守"远用腿、近用拳"的基本规律，则在比赛过程中，双方运动员出现间隔距离较近的情况时，有力的拳法攻击或防守都有较大的施展空间。实战中常用的拳法是直拳。

（1）握拳。

食指、中指、无名指和小指并拢卷曲，拇指放在中指和食指的上面，拳头内扣，拳峰朝着对方。从食指到小指的第一关节和第二关节成为一个平面，这个部位称为指关节部位。指关节部位的中心在中指和食指之间，要用这个关节中心（即人们通常所说的"拳峰"）打击目标。

（2）前手拳。

动作方法：后腿用力蹬地，重心前移，前脚向前迈出约一脚长距离，左手握拳由胸部高度迅速内旋向前冲击，力达拳面。

（3）后手拳。

动作方法：右手握拳，随着右脚蹬地，左脚向前移动约一脚长距离，腰部左转，右臂内旋向前击打，用拳的正面接触目标（图 6-21-1）。

图 6-21-1　后手拳

3. 基本步法

基本步法是指在准备姿势站立后向不同方向移动的方法。在跆拳道技术体系中，步法是其中重要的一环，尤其在运动员刚开始接触跆拳道这项运动时，要用较多的时间来进行专门的步法练习。由于竞技跆拳道规则的限制，在比赛中运动员主要是用腿攻击和防守反击，因此运动员的步法是否灵活在一定程度上决定了该运动员进攻和防守或反击能否达到目的，这也使得步法训练在跆拳道训练中占据着重要地位。它是有效使用腿法的距离调节方式，在腿法技术中发挥着非常重要的技术作用，可以调节距离、调整击打腿的正确位置。

（1）上步。

动作方法：右架站立，右脚向前上一步，成为左架准备姿势，反之左架亦然（图 6-21-2）。

动作要领：上步时通过向左拧腰转髋完成，两臂在体侧自然上下移动，重心不要上下起伏过大。

实战使用：上步时，常用于逼迫对方后撤，或引诱对方进攻，而当对手使用上步时，自己可立即使用进攻技术进攻对方。

图 6-21-2　上步

（2）后撤步。

动作方法：右架站立，左脚向后撤一步，成为左架准备姿势，反之左架亦然。

动作要领:后撤步时重心保持平稳移动,通过向左拧腰转髋完成,两臂在体侧自然上下移动。

实战使用:后撤步时,常用在对方使用前旋踢时,当对方准备继续进攻时,可用前腿的侧踢或鞭踢或下压阻击对方。

(3) 前跃步(前进步)。

动作方法:右架站立,两脚同时向前跃进一步,保持右架准备姿势,反之左架亦然。

动作要领:向前跃步时,重心不宜起伏过大,尽量使重心平稳移动,两脚稍离地即可。

实战使用:前跃步时,常用在快速接近对方以使用旋踢或下压等进攻动作;当对方前跃步时,可用前腿的劈腿或后踢或后旋踢迎击对方,但有时对方使用前跃步是为引诱自己反击后要调整重心时再进攻得点,因此,此时自己可随后撤一步而不被对方所利用。

(4) 后跃步。

动作方法:右架站立,两脚同时向后回撤一步,保持右架准备姿势,反之左架亦然。

动作要领:向后回撤时,重心不宜起伏过大,尽量使重心平稳移动,两脚稍离地即可。

实战使用:后跃步常用在对方进攻,自己需要快速与对方拉开距离时,此时由于自己有一个向后撤的惯性,再用进攻的动作就一定有难度,一般是使用迎击动作,如后踢或后旋踢等。因此,若对方使用后跃步,自己要防止对方的阻击动作;如果自己使用组合动作,在对方后跃步时,自己一般使用侧踢、推踢或外摆下压等动作。

(5) 原地换步。

动作方法:右架站立,两脚原地前后交换,由右架换成左架,反之左架亦然。

动作要领:重心不宜起伏过大,尽量使重心平稳移动,两脚稍离地即可。

实战使用:原地换步常用在对方与自己是闭式站位,自己为了与对方形成开式站位用以更有利于击打对方胸部时,或是为了不让对方的优势腿发挥威力,使对方感到别扭。而当对方原地换步时,可利用此时机抢攻得点。

(6) 侧移步(左右滑步)。

动作方法:第一种步法是以前脚为轴,后脚向左(右)侧方向移动,用以改变与对手的站位方向;第二种步法是右架站立,右脚先向右(或向左)侧移动一步,随之左脚也迅速向右(或向左)侧移动一步。

动作要领:一般是将身体重心移向前脚,以利于后脚进攻。

实战使用:主动进攻时,若对方反应速度快,则使用向一侧移动侧移步,诱使对方来不及调整身体重心而不能很好地反击。或是当对方进攻,自己不向后撤时,使用侧移步与对方贴近使用进攻动作。

(7) 垫步。

动作方法:右架站立,右脚向左脚内侧上步,同时左腿迅速抬起以便进攻和防守。

实战使用:使用垫步,主要是在主动进攻时用前腿攻击对方。

(8) 前滑步。

动作方法:实战姿势开始,后脚蹬地发力,前脚向前滑动一步;后脚此时快速蹬离地面,向前跟进同样的距离,仍成实战姿势。

(9) 后滑步。

动作方法:实战姿势开始,后脚向后滑退一步,前脚随即前脚掌蹬离地面,后撤距离与滑退一步的距离相等,仍成实战姿势。

(10) 前垫步。

动作方法:身体重心前移,双脚蹬地,右脚向左脚并拢,在右脚落地同时左脚向前迈出一步,成左实战姿势。

(11) 后垫步。

动作方法:身体重心后移,双脚蹬地,左脚向右脚并拢,在左脚落地同时右脚向后迈出一步,成左实战姿势。

(12) 弧形步。

动作方法:以左脚前脚掌为轴,右脚向右侧弧形移动,同时身体左转 90 度,右脚落地成左实战姿势。

4. 基本腿法技术(动作方法以左实战姿势开始为例)

跆拳道以其变幻莫测、优美潇洒的腿法著名于世,被世人称为踢的艺术,这是跆拳道区别于其他格斗术的一个重要特点。跆拳道的腿法讲究变化多样和灵活多端,对人体的柔韧性、大脑反应的灵敏性、身体运动的稳定性都有很高的要求,它是对人体机能和体能的综合考验。

跆拳道实战中脚踢进攻时一般使用的部位包括脚前掌、脚趾、脚背、足刀、脚后跟、脚后掌(脚跟底部)。利用这些部位可以进行站立踢、跳动踢、助跑踢、转身踢和飞踢等不同形式的踢法进攻,而且每种踢法攻击的部位各有不同。实战过程中,运用脚踢时要根据具体情况,如对方所处位置、暴露的部位、防守的姿势以及双方的距离,选择不同的踢法。脚踢时要利用步法保持身体的平衡,并有效接近对方做出踢击动作。注意两臂的防守。踢击完成后马上回到准备姿势,准备下一次的进攻和防守。腿的回位动作要快,以免被对方抓住或抱住。脚踢的练习方法主要是靠平时用各种腿法踢击脚靶或悬挂的沙袋,经过反复练习提高踢的力量、速度和高度。

(1) 前踢。

动作方法(图 6-21-3):从实战姿势的基本姿势开始,右脚蹬地,髋关节向左旋转,双手握拳置于体侧;同时,右腿以髋关节为轴屈膝上提。当大腿抬至水平或稍高时,关节向前送,向前顶,小腿以膝关节为轴快速向前上方踢出,力达腿尖,整条腿踹直。踢击后迅速放松,右腿沿原路线弹回,落地成实战姿势。

动作要领:膝关节夹紧,小腿放松,要有弹性;髋关节往前送,高踢时往上送;小腿回收与前踢的速度一样快。主要攻击部位为面部、下颌、腹部。前踢亦可用于防守。将前踢发力部位由脚尖改换为脚跟时,前踢动作就变为前蹬动作,动作方法要点相同,只是脚的形状发生了变化。

(2) 侧踢。

动作方法(图 6-21-4):从实战的基本姿势开始,右脚蹬地,右腿以髋关节为轴屈膝提起,两手握拳置于体侧;随即左脚以前脚掌为轴外旋 180 度,髋关节向左旋转,右腿以髋关节为轴向前蹬伸,快速向前上方直线踢出,力点在脚跟。发力后放松收腿,回到实战姿势。

动作要领:起腿时大小腿,膝关节夹紧;踢出发力时头、肩、腰、髋、膝、腿和踝成一直线；大小腿直线踢出，原路线收回。侧踢动作的主要攻击部位为腹部、肋部、胸部和头面部。

图 6-21-3　前踢

图 6-21-4　侧踢

（3）后踢。

动作方法（图 6-21-5）：从实战的基本姿势开始，以前脚掌为轴，转头转身背对对方。重心移至前脚，右脚蹬地后屈膝提起，右脚贴近左腿内侧，两手握拳置于胸前；随即右脚自左大腿内侧向正前方直线踢出，力达脚跟。踢击后沿原路线快速收回，成实战姿势。

动作要领：起腿后上体和大小腿折叠收紧；后踢时动作延伸要长，用力延伸；转身，提腿，出脚动作连续一次性完成，不能停顿；后踢动作的主要攻击部位有腹部、胸部和头面部。

（4）下劈。

动作方法（图 6-21-6）：从实战的基本姿势开始，右脚蹬地，重心前移至左脚。同时，右腿以髋关节为轴屈膝上提，两手握拳置于胸前；随即充分送髋，上提膝关节至胸部，右小腿以膝关节为轴向上伸直，将左腿伸直举于体前，右脚过头。然后放松向下以左脚后跟（或脚掌）为力点劈击，然后放松成实战姿势。

动作要领：腿尽量往高，往头上举，向上送髋，劈击后脚放松落地要有控制；劈击发力时要快速、果断。劈腿的主要攻击部位为头面部和锁骨。

图 6-21-5　后踢

图 6-21-6　下劈

（5）横踢。

动作方法（图 6-21-7）：从实战的基本姿势开始，右脚蹬地，重心前移至左脚，右腿屈膝上提，两拳置于胸前；左脚前脚掌碾地内旋，髋关节左转，右膝内扣；随即左脚掌继续内旋至 180 度，右腿膝关节向前抬至水平状态，小腿快速横向踢出；击打目标后迅速放松收回小腿。

左腿落回原地成实战姿势。

动作要领：膝关节夹紧，向前提膝，尽量走直线；支撑脚外旋 180 度；髋关节往前顺，身体与大小腿成直线；严格注意击打的力点在正脚背；踝关节放松，击打的感觉是“面团”“鞭梢”。横踢攻击的主要部位为头部、胸部、腹部和肋部。

(6) 推踢。

动作方法(图 6-21-8)：从实战的基本姿势开始，右脚蹬地，重心前移，右脚以髋关节为轴提膝前蹬，用右脚脚掌向前蹬推，力点在脚掌，推力向正前方，落地成实战姿势。

动作要领：提膝后尽量收紧膝关节；重心往前移，利用身体的重量和力量；推的时候腿往前伸展，送髋；推的路线水平往前。推踢攻击的主要部位为腹部。

图 6-21-7 横踢

图 6-21-8 推踢

(7) 后旋踢。

动作方法(图 6-21-9)：从实战的基本姿势开始，以前脚掌为轴旋转约 360 度，头领先身体沿垂直轴向右转体 360 度，两拳置于胸前。右腿屈腿提膝，随着身体的旋转到左前方伸直弧形摆至右侧方，然后放松回落成实战姿势。

动作要领：转身旋转、踢腿连贯进行，一气呵成，中间没有停顿；击打点应在正前方区域，呈水平弧线；屈膝起腿的旋转速度要快；重心在原地旋转 360 度。后旋踢攻击的主要部位为面额和胸部。

(8) 勾踢。

动作方法：从实战的基本姿势开始，右脚蹬地，重心前移，右腿以髋关节为轴屈膝上提，两手握拳置于体侧；左脚以前脚掌为轴外旋 180 度，右腿以膝关节为轴继续向左前上方伸成直线，顺势右脚的脚掌用力横向屈膝鞭打，顺鞭打之后右腿屈膝回收，放松落地成实战姿势。

动作要领：右侧屈膝鞭打动作要连贯快速，没有停顿；以脚掌为击打点；左脚旋转支撑保持平衡，踢击后迅速将腿收回。摆踢攻击的主要部位为头面部和腹胸部。

(9) 跳踢。

跳踢是先跳起使身体腾空，然后在空中完成各种踢法的攻击技术。跳踢包括旋风踢、双飞踢、腾空后踢、腾空劈腿、腾空后旋踢、跳步横踢等多种方法，是跆拳道的高难技术动作。例如，双飞踢是从实战的基本姿势开始，左脚蹬地起跳腾空，左横踢踢击对手肋部，右腿大小腿稍曲，迅速转腰，右横踢击对手的肋部，落地成实战姿势。

图 6-21-9　后旋踢

5. 跆拳道的战术

跆拳道的战术是实战中根据双方运动员的情况，为战胜对手而采取的谋略和方法。跆拳道的战术包括战术谋略和战术行动 2 个方面的内容。战术谋略是指如何进行比赛的意图、计谋、策略，具体体现在制订的行动方案上。战术行动是为实现战术目的而采用的各种技术动作。在高水平运动员较量的过程中，再好的技法如果没有恰到好处的谋略来趋利避害，也很难将技术方法的作用发挥到极致。跆拳道战术的作用就在于把运动员已经获得的技能、体能、智能和心理能力的训练成果最优化地进行综合运用。

跆拳道的主要战术形式有：

(1) 技术战术。变化各种技术，发挥得意技，包括直接进攻、连击、防守反击、反反击等技术。

(2) 心理战术。利用各种方法手段扰乱对手正常的比赛心理，使对手不能顺利完成预定的战术计划。

(3) 体力战术。根据比赛实际情况，合理分配和使用自己的体力，保证比赛获得胜利。

(4) 规则战术。在比赛中充分利用规则范围允许的手段，获得比赛优势。

(二) 跆拳道品势基本技术

跆拳道品势是攻击和防守技术按规定的形式修炼的技术体系。每种品势都有固定形式的起势和收势，都有各自的动作运行路线和文化含义。跆拳道晋升级位包括太极一章至太极八章，共 8 个品势，晋升段位包括高丽、金刚、太白、平原、十进、地跆、天拳、汉水、一如。跆拳道品势还包括自编的品势。

1. 跆拳道品势基本步型

(1) 准备姿势。

规定动作：手掌伸直，从丹田开始慢慢向上握拳到胸口，然后向下旋转到丹田，动作完成后拳和拳的距离是一立拳距离，拳和道带的距离是一拳距离；腕关节伸直；双脚自一开始动作起成平行步，两脚踏实。

(2) 还原姿势。

规定动作：手掌伸直，从丹田开始慢慢向上握拳到胸口，然后向下旋转到丹田，动作完成后拳和拳的距离是一立拳距离，拳和道带的距离是一拳距离；腕关节伸直；双脚自一开始动作起成平行步，两脚踏实；还原旋转时，利用前脚掌旋转。

（3）并步（立正姿势）。

规定动作：前脚尖向前方，双脚并拢；双腿膝关节伸直。

（4）并排步（平行步）。

规定动作：脚内侧平行，前脚尖向正前方，双脚内侧间隔宽度为一脚长宽度；双腿膝关节伸直。

（5）左右站势（丁字步）。

规定动作：左脚或右脚向外侧旋转 90 度，双脚跟距离为一脚长距离；双腿膝关节伸直。

（6）走步（前行步）。

规定动作：自然走步停顿时的动作，前脚脚跟与后脚脚尖间隔为一脚长距离；前脚尖向正前方，后脚尖向正前方成 30 度。

（7）马步。

规定动作：脚内侧平行，前脚尖指向正前方，双脚内侧间隔为两脚长距离；双腿膝关节弯曲。

（8）弓步。

规定动作：双脚间隔为两脚至两脚半距离，两脚掌内侧间的平行间隔为一拳距离，前脚尖向正前方，后脚尖向斜前方自然成 30 度，前腿膝关节与地面垂直；身体重心的 2/3 放在前腿，后腿膝关节伸直。

（9）三七步。

规定动作：双脚内侧呈 90 度，两脚间间隔为两脚距离；身体重心的 70% 在后腿，30% 在前腿；动作完成后前腿的小腿与大腿的角度为 100～110 度。

2. 跆拳道品势基本格挡技术

（1）下格挡。

下格挡是手臂向下进行防守的动作，可以阻挡对方的进攻。

起始动作：辅助手自然伸直至胸腹间位置，拳心向下；格挡手放在辅助手一侧的肩部，拳心向脸部；手臂放松弯曲轻贴于胸部；双臂的腕关节伸直。

规定动作：动作完成后，格挡的手臂与大腿相距两个立拳或一立掌距离；格挡手臂在大腿的正前方，拳心向大腿，腕关节伸直；辅助手臂随动作过程放松收回，再抱拳于腰间；肩与正前方自然成 30 度；格挡动作与步法同时结束。

（2）中内格挡。

中内格挡（图 6-21-10）是手臂由外向内转进行格挡的动作，用于格挡对方的中段进攻或者上位进攻。

起始动作：拳握紧于体侧，拳心向外，肘关节放松下垂；辅助手臂自然伸直到胸部高度，对高度的规定是不超过耳根。

规定动作：格挡的拳到人体的中心线；格挡动作完成后，拳与肩部同高，手臂的角度约为 120 度；辅助手臂自然回收抱拳于腰间。

（3）中外格挡（掌刀）。

中外格挡（图 6-21-11）是基本格挡技术中的代表性技术。格挡可以使用拳头或者手刀，但是实际进行格挡的部分是手腕部位。

图 6-21-10　中内格挡

图 6-21-11　中外格挡

起始动作：辅助手臂自然弯曲，拳心向下放于胸前；格挡手拳心向上，放于髋关节处。

规定动作：格挡手臂从髋关节开始，然后经过肩部时拳心向内；动作完成后，格挡手臂的掌心向外；格挡手臂的外侧线不能超出肩部的外侧；格挡手臂的角度约为 120 度；辅助手臂自然收回抱拳于腰间。

(4) 上格挡。

上格挡是手臂向上抬起以阻挡对方进攻的动作。

起始动作：左上格挡时，左臂在右髋关节前，拳心向上；辅助手臂弯曲放在左肩部拳心向外。

规定动作：格挡手臂的腕部到人体中心线；格挡手臂与前额相隔一拳距离，格挡手臂与前额高度相隔一拳距离；肘关节轻微弯曲，腕关节伸直。

任务二十二　散　打

一、散打简介

散打又称散手，发源于中国，是两人按照一定的规则，运用武术中的踢、打、摔等攻防技法制胜对方的徒手对抗的现代竞技体育项目，是中国武术的重要组成部分。由于其多种对抗都采用擂台的形式，因此在中国民间还有“打擂台”之称。它吸取了中国传统武术的精华，突破了传统武术的局限，充分运用四肢和躯干的力量，结合拳法、腿法、摔法等多种搏击技术，对抗性强、攻防严密，是一项实战价值很高的运动项目。

(一) 散打的起源与发展

散打运动的历史极其悠久，是具有独特的中华民族风格的传统体育项目，多年来，它在民间流传发展并深受人们的喜爱。散打的起源与发展和中华民族悠久的历史同步。它从祖先的生产劳动、生存斗争中产生，逐步演化成为华夏民族璀璨文化遗产中的瑰宝。

远古时期，人们为了生存，使用木棒、石头等简陋武器与野兽搏斗，有时还需要依靠自身的徒手技能与之进行肉搏战。随着搏斗经验的不断积累，人们也就逐渐获得了使用武器和徒手格斗的搏击技能，可以说是武术格斗的萌芽。在我国，早在春秋战国时期，相搏已较普遍。到了秦汉三国时期，相搏分化为角抵和手搏。角抵以摔为主，手搏以打为主。汉代，徒手搏击有了进一步的发展，在汉画汉砖中多有体现，如《汉书·艺文志》中有关于手搏的专著《手搏六篇》。到了隋唐时期，角抵、手搏比较盛行，尤其是唐代，社会经济、文化高度发展，中国封建社会进入空前繁荣的历史阶段，为手搏的发展创造了良好社会条件。唐代的“武举制”促进了武术向精练化、规范化发展，同时也促进了武术在民间的推广。在两宋时期的手搏已是肘、拳、脚并用，也出现了比赛规则。明代是中国武术承上启下的重要发展时期，也是我国民间武术进入全面成熟的时期，此时的手搏多称“白打”或“搏击”，被列为当时的“十八般武艺”之中。对正规的比赛，民间常称“打擂”。到了清朝前期，伴随着农民运动和秘密结社组织的发展，出现了不少习武的“社”和“馆”，民间武术蓬勃发展。清朝后期，人们开始重视武术的健身、防身、修身养性等作用。到了民国时期，受西洋文化的影响，武术已趋于现代体育。中华人民共和国成立后，武术作为中华民族文化遗产正式被列为推广项目，散打搏击运动深受群众尤其是广大青少年的喜爱。

1979 年，随着中国武术热的再度兴起，中国体委按照竞技体育模式，首先在浙江省体委、北京体育学院和武汉体育学院进行了武术对抗性项目的试点训练，并于同年 5 月在广西南宁举行的全国武术观摩交流大会上作了首次汇报表演。同年，又进行了几次比赛。1982 年制定了《散打比赛规则》，1987 年散打被国家体委批准为正式比赛项目，并设“团体锦标赛”和“个人锦标赛”赛制。1989 年 10 月在江西宜春举行了第一届全国武术散打擂台赛。1993 年，第七届全国运动会上，散打首次被列为正式比赛项目。1998 年，散打比赛被列为泰国曼谷举行的第十二届亚运会竞赛项目。2000 年，由国家武术运动管理中心组织举办了中国武术散打王争霸赛。散打王争霸赛的成功举办标志着中国武术散打向职业化道路迈进。目前，我国散打比赛有常规赛和商业赛两种，其中常规赛包括全运会散打比赛、全国散打锦标赛、全国散打冠军赛、全国青少年散打锦标赛、全国武术学校散打比赛、全国城市运动会散打比赛、全国体育院校散打比赛等，商业赛包括散打王比赛、武术散打俱乐部赛、散打水上擂台赛等。

（二）散打的特点

1. 民族性

散打作为中华武术的一部分，是中华优秀传统文化的一部分，属于优秀民族文化遗产。与国外众多的搏击项目相比，散打是经过长时间沉淀之后，在一定的历史条件下形成的运动，其中蕴含了宝贵的民族精神，因此具有很强的生命力。

2. 对抗性

对散打来说，不讲求过多的招式变化，最终目的在于取胜，具有很大的灵活性，这也就赋予散打对抗性的特点。散打要求重、长、稳，对拳脚发力以及舒展性都有要求，需要重心稳定，因此在散打中输赢只是结局，更多的是在这几方面的博弈。但是，这种对抗不仅体现在力量、技术等方面，还体现在身体柔韧以及智慧上。除了重、长、稳外还追求速度和灵活，除了动作舒展、拳脚有力外还要求身体敏捷、动作灵巧、拳腿迅捷，能够随机应变，因此散打是智慧的体现。此外，在对抗过程中，双方势均力敌时无法在短时间内决出胜负，这就对体力提出了考验。因此，散打是一项综合性的对抗项目。

3. 体育性

与大部分体育运动相同，散打的学习是一个漫长且枯燥的过程，不仅可以锻炼体魄、强身健体，还能磨炼心性。在经历不断的改造之后，散打在规则方面形成了完善的体系。作为一项体育竞技项目，散打具有丰富的体育教育功用。通过比赛对抗，散打有着很好的交流作用，对民族文化的传播也可起到积极的作用。

二、散打基本技术

散打技术十分丰富，包括基本姿势、基本步法、基本拳法、基本腿法、基本摔法和基本组合技法等。在这里着重介绍散打实战姿势及拳法、腿法的技术动作要领。

(一) 实战姿势

实战姿势通常也称预备式或格斗式，是格斗前所采用的临战运动姿势。它不仅能使身体处于强有力的状态，而且有最佳的快速反应能力，利于快速移动发起进攻和防守，并且暴露面小，能有效地保护自己的要害部位。实战姿势分为左实战式和右实战式。

以左实战式为例，两脚前后开立，前脚跟与后脚尖距离与肩同宽。左脚全脚掌着地，右脚跟稍抬起，前脚掌着地，两膝稍弯曲，自然内扣，身体重心右移，上体含胸收腹扭臀，左臂内曲约 90 度，拳眼与鼻尖平行；右臂内曲约 45 度，拳置于肋前，两肘自然下垂并稍向里合，下颌内收，目视对方上体。

(二) 步　法

散打步法是为保持与对手间的距离，实施进攻与防守动作或破坏对手进攻与防守意图而进行的专门的脚步移动方法，步法分为很多类型，如滑步、垫步等。

1. 滑　步

前滑步：从实战姿势开始，后脚蹬地，前脚向前移动，落地时以前脚掌先落地，随之后脚前移，落地后与原实战姿势相同。

后滑步：从实战姿势开始，前脚蹬地，后脚向后移动，落地时以后脚掌先落地，随之前脚后移，落地后与原实战姿势相同。

左滑步：从实战姿势开始，后脚蹬地，前脚向左平移，后脚随之向左移动，动作完成后与原实战姿势相同。

右滑步：从实战姿势开始，前脚蹬地，后脚向右平移，前脚随之向右移动，动作完成后与原实战姿势相同。

2. 垫　步

前垫步：从实战姿势开始，前脚蹬地，后脚前移，在前脚里侧处落地的同时前脚前移，落步后仍成原实战姿势。

后垫步：从实战姿势开始，后脚蹬地，前脚后移，在前脚里侧落地的同时后脚后移，落步后仍成原实战姿势，变换要快，两腿不可交，叉垫步时身体重心要求两脚贴近地面滑行。

(三) 拳　法

拳法主要技法有直拳、勾拳、摆拳，以及演变出的刺拳、鞭拳等。

1. 直　拳

左直拳：从实战姿势开始，左脚在前，右脚在后，左脚跟稍外转，重心移至左脚，上体略左转，同时左臂顺肩伸肘，使拳面向前直线冲击，力达拳面，拳心朝下，右拳至下颌处，目视前方，然后左拳压肘收回，恢复原实战姿势。

右直拳：从实战姿势开始，右脚蹬地，身体向左转髋转体，右膝内扣，右脚跟提起外摆，同时向前直线击出，拳略于肩，手臂迅速完全伸直，着力点在拳面，左拳护于颌骨前，目视攻击方向，击出后迅速将直线收回，恢复原实战姿势。

2. 摆　拳

左摆拳：从实战姿势开始，右脚蹬地，身体重心移向左脚，左脚跟略离地外转，并辗转脚掌，上体右转的同时左臂内旋，抬肘与肩平，使拳由左向右横击高于肩平，然后恢复原实战姿势。

右摆拳：从实战姿势开始，向左拧腰转髋，带动右臂摆击，同时重心移至前脚；肘关节稍平抬，以拳面弧线形摆击对手，然后恢复原实战姿势。

3. 勾　拳

左勾拳：从实战姿势开始，右脚蹬地，重心移向左脚，左脚跟略抬外转，脚掌碾地，上体左转略下沉后左膝及上体瞬间挺伸并向右转体，同时左臂外旋，由下向上击拳，拳面朝上，拳心朝右内，力达拳面，右拳仍置下颌前，目视左拳，然后恢复原实战姿势。

右勾拳：从实战姿势开始，上身向左转动，后腿随着身体向左转动，后脚跟向外旋转，后腿同展髋，抬起上身，右勾拳向前打出，然后恢复原实战姿势。

（四）腿　法

腿法是散打搏击中不可缺少的技术，一般在中、远距离使用，具有攻击幅度大、动作迅猛等特点。腿法包括蹬腿、踹腿、鞭腿、摆腿、勾踢腿等。

1. 蹬　腿

左蹬腿：从实战姿势开始，身体重心移至后腿，后腿略屈，左腿屈膝上抬，含胸，收腹，左腿贴近胸部，脚尖勾起，脚底朝前下，随即左腿由屈而伸向前上方蹬出，力达脚跟；当脚触击目标时伸胯并使脚尖猛向前下方压踩，使力达全脚掌，两拳自然下落至体前，目视前脚部，蹬腿后脚落下，恢复原实战姿势。

右蹬腿：从实战姿势开始，身体重心前移，前腿略屈，右腿屈膝上抬，含胸，收腹，右腿贴近胸部，脚尖勾起，脚底朝前下，随即右腿由屈而伸向前上方蹬出，力达脚跟；当脚触击目标时伸胯并使脚尖猛向前下方压踩，使力达全脚掌，两拳自然下落至体前，目视前脚部，蹬腿后脚落下，恢复原实战姿势。

2. 踹　腿

以右踹腿动作为例：身体重心移向左腿，左腿微屈支撑，右腿屈膝抬起与髋同高，小腿外翻，脚尖勾起，由屈到伸展髋、挺膝向前踹出，上体微侧倾，力达脚底。

3. 鞭　腿

鞭腿的出击是利用扭转腰部和轴心腿产生的惯性力快速踢出，轴心腿与上体保持一条轴心。按传统武术理论来说，鞭腿练习应按前鞭腿与后鞭腿的方法来进行，凡是在做实战姿势时，站在前侧的腿出鞭踢即前鞭腿（也称小边腿），站在后侧的腿出鞭踢即后鞭腿。

(1) 前鞭腿。

前鞭腿是运用最多的腿法之一，具有隐蔽性好、速度快、不易防守的特点。在实战中，双方都精神高度集中，可先掌握好与对手的距离，调整好角度。接近对手时，以拳法为假动作，突然起前鞭腿抢攻，打击后迅速收腿与对手拉开距离，以防对手反扑。

前鞭腿动作方法：右脚向前垫步，左腿迅速将膝向正前方提起，重心落于支撑的右腿上，接着右脚跟向前旋转，上体侧倾，左膝关节稍向内，左脚背绷直向外，大小腿夹紧，随之左膝盖向内，快速送髋将小腿弹出，力达脚背。然后收左脚，大小腿稍折叠，髋关节放松，左腿自然落下，两脚同时后撤一步，恢复左实战姿势。

(2) 后鞭腿。

后鞭腿攻击距离长，威力巨大，常用于防守反击或连击。例如，对手用拳攻击头面时，其肋部就是空当，可侧身偏头闪躲，同时拧腰转髋，发出鞭腿扫击其肋部。

后鞭腿动作方法：左脚向前上一步，右脚屈膝从左脚内侧直线上提，当右膝关节抬起时支撑的左脚跟向前扭转，上体微侧倾，右脚大小腿折叠夹紧，右脚背绷紧向外，紧随扭转腰部发力，并扭转轴心脚，提臀送髋的瞬间右脚绷脚背，快速送髋将小腿向前弹出，同时同侧臂前伸，另侧手护住胸前，随后收脚成提膝，继右旋体，右脚向后收落，恢复左实战姿势。

思考题

1. 武术的功能有哪些？如何分类？
2. 简述太极拳、跆拳道、散打的基本技术。

项目七　健身运动

学习目标

1. 掌握基本的跳绳姿势，能够熟练运用多种跳绳技巧进行组合，创造自己的跳绳风格。
2. 熟悉水性，熟练掌握蛙泳和自由泳。
3. 了解跳绳和游泳运动竞赛规则。

时代寄语

全民健身是全体人民增强体魄、健康生活的基础和保障，人民身体健康是全面建成小康社会的重要内涵，是每一个人成长和实现幸福生活的重要基础。我们要广泛开展全民健身运动，促进群众体育和竞技体育全面发展。

——2013 年 8 月 31 日习近平总书记在沈阳会见参加全国群众体育先进单位和先进个人表彰会、全国体育系统先进集体和先进工作者表彰会的代表时的讲话

任务二十三　跳绳运动

一、跳绳运动简介

跳绳是一种全身运动，跳跃前需要做好准备活动，跳完后也需要做整理活动。跳绳时应前脚掌着地，不宜穿硬底鞋和皮鞋，可以根据个人的身体条件来定速度，应该由慢到快。跳绳是一项很好的锻炼心肺耐力的练习。据测定，以 120 次/分的速度连续跳 5 分钟，其运动量约为中速跑步 750 米，产生 179.75 千焦的热量消耗。如果你觉得运动负荷大，可采用间歇性跳跃，每次跳 30 秒，共跳 10 次，这样累计也就达到了 5 分钟。每天最好练习 2 次，如隔天练习 1 次，其效果只能达到预期的 90%。

(一) 跳绳运动的特点

跳绳运动作为一项全民健身运动跳绳运动受众广泛，入门门槛低，一学就会，即便是不会跳绳的人在教练的指导下，短时间内也可以掌握跳绳运动的基本技巧。

1. 跳绳安全性高

相比于足球、篮球等多人对抗类竞技运动，跳绳运动没有身体之间的直接对抗；而相比于器械健身运动、骑自行车等运动，跳绳运动致身体受伤的概率更小。在跳绳初学阶段，可能会因不正确的跳绳动作和练习方式而导致皮肤抽伤、膝盖受伤、脚踝扭伤等。如果掌握了正确的跳绳动作，选择合适的绳具和场地，运动前做好准备活动，把握好运动量，那么这些身

体损伤基本上可以避免。

2. 跳绳具有广泛的适应性

跳绳运动不受场地限制，室内、室外都可以进行；跳绳运动不受天气影响，当因天气等原因不能进行其他室外运动时，人们可在通风的室内进行跳绳运动。跳绳简便易行、适应性广的特点主要体现在场地、器材、实施条件的经济性和便利性上。一根细小的绳子价格低廉且小巧便携，无论是乡间小路还是街头小巷，只要地面平整、场地开阔，人们都可随时随地进行跳绳运动锻炼。

3. 运动形式丰富多样

跳绳主要由“摇”和“跳”两个动作组成，“摇”的动作在其摇动圈数、摇绳方向、手臂变化等方面存在着多样性，“跳”的动作在其步伐变化、身体变化等方面呈现出多样性，从而使跳绳在其运动形式和内容上表现出花式多样的特点。跳绳运动单人项目有单摇跳、多摇跳、交叉跳、个人花式跳等项目，而多人项目可以组合出两人一绳、两人两绳、单长绳、交互绳、多个长绳组合等花式跳法。

4. 娱乐性与观赏性

跳绳运动的娱乐性体现在该项目能给人带来愉快的心理体验和精神享受。跳绳运动不仅“娱己”，而且“娱人”。“娱己”是指当人们受天气影响而无法出门活动时，可以选择跳绳，在足不出户的情况下自娱自乐；“娱人”则是指多人协作跳绳或是单人跳绳展演给观众带来的心理上和精神上的满足。

5. 竞技挑战性

虽然跳绳的入门门槛很低，但这并不影响跳绳的竞技性。跳绳初学者 30 秒单摇跳次数约为 50 个，而目前 30 秒单摇跳的世界纪录已经达到 230 个，所以跳绳运动的提升空间很大，跳绳爱好者们也在向着更高的成绩不懈努力。

（二）跳绳运动的功能

1. 全面改善身体素质

跳绳是一项全身性运动，不但会用到上肢力量，而且腰、腿、腹等核心力量组织也都能得到充分锻炼。提升跳绳速度不仅需要依靠手腕的力量，同时还需要手脚的协调配合。练习花式跳绳，除了对持续的弹跳力有一定的要求外，更需要优秀的身体协调能力。此外，无论是速度还是花式，为了保持跳绳时的稳定，优秀的核心力都是不可或缺的。合理有效地进行跳绳锻炼，对人的力量、耐力，以及身体的协调与灵活性大有裨益。跳绳运动对于人体各个器官和肌肉以及神经系统也有诸多益处，如促进胃肠蠕动以及关节灵活等。医学专家认为，跳绳可以提高人的弹跳力、速度、平衡力、耐力和爆发力，同时可培养准确性、灵活性、协调性，以及顽强的意志和奋发向上的精神。

2. 锻炼心肺功能

作为一项中高强度的运动，经过医学和运动生理学验证，跳绳运动能够增强心脏收缩能力，改善血液循环，提高心肺供氧能力，使心血管系统得到有效锻炼。

3. 塑造形体

从运动量来说，持续跳绳 10 分钟与慢跑 30 分钟或跳健身舞 20 分钟相差无几，所以跳绳是耗时少、耗能大的有氧运动，它能使人的身体迅速进入消耗脂肪的阶段。跳绳能够有效调动人体全身肌肉,尤其是消除臀部和大腿上的多余脂肪,增强力量,健美形体,并能使人的动作敏捷,使身体的重心更为稳定。

4. 增强神经系统的功能

跳绳时需要人的手脚高度协调,尤其是需要提升跳绳速度以及练习花式跳绳的复杂动作时,人的大脑对手和脚的精确调控至关重要。另外,手握绳柄对拇指穴位产生的刺激也在一定程度上增强脑细胞的活力,强化思维和想象力,因此跳绳是健脑运动不错的选择。

5. 预防多种疾病

跳绳可以预防多种疾病,如糖尿病、关节炎、骨质疏松、高血压、肌肉萎缩、高血脂、失眠症、抑郁症、更年期综合征等多种病症。跳绳还兼具放松情绪的积极作用,因而也有利于心理健康。

6. 有助于青少年骨骼发育

对于青少年来说,经常参加跳绳运动,跳绳时跳起和落地的动作使身体重量对下肢骨骼产生适宜的压力,可对其肌肉和骨骼发育产生良性刺激,从而促进其生长发育。

7. 激发潜力

跳绳可以提高人的学习能力、记忆力、判断力,增强人的想象力和创造力。坚持跳绳,可以增强脑部神经的活力,提高思维能力,人的机体在运动时会把信息反馈给大脑,从而刺激大脑进行积极思维。跳绳时的自跳自数,通过信息的来回往返,可促进大脑思维加快,使判断更准确,肢体活动灵活有力,语言变得清晰流畅,从而达到智力、体力、应变能力的协调发展。

(三)跳绳运动的主要赛事

国际跳绳界有几个著名的比赛,它们各自都有独特的规则和特色。以下是一些主要的国际跳绳赛事:

1. 世界跳绳锦标赛

这是跳绳界最重要的国际比赛之一,由国际跳绳联盟(International Rope Skipping Federation,IRSF)主办。比赛包括个人和团队项目,涵盖速度、力量、耐力和花式跳绳等多种类别。

2. 亚洲跳绳锦标赛

这是亚洲地区水平最高的跳绳比赛,由亚洲跳绳联盟主办。比赛项目与世界跳绳锦标赛类似,旨在促进亚洲地区跳绳运动的发展。

3. 欧洲跳绳锦标赛

这是欧洲地区的跳绳盛会,由欧洲跳绳联盟主办。比赛同样包括多种跳绳项目,是欧洲跳绳运动员展示技艺的重要平台。

4. 北美洲跳绳锦标赛

这是北美洲地区的跳绳比赛,由北美洲跳绳组织主办。比赛项目丰富,吸引了来自美国和加拿大的众多跳绳高手参加。

这些比赛不仅是竞技的舞台,也是跳绳文化交流的平台,促进了跳绳运动在全球范围内的普及和发展。

二、跳绳运动基本技术

（一）跳绳运动的基本要求

1. 绳具的选择

跳绳属于大众化的运动器材，但选择一条适合自己的跳绳对于养成良好的锻炼习惯以及进一步提升技巧至关重要。随着跳绳专业化的发展，现代的绳具有了新的变化，不仅种类繁多，而且不同的绳具能满足不同人群做不同跳绳动作的需求。常见的绳具（图 7-23-1）有竹节绳、胶绳、棉纱绳、钢丝绳以及计数跳绳等。

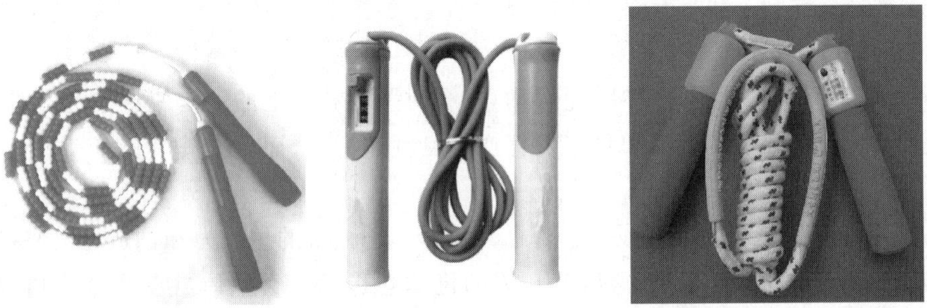

（a）竹节绳　　（b）胶绳　　（c）计数跳绳

图 7-23-1　绳具

初学跳绳时可以选择质地软硬适中的竹节绳，一方面便于控制，有利于养成锻炼的良好习惯；另一方面竹节绳较重，有利于锻炼身体的耐力和力量，对后续改换轻绳，进一步提升速度有一定帮助。

2. 跳绳常识及跳前准备工作

（1）服装选择。

跳绳时应选择合体舒适的运动服，以轻便、吸汗的运动衫为主，不建议穿过于宽大、笨重的服装；鞋子的选择以质地软、重量轻、减震力强的运动鞋为最佳。

（2）场地选择。

跳绳不受场地大小的限制，但应避免灰尘多或者有沙砾的场地及凹凸不平的水泥场地，最好选择木质地板或具有弹性的塑胶场地，避免受伤。

（3）跳绳时间。

一般不受任何限制，只要有空闲就可以进行练习，但饭前和饭后半小时内不要跳绳，且跳绳前不可大量饮水，避免引起身体不适。

（4）运动前热身。

跳绳属于中高强度的运动，运动前应提前热身，让腕部、足部、腿部、脚踝处得到充分的活动，热身完毕再进入正式的跳绳练习，则效果更佳。

（5）控制运动强度。

初学者在刚开始练习跳绳时，时间不宜过长，应循序渐进，由易到难，先从基础的单人跳开始练习，熟练掌握后可再进行难度较高的花样跳及多人跳练习。

（二）跳绳运动的基本技术

1. 单摇跳

单摇跳是跳绳最基本的动作。队员双手持绳，双脚以轮换发力跳起的方式跳绳，每起跳一次，绳体越过头顶并通过脚下绕身体一周(360 度)，称作轮换单摇跳。队员也可以双脚同步跳起，这又被称为并脚跳。初学者可先学习并脚跳，熟练后再练习轮换跳以加快跳绳速度，增加训练强度。

(1) 动作方法。

① 握绳。握绳具体动作和方法如图 7-23-2 所示。食指和大拇指第一关节握住绳柄前 1/3 处，中指、无名指和小拇指握住绳柄下端，手心呈空心状，便于手指调节与发力。

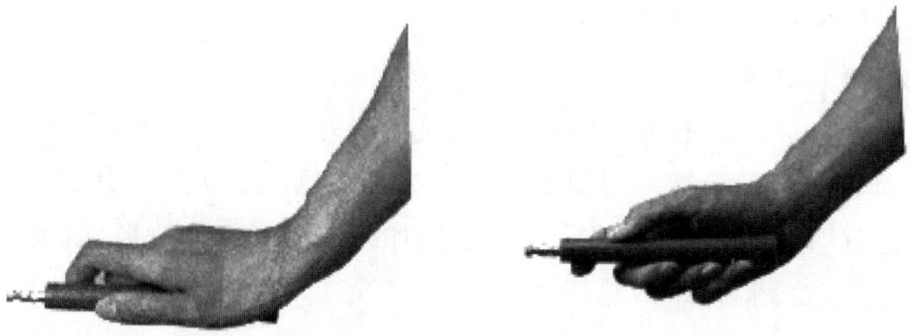

图 7-23-2　手部握绳姿势

② 绳长调节。双手分别握住两个绳柄，直立，用一只脚的中间部位踩住绳体的中段，双手将绳柄向中间靠拢并向上拉起至同一水平面，不计算绳柄长度，以绳端不过腋下较为宜，肚脐上方一拳位置最佳。初学者可使用较长的绳子，待熟练后再据训练要求调短绳子的长度。

③ 摇绳姿势。上身直立，目视前方，不可后仰。上臂的位置自然贴于身体两侧，但不需特意用力贴紧，否则会导致上半身过度紧张。摇绳时手心朝前下方，手腕带动前臂摇绳，以手腕发力为主，使摇绳更具灵活性与稳定性。前臂微微前伸，从侧面看，手臂在身体前方。摇绳时两侧手需对称等高，保证两侧用力均衡，使绳在过头和过脚时呈现两侧对称的饱满弧度。

④ 跳绳姿势。起跳时应向上蹬腿发力起跳腾空，以绳能快速顺利通过脚下为标准，起跳腾空高度不宜过高，发力起跳时小腿不可向后弯曲折叠或向前踢脚，这两种常见错误动作会影响落地缓冲效果，增加踝关节、膝关节受伤的概率。落地时，前脚掌着地，膝盖微曲以缓冲、保护关节。跳动时尽量保持上半身相对稳定，不可前后左右晃动，保证摇绳的双手位置相对稳定，从而减少卡绳。单摇跳腿部提膝抬腿为正确姿势，前踢腿和后踢腿为错误姿势。

初学跳绳，基本跳绳姿势包括并脚跳和轮换跳。并脚跳和轮换跳的腿部动作技术要点如下：

a. 并脚跳。每跳一次，双脚同时完成起跳和落地动作，两脚前后稍微错开半个脚掌的距离，避免落地时左右膝盖相互抵在一起，互相干扰。起跳高度以 3～10 厘米为宜，起跳高度越低，跳得越快，但更容易卡绳，跳绳者可根据自身情况和需要自行调整。

b. 轮换跳。轮换跳时腿部动作应类似于高抬腿或踩单车，大腿和膝盖带动小腿向上发力抬起。注意避免小腿前伸或者后踢，因为不正确的动作不仅影响落地缓冲效果，而且长久的错误动作还会带来踝关节和膝关节的疼痛与损伤。两脚不需错开半个脚掌的距离，应保持两腿轮换时踩下的位置对称，有节奏地轮流抬腿跳动，使双脚在空中轮换时过绳。熟练后尝试保持上半身稳定，即仅腿部轮换跳而上半身高度及位置保持基本不变，摇绳时手部以身体中心线为标准，两手左右对称伸展，也基本保持在同一位置上，使摇绳稳定。高速轮换跳时，身体以髋关节为轴点前倾（不能弓腰驼背），降低身体高度，缩短绳长，在稳定的基础上加快跳绳速度。

2. 动作要领

单摇跳的基本动作要领包括以下四点：

（1）上半身保持相对稳定。

（2）两侧手等高对称。

（3）摇绳弧度对称。若不对称，则为两侧摇绳用力不均，偏向侧用力较大。在速跳时用力不均会导致绳子打卷及卡绳。可单独训练用力不足侧的手腕及手臂力量。

（4）保持过程顺畅。如容易卡绳，可通过增加核心力量来保持摇、跳动作的稳定性。同时，跟随节拍加强节奏耐力练习，熟能生巧。

3. 双摇跳

双摇跳是指跳绳者在一次跳跃时绳子经过头顶绕过脚下两周（720 度）。比赛项目主要有连续双摇跳和 30 秒双摇跳。

（1）动作方法。

① 连续双摇跳。连续双摇跳是在连续单摇跳的基础上，每次跳跃时摇绳环绕身体两周。计数方法：当跳绳者跳出第一个双摇跳时开始计数，且当出现断绳或者单摇时停止计数；计数不受时间限制，最终计数个数多者获胜。

② 30 秒双摇跳。30 秒双摇跳是指在限时 30 秒内，计算跳绳者跳出所有成功的双摇跳的次数，断绳后可重新起跳。计数方法：最终计完成次数多者获胜；且每次断绳计一次失误，当两位跳绳者的双摇计数个数相同时，失误次数少者获胜。

（2）动作要领。

① 保证有一定的身体素质和协调性。进行训练时，可以将手部动作和跳跃动作进行分解练习；完整练习初期，速度可以放慢；进行起跳、腾空和摇绳动作练习时，动作配合要协调一致，有节奏地完成跳绳动作。

② 选择长度合适的跳绳。跳绳越长，手腕需要使用的力量就越大，跳绳绕圈的时间也会相应地延长，则练习者在跳跃时很难完成双摇中的摇绳动作。如果跳绳太短，则又会导致跳绳在绕圈时因触碰到跳绳者的头顶、足侧或者身体其他部位而断绳。建议初学者使用较长的绳子，在提升速度后，随着水平的提高，逐渐调整绳长，最终找到适合自己的长度。

③ 身体动作规范。

a. 初学者练习。起跳时依靠身体核心力量，稳定上身，微微弯曲膝盖，前脚掌发力。注意事项：跳跃腾空的时候双腿自然伸直，而不是蜷曲小腿，否则，多余的动作会使整个动作无法连贯，影响整体的协调性；落地时膝盖稍弯曲以缓冲减震；起跳时，尽量让髋、膝、踝关节充分收紧，跳动时只用前脚掌的弹力将身体快速弹起，各关节的伸展要降到最低限度；严禁做出收小腿动作。

b. 有一定双摇基础者的练习。若要提高速度及稳定性，可以在腾起后身体积极下坠。一来可提高落地速度，加快弹跳频率，达到提速的目标；二来跳起时可降低高度，减少每次跳动用时，加快频率，且保证每次跳绳过脚时能打地，以减少跳绳挂脚造成失误的次数，提高跳绳成绩。

④ 手部摇绳动作规范。跳绳者手持跳绳摇动时应该主要以手腕发力，而不是以小臂手肘或大臂发力。摇绳时动作规范要求两臂自然下垂至体侧，大臂自然贴近身体，手腕带动小臂内旋，虎口向外稍微挑起。可以将发力点视为圆心，转动半径越长，力传达的时间也就越长。所以，要达到绳子连续绕过身体两周的动作要求，需要以手腕发力。这种方法的优点在于，当练习者两手处于身高的中心点偏下时，能将绳缩至最短，转动半径最小，不但省力，还能加快跳绳速度；而且手腕转动幅度小，可提高稳定性和持久力。

4. 间隔交叉单摇跳

（1）动作方法。

间隔交叉单摇跳是指队员双手持绳，每起跳一次，绳体越过头顶并高过脚下绕身体两周（720 度），第一周交叉过身，第二周直摇过身，称作间隔交叉单摇跳。间隔交叉单摇跳就是在普通单摇跳的基础上增添了双手交叉的动作，要求跳绳者更具协调性。练习间隔交叉单摇跳时，跳绳者双手摇绳，在绳体第一次过脚前时，双手于体前交叉过绳，而在绳第二次过脚前时，交叉的双手打开，恢复普通单摇动作过绳。跳绳者在跳间隔交叉单摇跳时，选择并脚或交替脚过绳均可。

（2）动作要领。

双手于体前交叉过绳时，双手位于身体中线两侧对于维持绳子的正常形态十分重要；同时，双手的高度应保持一致，距身体的距离也应保持基本相同。双手交叉及双手打开的时机，以绳子越过头顶为宜。间隔交叉单摇跳全程须保持手臂贴近身体，而且需要通过大量的练习以提高双手动作的一致性与手脚的协调性。

5. 双人一带一

（1）动作方法。

此项目为 A 带 B 的双人跳绳项目，要求被带人面对或背对摇绳人站立，摇绳人两手各握住绳的一端，将绳放于脚后的位置。待裁判员发出比赛口令之后，摇绳人随即向前摇绳，两人同时并脚跳或者换脚跳起，绳从两人脚下依次摇过。以此类推，连续跳多次。

（2）动作要领。

① 节奏。双人项目最讲究的技巧就是两个人在跳绳时要尽量保持相同的节奏，当绳子从脚下经过的时候，只有两个人同时起跳而处于腾空的状态，才能够让绳子一次性从两人的脚下顺利绕过，这样才算成功。

② 摇绳动作。绳子向前摇时，摇绳人的大臂靠近两人身体两侧，肘向前屈曲，前臂前伸，用手腕发力，使两手在体侧做画圆动作。摇绳人每摇动绳体一次，绳子从地面经身后回旋一周。

③ 绳子长度。摇绳人的两手分别握住绳柄末端，通常情况下以一脚踩住绳子中间，两

臂屈肘将小臂抬平，绳子被拉直即适合的长度。

④ 双方距离。一般来说，双方的距离不宜太近，也不宜太远，太近很容易影响摇绳人的摇绳动作，或起跳时两人身体发生碰撞；太远则被带人容易绊到脚下的绳。一般可由被带人双手扶住摇绳人的髋关节，此方法既可使双方保持适宜的距离，也可避免摇绳人在摇绳过程中出现位置偏移的情况，同时对保持双方节奏一致也有一定的帮助。

6. 多人长绳“8”字跳

(1) 动作方法。

多人长绳字跳是在长绳单跳的基础上，多人排成一路纵队从长绳一端进入绳弧中部，并跳跃一次越过绳弧，继而绕过对面摇绳队员身后，在绳的另一侧再次排成一路纵队，然后依次越过绳弧，并从起始端摇绳队员身后回到起点，如此循环进行，使每名跳绳队员的跑动路线呈“8”字形。从跳绳队员上方看“8”字绳内跳绳队员的运动方向如图 7-23-3 所示。

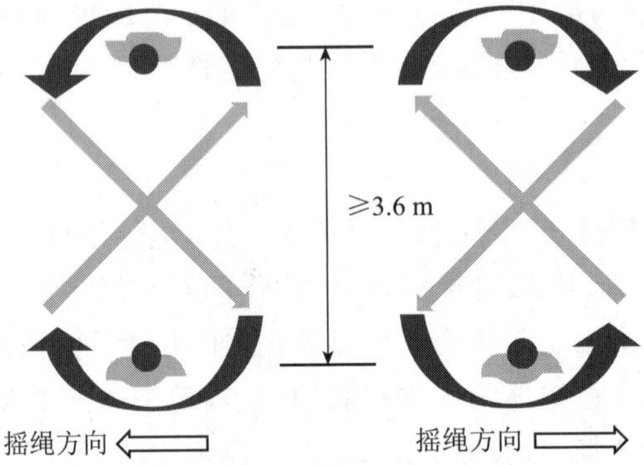

图 7-23-3 多人长绳“8”字跳

(2) 动作要领。

① 开始前，跳绳队员在绳弧下落一侧的摇绳者身旁向后排成一路纵队。

② 每名跳绳队员的起跳点应该在两个摇绳队员中间点向前一小步的位置。

③ 跳绳队员过绳时，收小腿向前跳，并在落地后快速跑出。

7. 花样跳绳

花样跳绳作为一项新兴的运动项目开始被人们所认识，它摈弃了传统跳绳的枯燥无味，加入了许多新兴的元素，如街舞、武术、杂技、体操等，然后配合上音乐、灯光，是一项具有观赏性和比赛性的项目。花样跳绳的花样繁多，使学习者能很快地掌握更多技术的同时，不失乐趣，受到各种年龄层次的人喜欢。花样跳绳主要包括单人跳绳、双人跳绳、多人跳绳。

(1) 单人跳绳。

单人跳绳是最基础的跳绳方式，主要包括基本跳、交叉跳、单脚交叉跳等。通过不同的跳法和速度变化，可以增加趣味性和挑战性。

① 基本跳：双脚同时离地，绳子从身体两侧往下甩，手臂微微弯曲，绳子在脚下落地时再次往上甩起。

② 交叉跳：跳跃时将绳子交叉交替甩在身体两侧，要注意手臂的动作配合，保持节奏和稳定性。

③ 单脚交叉跳：一个脚离地，另一个脚向内侧交叉跳跃，绳子在空中交叉，练习单脚的灵活性和协调性。

（2）双人跳绳。

双人跳绳需要两人配合，可以进行双绳交叉、双绳交织等动作。这种方式需要团队配合和默契，能够培养团队合作精神。

① 双绳交叉：两人跳绳时，双绳可以同时在空中交叉，需要团队配合，保持绳子不会缠绕。

② 双绳交织：两个人可以进行双绳交织动作，即将两根绳子交织在一起，增加难度和挑战性。

（3）多人跳绳。

多人跳绳是在双人跳绳的基础上增加更多的参与者，可以进行更加复杂的编排和动作，如大家一起跳双绳或交织跳。

① 大家一起跳双绳：多人一起跳绳，可以尝试双绳跳跃，练习团队合作和协调性。

② 交织跳：多人一起跳绳，可以尝试绳子交织在一起的动作，增加趣味性和挑战性。

以上是花样跳绳中单人跳绳、双人跳绳和多人跳绳的技术方法介绍。读者可以根据自己的兴趣和能力选择适合的跳绳方式进行练习，在锻炼身体的同时享受跳绳带来的乐趣。

三、跳绳竞赛组织与规则

（一）跳绳竞赛的基本要求

1. 赛前要求

（1）比赛场地。

① 计数赛场地：5 米×5 米；3 分钟 10 人长绳“8”字跳项目要求 2 名摇绳队员，2 人间距不小于 3.6 米。

② 正式比赛场地的地面须平整光滑，应为优质木地板或塑胶弹性地面，无影响比赛的隐患。比赛场地四周至少有 3 米宽的无障碍区；比赛区上空的无障碍空间，至少与地面保持 4 米的高度。

③ 比赛场地界线宽为 5 厘米，线宽不包括在场地内，颜色应与场地有明显区别。

④ 裁判席设在裁判区内。裁判区为比赛场地周围 3 米区域，离观众席至少 2 米。

（2）比赛器材。

① 比赛用绳及其他设施设备须经赛事组委会审定。

② 绳体及手柄的长短、粗细、颜色、形状、结构、材料和质量不限，也可使用不带手柄的绳具。

③ 不可使用外部助力器材。

④ 比赛用绳不得有安全隐患和影响裁判员判断的饰物。

⑤ 在个人绳的比赛中，每名队员只能使用 1 根绳子。

（3）比赛服装。

① 队员服装修饰要适度，不能影响运动，可穿短袖或无袖运动衫、短裤或裙裤；必须穿运动鞋上场比赛，以保护双足。

② 队员上衣胸前的中间位置应佩戴组织者指定的参赛号码布，号码布规格不大于 24 厘

米(长)×20 厘米(宽)。比赛服上可标有队名、赞助商标志,标志的最大面积为 30 平方厘米。

③ 服装上不得带有不文雅或与本项运动不符的设计或字样。

④ 不得佩戴妨碍比赛安全的任何饰物、挂件。

(4) 比赛口令。

计数赛比赛:指令均采用电子播音,比赛开始口令为"裁判员准备—队员准备—预备—跳(或哨音)",结束口令为"停(或哨音)",比赛中间会有阶段性时间提示。

(5) 赛场礼仪。

队员在听到点名时以及在完成比赛前后,应向主裁判行礼。

① 个人绳绳礼。队员右脚站立,左脚脚跟着地,脚心踩住绳子中间位置,两手各握一绳柄拉绳于身体两侧,鞠躬示意。

② 长绳类绳礼。队员右脚站立,左脚脚跟着地,脚心踩住绳子中间位置,队伍两外端的参赛队员用外侧手握绳柄向体侧拉绳,统一鞠躬示意。

(6) 比赛顺序。

在总裁判长的监督下,由编排记录组组织队员抽签决定比赛顺序。决赛的比赛顺序按照预赛成绩由低到高排定。若预赛名次相同,则由编排记录组抽签决定决赛的顺序。

(7) 检录。

队员须在赛前 30 分钟到达指定地点报到,并检查服装和绳具。赛前 20 分钟进行第一次检录,赛前 10 分钟进行第二次检录。

(8) 弃权。

① 超过检录时间 5 分钟未到场,按弃权处理。

② 超过比赛时间 1 分钟不能上场比赛,按弃权处理。

③ 比赛中若队员受伤,经治疗后不能继续比赛,则判受伤队员弃权。

(9) 失误。

① 轻微失误。轻微失误是指在比赛中出现绳子绊脚、绳子触碰到跳绳者或摇绳者身体、遗忘动作等情况而使动作延迟或停顿不多于 2 秒的失误。

② 严重失误。严重失误是指在比赛中出现绳子缠住队员的身体、两根或多根绳子缠在一起、绳子把柄掉落、遗忘动作、鞋子脱落、倒地等情况而使动作延迟或停顿多于 2 秒的失误。

(10) 犯规。

① 时间犯规——抢跳。所有计数赛项目都不允许抢跳。在比赛开始、口令未下达前,队员的身体和绳子必须保持静止状态,否则视为抢跳。出现抢跳后,比赛将继续进行。在比赛结束后,每抢跳一次,将在最后应得数成绩中扣除 10 个。

② 踩线或出界犯规。在计数赛中,如果队员踩线或出界(包括 3 分钟 10 人"8"字跳的 3.6 米线),计数暂停,主裁判提醒其回到规定场地继续比赛,再累积计数,时间不间断。

③ 比赛无效。在计数赛中,每名队员在同一场比赛中只能采用一种跳绳姿势,不得变换。否则,由主裁判判罚其比赛成绩无效,并取消其本项目的比赛资格。

(11) 申诉。

队员对裁判员的裁决有争议时,由领队或教练员在比赛结束后 30 分钟内以书面形式向仲裁委员会提出申诉,同时需交纳申诉费。以仲裁委员会的判决为终审裁决。

(12) 参赛人员规定。

参赛人员须认真遵守组委会的各项规定,保持良好的赛风赛纪,并遵守以下 8 项规定。

① 参赛人员必须身体健康,并经医院体检合格。

② 各运动队应公平竞争,服从裁判的判罚。

③ 任何参赛人员不得在比赛期间对裁判人员施加影响和干扰,不得向裁判人员赠送礼品或礼金等。

④ 参赛人员不得以任何形式对场上队员进行提示或指导。

⑤ 每名队员每次只能代表一支队伍参赛,违者将被取消比赛资格。

⑥ 拍照时禁止使用闪光灯等影响队员比赛的器材。

⑦ 参赛人员不得服用兴奋剂。

⑧ 参赛人员应尊重他人,在发挥自身最高水平的同时,也要为别人的成功与进步喝彩。

(二) 单项计分细则

1. 30 秒单摇跳

(1) 目标。

在 30 秒内完成尽可能多的单摇跳次数。

(2) 口令。

裁判员准备—队员准备—预备—跳(或哨音)—10 秒—20 秒—停(或哨音)。

(3) 技术要求。

① 队员双手摇绳,双脚以同步跳或轮换跳的方法跳绳,每跳起一次,绳跃过头顶并通过脚下绕身体一周。

② 按裁判口令要求,队员和绳都应从静止准备动作开始,并在指定的场地内完成比赛才算为有效动作。

③ 队员如果有抢跳行为,将从其最后应得数成绩中扣除 10 个。

④ 失误不扣分,但失误次数将被记录。

(4) 计分方法。

双脚同步跳累计成功通过脚下的次数;双脚轮换跳累计通过右脚脚下的次数,再乘以 2。

① 应得数。每场比赛由 3 名裁判员计数(建议使用计数器),若 3 名裁判员计数存在差异,将采用以下 4 种方法来计数:

a. 以 2 个相同计数为准。

b. 若各不相同且最高值与最低值之间的差值为 X, $X \leqslant 5$,则采用对选手相对有利的计分方式,计算差值最小的 2 个较高成绩的平均值。

c. 若最高值与最低值之间的差值满足 $5 < X \leqslant 7$,则计算差值最小的 2 个较高成绩的平均值,且主裁判将向赛事主管以书面形式说明该情况。

d. 若每位裁判给出的速度跳最终成绩差异均大于 3,则选手在竞赛委员会不能提供录像证据的情况下可要求重跳。如果选手选择重跳,则记录重跳成绩。在重跳过程中,2 名额外的速度跳裁判将介入检查之前 3 名裁判的计数结果。如果选手不选择重跳,且竞赛委员会不能够提供视频证据,那么取差值最小的 2 个较高成绩的平均值作为成绩。若竞赛委员会能够提供视频证据，那么原来的3名裁判以及2名额外裁判将会根据比赛中或赛后视频，判定最终成绩。

② 最后有效次数。计数应得数减去主裁判判罚的犯规应扣次数，为队员的最后有效次数。

③ 名次确定。比赛成绩按最后有效次数确定，次数多者名次列前；如果次数相等，则以失误少者名次列前；如果仍相等，则名次并列。

2. 30秒双摇跳

(1) 目标。

在30秒内完成尽可能多的双摇跳次数。

(2) 口令。

裁判员准备—队员准备—预备—跳(或哨音)—10秒—20秒—停(或哨音)。

(3) 技术要求。

① 队员双手摇绳，双脚同时起跳，每跳起一次，绳跃过头顶通过脚下绕身体2周。

② 按裁判口令要求，队员和绳都应从静止准备动作开始，并在指定的场地内完成比赛才算为有效动作。

③ 队员如果有抢跳行为，将从其最后应得数成绩中扣除10个。

④ 失误不扣分，但失误次数将被记录。

(4) 计分方法。

双脚同步跳累计成功次数。其他同30秒单摇跳。

3. 30秒间隔交叉单摇跳

(1) 目标。

在30秒内完成尽可能多的间隔交叉单摇跳。

(2) 口令。

裁判员准备—队员准备—预备—跳(或哨音)—10秒—20秒—停(或哨音)。

(3) 技术要求。

① 队员双手摇绳，第一次单摇过绳为双手体前交叉，第二次单摇过绳为直摇，称作间隔交叉单摇跳，2个动作先后完成为成功一次。

② 按裁判口令要求，队员和绳都应从静止准备动作开始，并在指定的场地内完成比赛才算为有效动作。

③ 队员如果有抢跳行为，将从其最后应得数成绩中扣除10个。

④ 失误不扣分，但失误次数将被记录。

(4) 计分方法。

第一次单摇过绳为双手体前交叉，第二次单摇过绳为直摇，2个动作先后完成为成功一次，累计队员跳绳成功次数(以队员交叉过绳为参照)。

4. 30秒双人一带一单摇跳

(1) 目标。

在30秒内完成尽可能多的一带一单摇跳。

(2) 口令。

裁判员准备—队员准备—预备—跳(或哨音)—10秒—20秒—停(或哨音)。

(3) 技术要求。

① 一名队员双手摇绳,另一名队员在持绳队员体前(或者体后),每跳起一次,绳同时跃过2名队员头顶并通过脚下绕身体一周。

② 按裁判口令要求,队员和绳都应从静止准备动作开始,并在指定的场地内完成比赛才算为有效动作。

③ 队员如果有抢跳行为,将从其最后应得数成绩中扣除10个。

④ 失误不扣分,但失误次数将被记录。

(4) 计分方法。

累计2名队员跳绳共同成功次数(持绳队员为参照,方法同30秒单摇累计右脚成功次数)。其他计分方法同30秒单摇跳。

5. 3分钟10人长绳"8"字跳

(1) 目标。

在3分钟内,2名队员同步摇单长绳,其他8名队员依次以"8"字路线绕摇绳队员,并尽可能多地完成跑跳进出绳。

(2) 口令。

裁判员准备—队员准备—预备—跳(或哨音)—30秒—1分钟—30秒—2分钟—30秒—45秒—停(或哨音)。

(3) 技术要求。

① 2名摇绳队员间距不小于3.6米。

② 队员必须依次以"8"字形跑跳穿越长绳。

③ 按裁判口令要求,队员和绳都应从静止准备动作开始,并在指定的场地内完成比赛才算为有效动作。

④ 失误不扣分,但失误次数将被记录。

(4) 计分方法。

队员无论采用何种方式,均须依次以"8"字路线跑入绳中跳跃,再成功跃出长绳,成功跑跳进出绳计数1次,在3分钟内累积成功次数为最后成绩。其他计分方法同30秒单摇跳。

拓展阅读

北京"绳王"王守中

王守中,人称"北京绳王",是中国五摇跳第一人。2002年4月12日,他创下了"网状跳"——142个人摇71根绳的纪录。同年7月11日,又创造了150个人摇75根绳,一人跳160次的吉尼斯世界纪录。10年后,在王守中见证下由北京师范大学什邡附属外国语学校150名学生同时摇动75根跳绳,一名队员在场中央连续跳跃195次,打破了他此前的记录。王守中不仅创造了"交错绳""短飞飞""波浪绳""外手换棒""平行转"等几百个跳绳花样,还出版了《跳绳》和《花样跳绳》,以及"全国中小学课外文体活动工程体育艺术2+1项目"的教科书等。他先后担任首都职工体育协会花样跳绳表演队教练、首都大学生跳绳协会技术指导、北京市毽绳协会学术委员会副主任等职。

2008年,王守中带领北京三路居小学的43名学生和6位教师,在北京奥运会主会场向各国的观众朋友展示了花样跳绳和绳网跳绳技艺。在短短的6分钟时间里，依次表演了“1965”“5人飞”“波浪”“交错”“波浪交错”的花样跳绳节目，节目的最后是以2个像“鸟巢”一样的20根绳“绳网跳”收尾，其中“6条绳交错跳”第一次展现在大众眼前，给观众带来极大的惊喜。

任务二十四　游泳运动

一、游泳运动简介

游泳运动有广义和狭义之分。广义的游泳运动是指一种凭借自身肢体动作和水的相互作用力，在水上漂浮前进或在水中潜游的有意识的技能活动；狭义的游泳运动主要指竞技游泳。

现代游泳运动起源于英国。1828年，英国利物浦乔治码头修建了世界上第一个室内游泳池。1837年，英国伦敦成立了第一个游泳组织，同时举办了英国最早的游泳比赛。1896年，第一届现代奥运会将游泳列为比赛项目之一。1908年，国际游泳联合会(FINA)成立，并制定了游泳比赛规则。

我国的游泳历史源远流长：距今5 000多年前的古陶器上就刻有古人潜水捕鱼的爬泳图案，夏禹治水时也发明了不少泅水之法，《诗经·淮南子》等古典中亦对游泳运动做过相关的描述。我国现代游泳竞赛运动始于19世纪末20世纪初，并不断发展，涌现出大批优秀运动员，在世界性游泳比赛中屡创佳绩。

(一)游泳运动的特点

在众多的体育项目中，游泳以其独特的魅力和显著的优势成为许多人钟爱的运动选择。游泳运动具有以下特点：

1. 全身性锻炼

游泳是一项能够调动全身肌肉参与的运动。在水中游动时，手臂的划水、腿部的蹬水以及身体的协调转动，使得几乎每一块肌肉都得到了锻炼。无论是增强心肺功能、塑造优美的线条，还是提高身体的力量和耐力，游泳都能带来显著的效果。

2. 低损伤风险

与许多陆地运动相比，游泳对关节的压力较小。水的浮力减轻了身体的重量，降低了关节承受的冲击力。这使得游泳成为一种适合各个年龄段，尤其是关节有损伤或身体较为肥胖人群的理想运动。对于那些患有关节炎或者体重较大的朋友来说，游泳既能让他们享受运动的乐趣，又能避免因重力对关节造成的过度磨损和损伤。

3. 舒缓身心压力

沉浸在水中，被水温柔地包裹着，让人感受到一种宁静和放松。游泳可以帮助人们暂时忘却外界的喧嚣和压力，专注于身体的动作和呼吸。研究表明，游泳有助于释放内啡肽和多巴胺等神经递质，这些化学物质能够改善心情，减轻焦虑和抑郁，带来身心的愉悦和平衡。

4. 适应多种环境

无论是室内的恒温泳池，还是室外的天然水域，游泳都可以进行。因此，游泳既可以让人们在炎热的夏天享受清凉，也可以在寒冷的冬季保持活力。

（二）游泳运动的功能

游泳的健身功能是得天独厚的，它融水浴、空气浴和日光浴于一体，是强健身心、娱乐休闲、体疗康复的健身活动，当前也成为医疗界公认的强身健体、提高机体免疫功能、防病治病、抵抗衰老、降低抑郁症发生及减肥等的运动良方。

1. 健身健心功能

游泳能够有效改善心血管系统、呼吸系统和运动系统的机能。坚持游泳可增强人的神经系统功能，锻炼发达的肌肉，提高力量、速度、耐力、柔韧等方面的身体素质；调节人体的体温调控系统，改善机体对内外环境变化的适应能力，提高机体的免疫机能；锻炼心肺功能，增强心肌耐力及收缩力，改善机体的新陈代谢能力。

2. 文化教育功能

经常游泳不但能改善体质，预防疾病，而且能够磨炼意志，促进身心健康和谐及心智发展，培养自信、果敢、坚毅、临危不惧等优良心理品质。

3. 急救安全功能

游泳还是一项生存技能，是保证生命安全的重要手段，如水下探险、科学考察、防洪抢险、救护打捞等都需要熟练的游泳技术做保障，因此掌握游泳技术也是发生意外时的一把“安全保险锁”。

4. 体疗康复功能

游泳是所有体育项目中对身体各部位的锻炼最为全面的运动，是理想的锻炼项目。游泳时水的拍打、震动作用对身体是一种良好的按摩，能有效消除身体疲劳。

5. 塑形与减肥

游泳是一种高效的燃烧热量的运动方式。全身性的动作加上水的阻力，使得消耗的能量更多。长期坚持游泳可以帮助减少脂肪堆积，塑造优美的身材线条。研究表明，游泳 1 小时所消耗的热量相当于慢跑 2 小时。

（三）游泳运动的主要赛事

在体育的世界里，游泳运动赛事总是充满着激情与魅力，吸引着无数观众的目光。目前国际重大的游泳运动赛事主要有以下几种：

1. 奥运会游泳比赛

奥运会是每 4 年举办一次的全球性体育盛事，游泳是其中的核心项目之一。奥运会游泳比赛包括各种距离和泳姿的比赛，如自由泳、仰泳、蛙泳、蝶泳以及混合泳。

2. 世界游泳锦标赛（长池）

世界游泳锦标赛（长池）由世界游泳联合会（FINA）主办，每 2 年举办一次。这是仅次于奥运会的最高级别的国际游泳赛事，包括游泳、跳水、花样游泳、公开水域游泳和水球等多个项目。

3. 世界游泳锦标赛（短池）

世界游泳锦标赛（短池）同样由世界游泳联合会主办，但比赛在 25 米长的短池中进行。这项赛事也是每 2 年举办一次，与长池世界游泳锦标赛交替进行。

4. FINA 游泳世界杯

FINA 游泳世界杯是一系列的国际短池游泳比赛，通常在每年的秋季举行，由多个分站赛组成，最终根据积分决出年度总冠军。

5. 世界大学生夏季运动会

世界大学生夏季运动会是每2年举办一次的综合性体育赛事，游泳是其中的重要项目之一。参赛选手主要是来自世界各地的大学生。

6. 世界青年游泳锦标赛

世界青年游泳锦标赛是为18岁及以下的年轻游泳选手举办的国际赛事，旨在为年轻选手提供展示才华的平台。

二、游泳运动基本技术

下面主要介绍竞技游泳中的蛙泳与自由泳的基本技术、练习方法和易犯错误与纠正方法，帮助大家基本掌握这两种泳姿的技术动作要领。

（一）熟悉水性

虽然熟悉水性不属于传统意义上的游泳基本技术，但学游泳须先熟悉水性，故将熟悉水性单独列出，以便大家合理运用自身的条件，充分掌握水的特性并加以利用，为正式学习蛙泳等各种游泳技术打下良好的基础。

1. 熟悉水性的主要内容

熟悉水性的内容主要包括水中行走、跳跃、呼吸、漂浮和熟悉水性游戏等。

2. 熟悉水性的常用练习方法

（1）水中行走、跳跃。

水中行走、跳跃是大多数游泳初学者在下水后的第一个练习，其目的是让初学者体会水的阻力、压力和浮力，并初步学会在水中维持身体的平衡。具体的练习方法有以下几种：

① 两手扶住池（岸）边或同伴的手，先在浅水区行走，再至水稍深区域行走。

② 一手扶住池（岸）边或同伴的手，另一手于体前侧做向外、向后划水，同时在水中行走。

③ 不借助任何支撑物，两臂在胸前做向外、向后的对称划水，在水中做向前、向侧和向后的行走。

④ 两手扶住池（岸）边或同伴的手，两脚蹬池底，向上跳起。

⑤ 不借助任何支撑物，于水中站立后，两臂平放于水中向下压水，两脚蹬池底，向上跳起。

（2）呼吸。

若不能学会在水中正确呼吸，则无法学好游泳。正确的游泳呼吸是用嘴吸气，用嘴、鼻呼气。在初学阶段多进行呼吸练习可克服"怕水"心理，并可有效防止喝水和呛水现象的发生。游泳呼吸具体的练习方法有以下几种：

① 陆上呼吸模仿练习。两手叉腰自然站立，做吸气—憋气—呼气的练习。吸气时应张大嘴，快而深地吸气；憋气要自然；呼气用嘴、鼻均匀地呼。

② 水中呼吸练习。扶住池（岸）边或同伴的手，开始可脸部没水，之后过渡到头部没水，注意掌握呼吸的时机。可由单个呼吸过渡到连续呼吸。

（3）漂浮。

漂浮练习是为了使初学者体会水的浮力，控制身体平衡和水中呼吸方法，进一步消除"怕水"的心理。具体的练习方法有以下几种：

① 抱膝浮体练习。在水中原地站立，深吸气后闭气，下蹲低头抱膝团身，用前脚掌轻轻

蹬离池底，自然漂浮于水中；站立时松手，两臂前伸下压，抬头，同时两腿下伸，脚触池底站立，然后两臂侧身拨水以维持身体平衡。

② 展体漂浮练习。在抱膝浮体练习的基础上，闭气松手，两臂两腿自然伸直；站立时收腹、屈膝、收腿，两腿向下伸，脚触池底站立。以上动作熟练后可做仰卧漂浮练习。

(4) 熟悉水性游戏。

① 水中吹乒乓球。站或半蹲于水中，将乒乓球放于嘴前，用力将乒乓球向前吹。

② 打地鼠游戏。在浅水区围成一个圈站好，一至两人站于圈中，手拿泡沫浮板，浮板打向谁，谁就下沉闭气，完成几组后可交换角色进行练习。

(二) 蛙　泳

蛙泳是模仿青蛙游泳动作的一种游泳姿势，也是最古老的一种泳姿。蛙泳较省力，易持久，实用价值大，常用于渔猎、泅渡、救护和水上搬运等。由于蛙泳的蹬腿动作和划水动作能使人在身体保持直立的本能姿势时还不会下沉，同时其呼吸方法也较易掌握，故游泳初学者多从学习蛙泳入手。下面介绍蛙泳的技术动作要领及配合技术。

1. 蛙泳的技术动作要领

(1) 蛙泳身体姿势。

在蛙泳的一个动作周期中，身体姿势有两次典型的变化：一是蹬腿结束后的滑行姿势，即身体呈平卧姿势，眼看池底，头部置于两臂之间，两臂伸直，手指并拢，掌心向下，两腿伸直并拢，整个身体呈流线形姿势；二是滑行姿势结束后肩部升起，身体与水平面约成45度角。

(2) 蛙泳腿部技术。

腿脚收缩，后脚跟尽量靠向臀部，收腿结束准备进行翻掌时双膝间距须小于双踝间距，脚掌翻掌后小腿内侧和脚掌内侧对水向后用力蹬夹腿，将腿伸直。蹬腿结束后，腿处于略低的位置，脚距离水面30～40厘米，这时随着蹬水的推力练习者向前滑行会较快。

(3) 蛙泳手臂技术。

双手向前伸展，手掌倾斜约45度(小指朝上)，双手同时向外、后方划，接着曲臂向后、下方划；之后掌心由外转向内，手带动前臂加速内划，手由下向上并在胸前并拢(手高肘低、肘在肩下)，前伸，肘关节伸直。注意：外划是放松的，内划应用力、加速完成，手臂前伸要积极。

2. 蛙泳配合技术

腿部技术和手臂技术的配合为划一次手，蹬一次腿，划手时收腿收脚，伸手时腿脚用力向后蹬，双手外划时抬头换气，双手内划时收腿低头稍憋气，双手前伸过头时蹬腿吐气。蛙泳配合有一个顺口溜，即“划手腿不动，收手再收腿，先伸胳膊后蹬腿，并拢伸直漂一会儿”。

注意：在蛙泳的游进过程中，一般是一个动作周期呼吸一次。在呼吸时注意在抬头吸气前，必须将体内的废气全部吐完后，才能吸进新鲜氧气。

(三) 自由泳

自由泳时，人在水中成俯卧姿势，两腿交替上下打水，两手轮流划水。自由泳动作很像爬行，故又称“爬泳”。竞技游泳中的自由泳对技术无规则限制，但由于爬动速度较快，比赛时运动员多采用爬泳技术进行自由泳比赛。

1. 身体姿势

自由泳时身体俯卧，成良好流线形姿势，速度快时肩背浮出水面。在游进过程中，头部始终保持平稳，躯干围绕身体纵轴有节奏地转动35～45度。

2. 自由泳腿部技术

自由泳打腿时腿应伸直，由髋关节发力带动大腿、小腿和踝关节，做鞭打动作；两腿交替打腿，两腿之间有一定间隔，一般为30～40厘米；打腿时脚尖略微内旋，有助于增大打腿的面积，脚尖打腿时膝关节自然弯曲有一定的曲度，约160度，不宜弯曲过大。

3. 划臂动作

自由泳划臂动作可分为5个部分，即入水、抱水、划水、出水和空中移臂。

(1) 入水时手指自然并拢伸直，肘部和腕部稍弯曲，肘部处于较高位置，手指指向入水的前下方，此时上臂与前臂的夹角为130～150度。注意：入水点一般在身体中线和肩部纵延长线之间。

(2) 抱水时，掌心向内侧转动，屈腕、屈臂，肘部抬高，以完成抱水动作。注意：抱水时上臂与水平面夹角约为30度，前臂与水平面夹角约为60度，手掌对准水，上臂与前臂夹角约为150度。

(3) 划水开始时，上臂与前臂的夹角为100～120度；当手臂划至肩下时，上臂与前臂的夹角为90～110度。注意：划水时始终保持高肘划水，增加手掌和前臂的对水面以提高划水效率。

(4) 出水时，肘部向上方提起，臂部与手腕柔和放松，掌心朝后上方。

(5) 空中移臂时，肘稍屈，位置始终高于肩和手。做此动作时手臂尽量放松，以保持身体在水中的流线形。

4. 呼吸方法

自由泳的换气是比较难的，一般采用单侧换气法进行换气。换气时，以身体中轴线为轴转动，头随着躯干的转动而转动，当身体向左侧的转动幅度达到最大时进行呼吸，此时左臂应充分前伸，嘴张大吸气；当吸足气后，头转回原来鼻子朝下的位置，头的转动先于身体的转动。换气频率为3次抱水换一次气，初学者频率可高一些。

拓展阅读

如何防止溺水的发生

参加游泳前，必须进行健康检查。疲劳、饥饿、酒后不宜游泳。患有癫痫、心脏病、高血压、肺结核等疾病者更不允许下水游泳。体弱者要适当控制运动负荷，游泳时间不宜过长(特别在寒冷的天气)。

游泳应选择安全的游泳场所。在江、河、湖、海里游泳时，要查明水底的情况(如有无礁石、漩涡等)。

学校或社团组织游泳活动时，要加强安全教育和组织纪律性，如下水前、上岸后必须清点人数，游泳时不得嬉戏等。浅水域和深水域之间一定要有明显标志，以防未掌握游泳技术的人误入深水域。

无论在室内还是室外的游泳场内都应配备足够的、有经验的救生员和救生用具。

三、游泳竞赛组织与规则

(一) 游泳运动常识

1. 游泳池规格

(1) 池长。

游泳池的长度一般为50米,允许误差±0.03米。在池端可安装触电板调时器。短池长度为25米,允许误差±0.02米。

(2) 池宽。

游泳池的宽度一般为21米,奥运会和世界锦标赛要求池宽为25米。

(3) 水深。

水深要求大于或等于1.8米。以水面为界限,两端池壁高度为自水面上30厘米至水下80厘米。

(4) 比赛泳道。

比赛泳道每道2.5米宽,边道另加0.5米。两泳道间有分道线,分道线用浮标线分挂在池壁两端,池壁内设挂线钩。池底和池端壁应设泳道中心线,采用深色标志线。

(5) 出发台。

出发台应居中设在各泳道中心线上,台面长、宽均为50厘米,台面临水面前缘应高出水面50～70厘米,台面倾向水面角度不应超过10度。

(6) 池壁。

水池池壁必须垂直平整,池底防滑,池面层平整光洁、易于清洗。

2. 游泳注意事项

(1) 游泳前后进食原则。

游泳前的进食原则是:进食时间在游泳前1小时左右,选择体积小、易消化和能量高的食物,如巧克力、奶酪和面包等。

游泳后的进食原则是:选择易消化的食物,如蔬菜等,但不能过量。

(2) 及时补充水和能量。

游泳时会出汗,能量流失也比较快,故而游泳时也要注意随时补水和补充能量。可随身携带一些橙汁、运动饮料、饼干或者能量棒。

(3) 下水前做准备活动,出水后注意保暖。

下水前在岸上一定要做准备活动,否则容易在游泳过程中受伤或发生其他意外。出水后则要注意保暖,否则容易引起感冒。

(4) 不宜游泳人群。

游泳时消耗的体力比平时要多8倍左右,因此患心脏病、定性肺结核、肝病、肾病的人不宜游泳。患红眼病、传染性皮肤病的人也不宜游泳,以免互相传染。患中耳炎的人亦不宜游泳。

(5) 游泳后应注意卫生。

游泳后最好用干净水冲洗身体,再用软质毛巾将身体擦干,同时滴消炎眼药水,擤出鼻腔分泌物。若耳部进水,可采用“同侧跳”(哪侧耳朵进水,则将头歪向同侧,以同侧的腿进行单脚跳,使水流出)将水排出。完成后再做一下放松活动,以免肌肉僵化。

(二) 竞技游泳主要竞赛规则

1. 比赛具体要求

(1) 运动员应在其出发的同一泳道内完成比赛,且须游完全程才能获得参赛资格。

(2) 在所有项目中,运动员转身时身体须触及池壁,转身必须以池壁进行,不得在池底跨越或行走;在自由泳项目或混合泳项目的自由泳段比赛中,允许运动员在池底站立,但不得行走。

(3) 游出本泳道阻碍其他运动员或用其他方式干扰其他运动员者,应取消其资格。如属故意犯规,总裁判应将犯规情况报告主办单位和犯规运动员所在的单位。

(4) 比赛中,运动员不得使用或穿戴任何有利于其速度、浮力或耐力的器具(如手蹼、脚蹼等),可以戴游泳镜。

(5) 接力比赛时,本队的前一名运动员尚未触及池壁,后一名运动员即离台出发,应取消该队的资格。

2. 运动员分道原则

除在50米池进行50米项目的比赛(在出发端面向泳池站立,第一泳道应在池的右侧)外,如果泳道数为单数,成绩最好的运动员或接力队应安排在中间的泳道。如果泳道数为双数(6条或8条泳道),成绩最好的运动员或接力队应分别安排在第三或第四道。成绩次好的应安排在其左侧的泳道,接着按报名成绩顺序将运动员交替安排在其右侧和左侧。泳道报名成绩相同的运动员以抽签方法按上述模式安排泳道。

3. 出　发

(1) 规则。

自由泳、蛙泳、蝶泳及个人混合泳比赛时应从出发台起跳出发,仰泳和混合泳接力比赛应从水中出发。

(2) 犯规情况。

任何一名在出发信号发出前出发的运动员都会被取消参赛资格。如果出发信号已发但发现运动员抢信号,应继续比赛,并在比赛结束后取消抢信号运动员的参赛资格。如果出发信号发出前发现运动员抢信号,则不再发出出发信号,在取消抢信号运动员的参赛资格后,再组织其余的运动员出发。

4. 各泳姿比赛的具体要求

(1) 自由泳。

自由泳指比赛中运动员可以采用任何泳姿,但个人混合泳和混合泳接力项目中的自由泳是指仰泳、蛙泳和蝶泳以外的任何泳姿。

(2) 仰泳。

在出发信号发出前,运动员应在水中面对出发端,两手抓住出发握手器。禁止站在水槽内或用脚趾扣住水槽边缘。

(3) 蛙泳。

① 以出发和每次转身后的第一次手臂运动开始,身体应保持俯卧。任何时候都不允许身体转成仰卧姿势。在整个比赛中,动作周期必须是以一次划臂和一次蹬腿的顺序完成。

② 两臂的所有动作应同时并在同一水平面上进行,不得有交替动作。

（4）蝶泳。

① 以出发和每次转身后的第一次手臂动作开始，身体应保持俯卧姿势，允许在水里侧打腿，但任何时候都不允许转成仰卧姿势。

② 两腿所有向上的动作必须同时进行。两腿或两脚可不在同一水面上，但不允许有相对交替的动作，不允许蹬蛙泳腿。

（5）混合泳。

① 在个人混合泳项目中，运动员须按照下列顺序游 4 种泳姿：蝶泳、仰泳、蛙泳和自由泳。

② 在混合泳接力项目中，运动员须按照下列顺序游 4 种泳姿：仰泳、蛙泳、蝶泳和自由泳。

（6）游程具体要求。

在整个游程中，运动员身体的某一部分必须露出水面。允许运动员的身体在转身过程中及出发和每次转身不超过 15 米的距离内完全没入水中，但运动员的头部必须在 15 米之前露出水面。

思考题

1. 跳绳运动的特点有哪些？有何功能？
2. 跳绳运动的基本技术有哪些？
3. 游泳运动的特点有哪些？有何功能？
4. 游泳运动的基本技术有哪些？

项目八　冰雪运动

学习目标

1. 了解滑冰运动、滑雪运动、冰壶运动的起源及功能。
2. 掌握滑冰运动、滑雪运动、冰壶运动的基本技术。

时代寄语

体育强国的基础在群众体育。要通过举办北京冬奥会、冬残奥会，把我国冰雪运动特别是雪上运动搞上去，在3亿人中更好推广冰雪运动，推动建设体育强国。

——2021年1月18日习近平在北京市延庆区国家高山滑雪中心考察调研时强调

任务二十五　滑冰运动

一、滑冰运动简介

早在宋代，我国就已经有了滑冰运动，不过那时不叫滑冰，而称为“冰嬉”。根据《宋史》记载可知，皇帝“幸后苑，观冰嬉”。这项“冰嬉”运动延续几个朝代，到了清朝已经成了民间普遍的文体娱乐活动。

现代滑冰运动兴起于欧洲。13世纪中叶，一种安装在木板上的铁质冰刀在荷兰出现。因为这种冰刀比绑在鞋上的兽骨滑行速度快了很多，所以迅速盛行于欧洲。1572年，苏格兰人制造了第一双全铁制冰刀，这是现代冰刀的起始标志。17世纪中叶，英国国王查理二世将滑冰引入英国的上流社会，为现代滑冰运动的蓬勃发展奠定了坚实的基础。1850年，美国人布什内尔制造了第一副钢制冰刀，现代滑冰运动从此揭开了新的篇章。19世纪末，现代滑冰运动传入中国。

滑冰运动不仅能够增强人体的平衡能力、协调能力以及身体的柔韧性，还可增强人的心肺功能，提高有氧运动能力，同时能够有效地锻炼下肢力量。

二、速度滑冰

速度滑冰是一项比赛滑行速度的冰上体育运动，是滑冰运动中历史最为悠久、开展最为广泛的项目。1763年2月4日在英国首次举行15千米速度滑冰赛，1889年在荷兰阿姆斯特丹首次举办速度滑冰世界冠军赛。男、女速滑分别于1924年、1960年被列为冬奥会比赛项目。

速度滑冰又可分为大跑道速滑和室内短跑道速滑。人们平常所说的速滑通常指的是大跑道速滑。大跑道速滑比赛在周长400米的跑道上进行。跑道分内、外两条,每组两人同时滑跑。每滑一圈交换一次内、外道。运动员滑跑时呈蹲屈姿势,借助窄而长的冰刀,通过两腿轮流蹬冰、收腿、下刀、滑进及与全身协调配合而形成的周期性动作来获得滑行的最快速度。速滑比赛分为全能比赛和短距离全能比赛,通常分开进行或分为两个赛会。

(一)速滑场地设施

标准速滑跑道是由两条直线跑道连接两条弧度为180度的半圆式曲线组成的两条封闭跑道,其最大周长为400米,最小周长为333.33米。国际比赛应在400米周长的跑道上进行,其直线跑道长111.98米,宽5米,内跑道的内圈半径为25米,外跑道的内圈半径为30米。假定跑道为南北方向,终点应设在西南角,东边直线跑道为换道区。跑道分界线应用宽10厘米、高5厘米且严密整齐的雪砌成(冰刀稍触及即能清楚地看出痕迹)。除换道区无雪线外,其余均应堆砌雪线,但不能使雪线冻结在冰面上。如果无雪,可将宽5厘米、长10厘米、高不超过5厘米的橡皮、木块或其他合适的物质涂上协调颜色代替雪线。起点线、边线、起跑预备线、终点线前5米每隔1米的标线均为蓝色,终点线为红色,线宽均为5厘米。

(二)速滑装备

速滑装备包括冰刀、冰鞋和滑冰服装。

速滑冰刀是由刀刃、刀身管、前小刀托、前大刀托、前托盘、后刀托和后托盘等部分组成。现代高级速滑冰刀刀刃多由优质高碳钢制成,其他部分由轻合金制作。速滑冰刀的特点是:刀身比花样滑冰冰刀高、比冰球刀低,刀身比这两种刀长,刀刃(厚度1~1.3毫米)比这两种刀薄而轻,刀刃平,与冰面接触距离长,可保持滑行的良好直线性。

速滑冰鞋选用优质厚牛皮缝制,为半高腰瘦长形,鞋跟部为坚硬式,以包围和固定脚跟;鞋底为硬皮,冰刀用螺钉或铆钉固定在鞋底上。一般运动员冰刀与冰鞋的匹配长度是:从鞋尖到刀尖为8~9厘米,从鞋跟到刀跟为5~6厘米。由于两只刀的刀刃在滑跑中使用的程度不同,加之弯道滑跑时身体向左倾倒,所以两脚冰刀与鞋固定的位置也不同。一般右脚冰刀将冰刀尖装于右脚大脚趾正下面,冰刀后跟位于鞋跟的正中间,左脚冰刀将冰刀尖装于左脚大脚趾与二脚趾中间,冰刀跟位于鞋跟中间。

速滑服装应具备保暖、轻便等特点 速滑运动员的比赛服均为尼龙紧身运动服和连体服。连体服是帽子、上衣、裤子、袜子连成一体的,具有轻便、紧身、阻力小、动作灵活等特点,为保暖需穿贴身的棉毛内衣。男运动员还需要穿三角裤衩或护身。

(三)速滑比赛规则

运动员必须按逆时针方向滑跑。内道起跑的运动员滑行到换道区时应换到外道滑跑,外道运动员要换到内道。在换道区争道时,出内弯道运动员要主动让道。起跑时,在“各就各位”口令下达后,运动员要在起跑线与预备线之间静止站好;“预备”口令下达后,立即做好起跑姿势,鸣枪前不准活动,保持静止,枪响后即起跑。

在弯道滑跑中,冰刀不准切入雪线。在比赛过程中,运动员可随时超越对手,但如果采用不法手段,如故意推挤其他对手、偷跑、滑出跑道等都会被取消比赛资格。运动员的冰刀触及终点线才算到达终点。

运动员在比赛中由于不属于自身的原因而影响了正常滑跑或摔倒时，经裁判长允许，可以休息30分钟后重新参加该项比赛，但若冰场不洁或冰刀损坏，则不能重新比赛。

（四）速滑技术

1. 直道滑行技术

直道滑行技术是速滑的基本技术。合理的滑行姿势应是：上体放松成背弓的流线形姿势，上体倾至几乎与冰面平行或肩背略高于臀部，与冰面形成10～25度的角度，上体要充分放松，团身，两肩下垂，头部微抬起，目视前方10～20米；腿部要成低姿势，即大腿深屈，膝关节角度为90～100度，踝关节角度为55～75度，髋关节角度屈至45～50度，并使身体重心线从后背下部穿过大腿，经过膝盖后与脚的中后部相接。

直道滑行关键在于要能掌握适宜的蹬冰时间。冰刀切入冰面，获得牢固支点，同时即应开始蹬冰，最大用力蹬冰应在两腿交接体重的刹那间完成。为了利用体重蹬冰，倾倒时体重应牢牢压在支撑腿上，不要过早交接体重。收腿时要利用蹬冰后的弹力立即放松后腿，积极靠拢支撑腿，不要有停顿和后引的动作。下刀时应注意膝关节领先，与前进方向一致，向前提拉要快，着冰后动作要轻巧。

2. 弯道滑行技术

弯道滑行技术与直道滑行技术有着显著不同的滑跑姿势。在圆周运动中，运动员要想沿着弯道快速、有效地滑行，使滑跑姿势既能保持力的平衡，又能利用弯道（离心力）增加滑跑速度，则整个身体必须取较大幅度向左倾斜流线形滑跑姿势，并以交叉步方式完成弯道滑跑。其主要动作要求是：进弯道时，右脚最后一步要进入直道和弯道交接处，深入程度视天气、冰质、风向、项目等情况而定；左腿紧贴右脚下刀，指向切线方向，着冰时脚尖开始逐渐顺送，用外刃紧紧咬住冰面，左肩与新的切线方向一致，不要扭腰摆臀；收腿时在蹬冰后即放松，积极向支撑腿方向提拉，膝关节领先，以利于形成前弓角度时在浮腿收回过程中促进身体向左倾倒，两腿成边收边蹬形式；蹬冰方向上，两脚要有“侧送蹬”的感觉，上体纵轴与浮脚着冰方向一致。

3. 起跑技术

起跑姿势按运动员站立姿势不同分为正面起跑和侧面起跑，其中正面起跑包括正面点冰式起跑、丁字式起跑。

（1）正面点冰式起跑。

前脚冰刀与起跑线成45度角，刀尖切入冰面，刀跟抬起保持稳定不动。后刀用平刃或内刃置于冰面，两刀间距略大于髋，两刀开角为90～120度，后刀刀刃应牢牢咬住冰面，以便起动时后脚冰刀快速发力。上体直立，两臂自然下垂，目视前方，体重大部分落在后腿上。

（2）丁字式起跑。

丁字式起跑方法与正面点冰式起跑基本相同，其主要区别在于：丁字式起跑中两冰刀是以平刃在冰上支撑站立，重心位于两冰刀中间，即体重较均匀地置于两腿上；重心略有前移，但不能将体重大部分移至前脚冰刀，否则将因重心过分前移而出现冰刀滑动现象。目前，使用新式冰刀比赛时，通常采用丁字式起跑姿势。

（3）侧面起跑。

两刀平行，与起跑线成一定角度，侧向站立，这种姿势在20世纪五六十年代曾被广泛采用。

4. 起动技术

起动是指浮腿向前摆动，迅速跨出着冰、后腿快速用力蹬离冰面，其动作要领如下：迅速向前上摆动浮腿，并使前脚冰刀尽量外转。身体重心偏前，成前冲姿势，快速用力蹬直后腿，两刀抬离冰面，身体有一个腾空阶段。两臂配合腿的蹬踏动作，屈肘做小幅度快速摆臂。髋要随重心移动而前送，外转的前脚冰刀以内刃踏切动作迅速着冰，并使刀跟落于前进方向的中线上。

5. 疾跑技术

疾跑技术包括切跑法、滑跑法和扭滑法。在长距离比赛中多用滑跑法，在中短距离比赛中多用切跑法和扭滑法。

（1）切跑法。

切跑法适合于腿部力量较强、灵敏性较好的运动员，其优点是起速快，形成的加速度大；缺点是消耗体力大，疾跑过渡到途中滑跑的衔接技术不易掌握。

（2）滑跑法。

滑跑法对于灵敏性较差、腿部肌力较弱的新手较为适宜，其优点是起滑稳定，消耗体力较小，疾跑与途中滑跑之间的衔接较容易掌握；缺点是起速较慢。

（3）扭滑法。

扭滑法是切跑法和滑跑法的结合体，具有前两种的优点，并克服了前两种的缺点，是一种效果较好的疾跑方法。现代优秀速滑运动员起跑时通常不用单一的起跑法，而是将 3 种方法融为一体，即前 1～3 个复步用动作灵活性较高的踏切方式疾跑，而后转入扭滑式，当达到一定的滑速后转入滑跑法。这种综合起跑法既有利于起速，也有利于衔接过渡，还能节省能量，起跑效果很好。

三、短道速滑

短道速滑即短道速度滑冰，是一种在冰上竞速的运动。短道速滑于 1992 年被列为冬季奥运会正式项目，通常设 8 个小项，分别为男子 500 米、女子 500 米、男子 1 000 米、女子 1 000 米、男子 1 500 米、女子 1 500 米、男子 5 000 米接力、女子 3 000 米接力。

（一）短道速滑场地设施

短道速滑比赛一般在室内冰球场上进行，比赛场地的大小为 30 米×60 米，使用椭圆形、周长为 111.12 米的跑道，直道长 28.855 米，直道宽不少于 5.71 米，弯道半径为 8 米，弯道弧顶标志物到界墙的距离不少于 4 米。

（二）短道速滑装备

短道速滑的冰刀刀体短，刀刃弧度大，与冰面接触面积相对小，转弯半径小，适于短跑道的滑行。短道速滑冰鞋的鞋帮较高，支撑性较好，但是灵活性稍差，这是因为短道速滑场地较小，弯道半径小，滑行过程中离心力较大，为了保证弯道高速滑行，弯道滑行时需要更大的倾倒角度，所以对踝关节稳定性要求很高。

(三) 短道速滑比赛规则

短道速滑比赛采用淘汰制,以预赛、次赛、半决赛、决赛的比赛方式进行。4～8 名运动员在一条起跑线上同时起跑,预赛站位通过抽签决定,之后进行的比赛站位由上一场比赛的成绩决定,排名第一则站第一道,以此类推。比赛途中在不违反规则的前提下运动员可以随时超越对手。运动员必须戴防护头盔和防护手套,身穿防切割服参加比赛。

短道速滑比赛是一项多轮淘汰赛,每轮比赛的前两名晋级下一轮,直至决赛。短道速滑比赛中超越非常困难。超越通常发生在直道的外道,如果领先者留下很大的空隙,也可能在弯道的内道完成。比赛中经常会出现摔跤现象,结果可能导致相当数量的申诉和取消资格。

接力比赛由 4 名队员按预先确定的顺序依次完成,每棒要滑一圈半或者两圈。接力交接棒由一名队员推动另一名队员完成。在队员滑行过程中,其余 3 名队员在赛道的内侧等待。

(四) 短道速滑技术

1. 直道滑行技术

短道速滑采用流线形的蹲屈姿势,上体前倾,髋、膝、踝三关节处在屈的状态。躯干纵轴线与支撑大腿纵轴线之间的夹角称为髋角,为 45～75 度;支撑大腿的纵轴线与支撑小腿纵轴线之间的夹角称为膝角,为 90～110 度;支撑小腿纵轴线与水平线之间的夹角称为踝角,为 50～90 度。短道速滑运动员的滑跑姿势一般要根据滑跑项目(距离)、战术需要和运动员的技能水平来确定。一般情况下,滑跑距离较长、运动员技能水平较差及战术需要时,比赛的前半程可以采用较高的姿势滑行;滑跑距离较短、运动员技能水平较高时,可以采用较低的滑跑姿势。在直道滑行过程中,短距离项目采用双摆臂,长距离项目采用单摆臂的较多,单摆臂采用摆动右臂。短道速滑的摆臂动作幅度较小,摆动时两臂以肩关节为轴,辅以屈伸肘关节的动作完成前后自然摆动的动作。手半握拳前摆至颌下,后摆至与躯干平行。摆臂的方向应以与躯干的纵轴线成 40 度角为宜。摆臂动作的节奏、速度要与蹬冰腿保持一致,臂、腿的配合动作是蹬冰腿的同侧臂向前、异侧臂向后摆动。

2. 弯道滑行技术

弯道滑行是短道速滑最重要的技术部分,既要保持高速滑行,又要扣住 8 米半径的弯道。弯道滑行的区段也是体现战术意图的重点区域。弯道滑行时,髋、膝、踝三关节保持屈的状态。在弯道滑行过程中,身体始终向圆心倾斜,并保持鼻与支撑腿的膝关节、刀尖处在同一纵轴平面上。倾斜的幅度较大,蹬冰角为 30～40 度。右臂前后摆动,左臂自然下垂,手指轻触及冰面,身体重心的位置以落在冰刀的中部为宜。

3. 起跑技术

起跑是短道速滑运动全程滑跑的组成部分,是获得滑跑速度以及实现战术的重要因素。起跑一般包括起跑预备姿势、起动和疾跑。

(1) 起跑预备姿势。

短道速滑常采用正面点冰式起跑。

(2) 起动。

当发令员鸣枪后,运动员在起跑预备姿势的基础上,重心向前移动。前点冰腿快速抬离冰面，展髋和外旋踝关节；后腿利用冰刀内刃向后方快速用力蹬伸；蹬冰腿的同侧臂向前屈肘快速摆动，异侧臂快速向后摆动，完成起跑动作。

(3) 疾跑。

疾跑过程中运动员要保持两脚刀刃之间有较大的开角，以冰刀前半部先接触冰面，过渡到冰刀中部用力向后蹬冰，保持向前倾斜的身体姿势，以较高的动作频率向前跑动完成疾跑。

4. 冲刺技术

冲刺是短道速滑运动技术中的重要组成部分，以送刀式冲刺为例，在接近终点的滑行过程中，将重心落在有利于克制对手一侧的腿上，将另一侧腿迅速前伸，保持平衡冲过终点。

四、花样滑冰

花样滑冰起源于18世纪的英国，后在德国、美国、加拿大等欧美国家迅速开展。1772年，英国皇家炮兵中尉罗伯特·约翰逊撰写的《论滑冰》出版，这是世界上出版的第一部涉及花样滑冰的书籍。1863年，被誉为“现代花滑之父”的美国人杰克逊·海因斯将滑冰运动与舞蹈艺术融为一体，在欧洲巡回表演，丰富了花样滑冰的内容和形式。1868年，美国的丹尼尔·梅伊和乔治·梅伊首次表演了双人滑。1872年，奥地利首次举办了花样滑冰比赛。1896年，首次世界男子单人花样滑冰锦标赛在俄国彼得堡举行。1906年，首次世界女子单人花样滑冰锦标赛在瑞士达沃斯举行。1924年，花样滑冰被列为首届冬季奥运会的比赛项目。1952年，首次世界冰上舞蹈锦标赛在法国巴黎举行。

（一）花样滑冰场地设施

花样滑冰的冰场长度为56～61米，宽度为26～30米，冰的厚度为3～5厘米。冰面要平滑并保持无线痕。大型竞赛应准备两个同样大小的场地，以便安排训练，其中一个可安排图形比赛，其他项目可在另一场地进行。规定图形竞赛应有适当图形。

（二）花样滑冰装备

1. 冰鞋、冰刀

花样滑冰的冰鞋用优质牛皮制成，高腰高跟硬底，男子鞋为黑色，女子鞋为白色。冰刀固定在鞋底上，冰刀较矮，刀刃、刀托为一体。刀身有一定弧度，刃较厚，呈浅“凹”沟形，沟两边刃锋利，既便于滑行，又能使冰刀在冰面上留下清晰的图案。刀刃前端有5～6个锯齿，根据锯齿的大小分为图形刀和自由滑刀两种。图形刀锯齿较小，以免滑图形时刮冰。自由滑刀锯齿较大，便于急停、跳跃或迅速改变动作。冰刀应与鞋的大小相适应，一般刀身前端的刀齿应在鞋底前端的边缘处，刀身前端安装在脚的大脚趾与二脚趾之间的正下方，刀跟装在脚跟正中间的下方，刀身应超出鞋后跟1～2厘米。高水平的花样滑冰运动员通常都会定制冰鞋和冰刀。冰上舞蹈的冰刀后部比其他项目的要短1英寸(1英寸＝2.54厘米)，这是为了满足舞蹈对双人近距离合作和精细步法的要求。运动员穿着冰鞋在冰场外行走时，要在冰刀外套上硬塑料的保护套，这是为了避免冰刀被地面磨钝或沾上灰尘杂质。运动员不穿冰鞋时，则用软套保护冰刀，软套可以吸收残留的融水，防止冰刀生锈。

2. 服　装

花样滑冰运动员练习时通常穿紧身柔软的长裤。比赛中，女运动员可以穿短裙、长裤或体操服，裙装下穿不透明的肉色紧身裤或长袜，有时会以此来覆盖冰鞋；不得穿上下分开的服装，裙子前后长度要掩盖臀部。男运动员则必须穿长裤，不能穿紧身裤。花样滑冰的运动服装是很讲究的，因为它是表现花样滑冰运动员形体美的一个组成部分。花样滑冰的技术与色、形、音乐的美糅为一体，所以服装的色彩和式样十分重要。运动员服装的设计、质量和颜色的选择要因人而异，要适合本人的身体，可根据音乐突出不同的风格和特点。

（三）花样滑冰比赛规则

1. 单人滑

单人滑比赛按短节目和自由滑的顺序进行，第一天为短节目，第二天为自由滑。单人短节目是运动员必须在 2 分 40 秒的规定时间内完成一套由跳跃、旋转、联合跳跃、联合旋转共 8 个动作和连接步编排而成的节目。单人自由滑由运动员自选音乐，男子在规定的 4 分 30 秒、女子在规定的 4 分钟内完成一套编排均衡，由跳跃、旋转、步法以及各种姿势组成的滑行动作。

2. 双人滑

双人滑比赛按双人短节目和双人自由滑的顺序进行，第一天为双人短节目，第二天为双人自由滑。双人短节目由运动员自选音乐，在 2 分 40 秒的规定时间内完成一套双人短节目规定动作，每个动作只允许做一次，附加动作扣分。双人自由滑由运动员自选音乐，在规定的 4 分 30 秒内完成一套自编动作。

3. 冰上舞蹈

冰上舞蹈比赛按第一天规定舞、第二天创编舞、第三天自由舞的顺序进行。规定舞是根据规定的音乐、图案、步法和重复次数完成动作。规定舞共有 22 套，国际滑冰联盟用抽签方式确定两套作为下年度的比赛项目。创编舞又称定型舞，是运动员按规定的韵律自选音乐，在规定的时间内完成一套自编的舞蹈步法和图案。自由舞是运动员自选音乐，在规定的 4 分钟内完成由各种步法、托举、小跳、姿势、握法等动作组成的自编舞蹈。冰上舞蹈是技巧性和艺术性高度结合的冰上运动项目。裁判员根据动作质量和艺术表现分别给予评分。

（四）花样滑冰技术

下面以单人花样滑冰为例介绍其基本技术。

1. 冰上站立

两脚稍分开与肩同宽，平稳站立，冰刀与冰面保持垂直，两膝微屈，上体保持正直（稍前倾），两臂在体前伸开，自然控制身体平衡，目视前方。

2. 单足蹬冰，双足向前滑行

上体直立，目视前方，手心向下，两臂向侧前方伸展，双足稍分开，与肩同宽，两只冰刀平行站立。开始蹬冰时，首先双膝微屈，然后将身体重心移向右足，用右足刀刃前半部分向侧方蹬冰。在完成蹬冰动作后，迅速将蹬冰足收回原位，此时身体重心落在双足之间，形成双足向前滑行动作，然后换另一足蹬冰，做同样双足滑行动作，如此反复交替。

3. 单足蹬冰，单足向前滑行

准备姿势与双足向前滑行相同，在蹬冰结束后要保持重心不变和单足向前滑行姿势，蹬冰足放在滑足后，保持身体重心平稳。两臂在两侧自然伸展。

4. 单足蹬冰，双足向前弧线滑行

以右足蹬冰为例，双足成“丁”字形站立于冰面上，左足在前，右足在后，双膝微屈，用右足冰刀内刃前部做蹬冰动作，此时身体重心稍向前移至左足外刃一侧，蹬冰后右足尽快回到左足内侧，成双足滑行姿势，用左前外刃和右前内刃双足向左成弧线滑行。用同样的方法、相反的姿势和动作做左足蹬冰，双足向前右侧弧线滑行。

5. 单足蹬冰，单足向前弧线滑行

准备姿势和技术动作与(4)相同，不同之处在于：在蹬冰后应立即将重心移至滑足，蹬冰足应尽快放在滑足足跟后，足尖向下，成单足向前弧线滑行姿势。

6. 前交叉步滑行

在向左做前交叉步时，左足用外刃，右足用内刃，身体向左侧倾斜，左臂在后，右臂在前，面向滑行方向。首先，用右足内刃蹬冰，左前外刃滑行。然后，将右足经左腿前交叉放在左足左前方，同时重心由左足移向右足，成右前内刃滑行，并用左前外刃向右后侧方蹬冰，右腿屈膝，左腿伸直，两腿成交叉状。如此反复蹬冰和滑行，便形成了左前外、右前内交叉步滑行。再用同样的方法、相反的姿势和动作做右前外、左前内交叉步的练习。

7. 双足向后滑行

双足成内“八”字形站在冰面上，足尖靠近，足跟分开，身体重心在冰刀前半部，双膝微屈。双足间的距离同肩宽时，将双足跟向内收紧，形成双足平行向后滑，此时两膝逐渐伸直，靠拢后再次蹬冰，如此反复脚下的动作和滑行路线。

8. 后交叉步滑行

在向右后交叉滑行时，背向滑行方向，右肩臂在前，左肩臂在后，左足后内刃蹬冰，右后外刃滑行，左足后内刃滑行，然后右足用外刃向左侧蹬冰，左足在右足前交叉着并向后滑行。右脚伸直，离开冰面后收回到右侧并用外刃着冰，同时左足内刃蹬冰，上体姿势不变，左右足交替蹬冰，形成左后内、右后外交叉步滑行。用同样的方法、相反的姿势做左后外、右后内交叉步滑行。

9. 弧线滑行

弧线滑行是花样滑冰最基本的技术，包括以下 4 种：

(1) 前外刃弧线滑行技术。

双足成“丁”字形站立，右足尖向前，左足正对右足跟部，右肩在前，左肩在后，用左前内刃做蹬冰，用右足前外刃滑行，身体稍倾向圆内。在滑行中两臂带动两肩均匀缓慢转动，当滑至半圆的一半(1/4 圆)时，两臂和两肩平放在身体两侧，浮足也由身体后方移至滑足内侧，然后左臂带动左肩向前，右臂带动右肩向后，滑足继续成右前外刃滑行，浮足由内侧伸向滑足前方滑线之上，足尖向下，为下一半圆弧线滑行做好准备。用同样的方法、相反的姿势和动作做左前外刃半圆弧线滑行。

(2) 前内刃弧线滑行技术。

双足成“丁”字形站立，左足尖向前，右足心对左足跟部，左肩在前，右肩向后，用右足内刃蹬冰，左足前内刃做弧线滑行，身体稍倾向圆内。在滑行中两臂带动两肩均匀缓慢转动，当滑至半圆的一半(1/4 圆)时，两臂和双肩平放在身体两侧，浮足从身后滑线之上逐渐向滑足靠近，然后左臂带动左肩向前，右臂带动右肩向后，右浮足紧靠左滑足内侧移至前方滑线之上，足尖向下，为做下一个半圆弧线滑行做好准备。用同样的方法、相反的姿势和动作做右前内刃半圆弧线滑行。

(3) 后外刃弧线滑行。

双足平行站立，两肩和臂平放，面向滑行的方向，用右足后内刃蹬冰，两臂动作协调配合，右臂用力向后滑行方向摆动，左臂在前。右足蹬冰后迅速放在滑足前，左足做后外刃弧线滑行，当滑行到弧线一半时头向圆内，上体随着向外转动，浮足靠近滑足移向滑线前，上体姿势不变，为做右后外刃弧线滑行做好准备。用同样的方法、相反的姿势和动作做右后外刃弧线滑行。

(4) 后内刃弧线滑行。

双足平放在冰面上，背向滑行方向，两臂伸向身体两侧，用右足蹬冰，左后内刃做弧线滑行，右臂在前，左臂向滑行方向用力摆动，右足蹬冰后迅速放在滑线后，当滑行至弧线一半时浮足向滑足靠近，上体均匀缓慢地向圆内转动，此时左臂在前，右臂在后，浮足伸向滑线前，上体姿势不变，为做右后内刃弧线滑行做好准备。用同样的方法、相反的姿势和动作做右后内刃弧线滑行。

10. 急停动作

急停是在练习和表演中经常做的动作，大体可以分为双足急停和单足急停两大类。

(1) 双足急停。

① 双足向前内刃急停。在滑行时，突然将足尖靠近，足跟分开，身体重心后移，两腿微屈，双膝靠近，形成用双足冰刀内刃向前刮冰的急停动作。

② 双足向后内刃急停。在向后滑行时，突然将双足尖分开，足跟靠近，双腿伸直，身体稍向前倾，形成用双足内刃向后刮冰的急停动作。

③ 双足向左右转急停。在向前滑行时，身体突然向右转体 90 度，双腿微屈，身体向右后倾斜，用左足内刃及右足外刃同时向滑行方向刮冰做急停动作。用同样的方法、相反的姿势和动作做双足向左急停。

(2) 单足急停。

① 单足前外刃急停。在向前滑行时，突然用左足(或右足)前外刃做横向刮冰急停动作，身体向后倾，右足(或左足)抬离冰面。

② 单足前内刃急停。在向前滑行时，突然用右足(或左足)前内刃做横向刮冰急停动作，身体向倾，右足(或左足)抬离冰面。

③ 单足后内刃急停。在向后滑行时，突然用左足(或右足)后内刃做横向刮冰急停动作，身体向前倾，右足(或左足)在身前抬离冰面。

任务二十六　滑雪运动

一、滑雪运动简介

滑雪始于北欧的挪威，距今已有 4 000 多年的历史。世界最早的滑雪俱乐部于 1861 年成立于挪威的奥斯陆。1883 年成立了挪威滑雪联合会，同年在哈斯白山举行了越野和跳台滑雪比赛。1910 年,在挪威滑雪联合会的倡议下,芬兰、瑞典、德国等 10 个国家的 22 名代表在克里斯蒂安尼(今奥斯陆)举行了一次国际滑雪会议,成立了国际滑雪委员会,并决定起草国际滑雪规则。最早的滑雪规则于 1911 年在斯德哥尔摩会议上通过,1913 年开始被采用。北欧滑雪项目于 1924 年列入了在法国沙莫尼举行的首届冬季奥运会中。

如今,滑雪运动(特别是现代竞技滑雪)项目不断增多,领域也不断扩展。世界比赛正规的大项目分为高山滑雪、北欧滑雪(越野滑雪、跳台滑雪)、自由式滑雪、冬季两项滑雪、雪上滑板滑雪等。

二、滑雪运动装备

(一) 滑雪服装

1. 滑雪服

滑雪服一般分为竞技服和旅游服。竞技服是根据比赛项目的特点设计的,旨在提高运动成绩。旅游服的主要特点是保暖、舒适、美观、实用。滑雪服有连体套衫和两件套衫两种类别。连体套衫一般比较合身,将身体包裹得很紧,活动方便,但较薄,最典型的连体套衫就是比赛用的滑雪服,它可为运动员减少阻力,提高成绩。两件套衫是指分开的滑雪上衣和滑雪裤。两件套衫脱下方便,并能适应天气变化,但没有连体套衫那样适合身体活动。滑雪服最好选择能与白色形成较大反差的红色、橙黄色、天蓝色或多种颜色搭配的醒目色调,不仅可为这项运动增添迷人的魅力,更主要的是为其他滑雪者提供一个醒目的标志,以避免碰撞事故的发生。

2. 滑雪手套

滑雪的全程都要依靠雪杖进行,所以对手套的要求很高,不仅要保暖、防寒,而且要柔软、耐磨、防割伤。滑雪手套一般用天然皮革和合成材料制成,且应选择不透水面料。滑雪手套要宽大,要选择五指分开的,手套腕口要长,最好能将袖口罩住,如果能有松紧带封口,就能有效地防止雪的进入。

3. 滑雪帽

头部是滑雪时要重点保护的部位,所以在滑雪帽的选择上要格外仔细,一定要注意保暖。滑雪帽以弹性较好的绒线帽为最佳,长度以能遮到耳朵为首要条件,应能紧贴头部及耳朵部位,这样即使剧烈运动也不易松脱。

4. 滑雪镜

滑雪镜分为高山镜、跳台镜、越野镜、自曲镜等。由于雪地上阳光反射很厉害,加上滑行中冷风对眼睛的刺激很大,所以需要滑雪镜来保护滑雪者的眼睛。专业滑雪镜的外观类似潜水镜,外框由软塑料制成,能紧贴面部,防止进风。镜面由镀有防雾、防紫外线涂层的有色材料制成。这种材料很柔软,用力扭曲时只发生变形而不会断裂,以保证镜面受到撞击时不会对脸部造成伤害。另外,在外框的上沿有用透气海绵制成的透气口,以使面部皮肤排出的热气散到镜外,保证镜面有良好的可视效果。

5. 滑雪鞋

滑雪鞋一般分为高山鞋、越野鞋、跳台鞋和单板鞋等。高山鞋一般由内外两部分构成:

外壳由塑料或 ABS(丙烯腈-苯乙烯-丁二烯共聚物)注塑而成,较硬且不易变形;内层由化纤织物和保温材料组成,鞋的踝关节角度和鞋的肥瘦等可根据需要进行调节,具有保护功能。越野鞋一般分为尼龙和皮革制品,鞋腰矮软且轻便。跳台鞋一般由皮革制成,鞋腰较高且前倾大,有利于运动员跳跃和空中飞行时保持前倾姿势。

(二) 滑雪器材

1. 滑雪板

滑雪板种类繁多、形状多样,按长短来分有超长板、长板、中板、短板和超短板,按宽度来分有窄板、宽板,按硬度来分有软板、硬板。一般来说,宽的滑雪板适用于大回转,窄的滑雪板适合于急转弯和小回转。选用滑雪板最关键的原则是要适合自己。初学者应选用弹性较大的滑雪板,因为这种滑雪板遇到不平的雪面时不易颠簸,制动效果也较好,操作起来比较容易。技术好的滑雪者可以选择长一点、弹性小一点、稍微重一些的滑雪板,它可以增加滑行中的稳定性,使滑雪板的金属边刃紧紧地卡在雪地上,有利于滑雪者充分地操纵滑雪板,滑出漂亮的弧形。

2. 滑雪杖

滑雪杖用来起滑时支撑、在滑行中平衡身体。除跳台滑雪、空中技巧滑雪、单板滑雪外,其他项目都使用滑雪杖,是滑雪者控制重心必不可少的工具。选择滑雪杖的长度以适合自己的身高为原则,一般由拦雪轮起算,最长不过肩,最短不低于肋下。越野滑雪杖的长度为使用者身高的 85%左右,高山滑雪杖的长度为使用者身高的 65%左右。高山滑雪用"S"形滑雪仗。

3. 固定器

固定器又称脱落器,是在滑雪时将滑雪鞋固定在滑雪板上的装置。固定器分前后两部分,直接用螺丝固定在滑雪板上,前部固定器不可移动,后部固定器可沿滑雪板前后移动,以适应大小不同的滑雪鞋。

三、高山滑雪

高山滑雪是一种以滑雪板和滑雪杖为工具,在山坡专设的线路上进行快速回转和滑降的雪上竞技项目。冬季奥运会高山滑雪设 10 个小项,男女各 5 项。男子项目设速降、回转、大回转、超级大回转、全能(速降/回转);女子项目设速降、回转、大回转、超级大回转、全能(速降/回转)。

高山滑雪比赛均在海拔 1 000 米以上的高山上进行。高山滑雪主要分速度系列和技术系列两部分。速度系列分速降和超级大回转,比赛按一次滑行成绩决出名次。滑降道落差最大,距离也最长,最高速度可达 130 千米/时。超级大回转由于旗门数较多,故速度稍慢。技术系列分大回转和回转,名次按两次成绩合计决定。大回转距离是回转距离的两倍以上,对速度和技术都有要求。对于回转旗门数,男子比赛为 55～75 个,女子比赛为 45～65 个。

速降(又称滑降)要求运动员从山顶按规定线路穿过用旗插成的门形向下滑行,是竞速滑雪比赛项目。线路长 2 000 米以上,坡度 5～35 度,平均 20 度,起点到终点的高差为 500～700 米。线路两旁插一定数量的旗杆作为各种门形,男子比赛插红色旗,女子比赛插红蓝两色旗,旗门间距为 4～8 米,上下旗门间距一般为 30 米左右。以滑降两次的时间计算成绩，决定名次。技术动作有直滑降、斜滑降、乙形滑降、起伏地滑降、犁式和半犁式滑降等。身体姿势分高、中、低 3 种。

对于回转比赛的场地起点与终点的高差，男子比赛为 180～220 米，女子比赛为 140～180 米。2 个旗门的最小距离不得少于 0.75 米，旗门宽度为 4～6 米。旗门设置应包括有开口旗门(2 个旗门杆连线与线路方向垂直)、闭口旗门(2 个旗门杆连线与线路方向平行)以及 1～4 组由 3～4 个旗门组成的旗门组，如蛇形门、螺旋门、三角门以及菱形门等。回转比赛的成绩以在 2 条不同线路各滑行一次的成绩相加决定。

对于大回转比赛场地起点与终点的高差，男子比赛为 350～400 米，女子比赛为 260～350 米。2 个上下连续门的旗门杆最小距离不得少于 10 米，旗门宽度为 4～8 米。大回转比赛一般需进行 2 轮滑行。第二轮滑行可在同一场地进行，但旗门必须重新设置。2 轮滑行成绩相加得到最终成绩。

对于超级大回转比赛场地起点与终点的高差，男子比赛为 500～650 米，女子比赛为 350～500 米。对于旗门宽度，开口旗门最少为 6 米，闭口旗门为 8～12 米。对于旗门数，男子比赛不得少于 35 个，女子比赛不得少于 30 个。选手只滑行一次。

四、越野滑雪

越野滑雪是滑雪项目中起源最早、滑行距离最长、滑雪器材最轻、所受制约条件最少、安全程度最高的滑雪运动。冬季奥运会越野滑雪共设 12 个小项，其中男子项目为男子 15 千米(自由技术)、男子 15 千米＋15 千米双追逐、男子个人短距离(传统技术)、男子团体短距离(自由技术)、男子 50 千米集体出发(传统技术)、男子 4×10 千米接力，女子项目为女子 10 千米(自由技术)、女子 7.5 千米＋7.5 千米双追逐、女子个人短距离(传统技术)、女子团体短距离(自由技术)、女子 30 千米集体出发(传统技术)、女子 4×5 千米接力。

越野滑雪技术分为传统式和自由式 2 种，传统式要求运动员在比赛中不得使用蹬冰技术，自由式对运动员的蹬动动作不做限制。

越野滑雪比赛的雪道要求是上坡、波动式道面及有变化的下坡各占 1/3，雪道的最高点不得超过海拔 1 800 米。比赛开始前，运动员的滑雪板由赛事组织方打上标记，到终点时要求至少有一支雪板留有标记，双板都更换将被判为犯规，成绩无效。单项比赛一般采用间隔单人出发。有时因场地条件限制，也可分成若干小组间隔出发或集体出发。运动员按赛前抽签决定的顺序佩戴号码布。出发前运动员双脚不能超过起点线，但雪板的前部和雪杖可超过起点线。比赛名次根据运动员按规则滑完全程所用的时间确定。接力比赛除按单项比赛规则进行外，在每一站设以终点线为基点前后各延长 15 米的接力区。交接时上一站队员必须在接力区内用手触及下一站队员的身体任何部分方可完成交接。成绩以全队滑完全程所用时间的总和计算。

雪上运动场地线路要尽量选择森林地带等多变地形，要保证雪质、雪量，线路宽度应达到 4～5 米，雪面要经过机械或人工捣固、踏压，厚度至少 10 厘米。最好在线路的一侧开有带雪辙的雪道，两条雪辙的内壁相距 15～18 厘米，雪辙深度至少为 2 厘米，雪辙的宽度以雪板的固定器不撞击两侧雪壁为准。线路的另一侧不开带有雪辙的雪道。要避免单调而过长的平地滑行、难度过大的急陡坡滑降，以及连续较长距离的蹬行。开始阶段要较易滑行，难度应出现在全程的 3/4 处。在出发后 2～3 千米内不应出现难度极大的急陡坡，在终点前 1 千米内不应出现较长的危险滑降，线路中要避免有危险的斜滑降，同时要避开冰带、陡角和狭窄的地带。

五、跳台滑雪

跳台滑雪简称跳雪，就是运动员脚着特制的滑雪板，沿着跳台的倾斜助滑道下滑，借助速度和弹跳力，使身体跃入空中，整个身体在空中飞行 4～5 秒后落在山坡上。冬季奥运会的跳台滑雪比赛设 90 米、120 米和团体 3 项。按两次飞跃距离分和飞跃姿势分计算成绩。飞跃距离分因距离不同而不同。团体赛由 4 人组成，按 120 米跳台的合计得分计算成绩。

跳台滑雪比赛中的跳台由助滑坡、着陆坡、停止区组成。滑雪者两脚各绑一块专用的滑雪板，板长为 2.30～2.70 米，宽度为 11.5 厘米，板底有 3～5 条方向槽。比赛时运动员不用滑雪杖，不借助任何外力，以自身体重从起滑台起滑，经助滑道获得 110 千米/时左右的高速度，于台端飞出，身体前倾与滑雪板成锐角，两臂紧贴体侧，沿自然抛物线在空中滑翔，在着陆坡着陆后继续自然滑行到停止区，然后根据从台端到着陆坡的飞行距离和动作姿势评分。

任务二十七　冰壶运动

一、冰壶运动简介

冰壶运动又称掷冰壶，冰上溜石，是以队为单位在冰上进行的一种投掷性竞赛项目，被喻为冰上的“国际象棋”。冰壶运动于 14 世纪起源于苏格兰。1795 年，第一个冰壶俱乐部在苏格兰创立。1927 年，加拿大举行了首次全国性冰壶比赛。1955 年，冰壶运动传入亚洲。1998 年，冰壶运动被正式列入冬奥会比赛项目。

冰壶运动的最高组织机构是世界冰壶联合会，该组织成立于 1966 年 4 月 1 日，总部设在英国。中国冰壶组织机构是中国冰壶协会，该协会成立于 2004 年 10 月 12 日，协会会址在北京。

二、冰壶运动装备

冰壶运动装备包括冰壶、比赛用鞋和毛刷。冰壶由苏格兰不含云母的花岗岩凿磨制成，标准直径为 30 厘米，高度为 11.5 厘米，质量为 19.1 千克。大赛用壶的壶把上装有传感器，又称“前掷线上的眼睛”，专门用于探测投壶者是否犯规（投壶者必须在前掷线前松手，否则被视为犯规）。参赛队员脚穿比赛专用鞋，两鞋底部质地不同，蹬冰脚的鞋底由橡胶制成，而滑行脚的鞋底由塑料制成。冰壶用的刷子用于减小冰壶与冰面间的摩擦。冰壶受到摩擦力作用的过程是一个减速的过程。

三、冰壶运动场地

冰壶运动所用场地是一个长度为 44.5 米、宽度为 4.32 米的冰道。冰壶赛道的横截面是“U”形，并不水平，“U”形的冰面可以帮助高水平运动员打出弧线球。冰道的一端画有一个半径为 1.83 米的圆圈作为球员的发球区，被称为本垒。冰道的另一端也画有一个圆圈，被称为营垒。营垒由 4 个半径分别为 0.15 米、0.61 米、1.22 米和 1.83 米的同心圆组成，外面两圆之间涂为红色。在场地两端各装有一个斜面橡胶起蹬器。在冰壶场地前后两端各有一条蓝色的实线，称为前卫线和后卫线。冰壶掷出后，如果未进前卫线或越过后卫线，都视作无效，将被清出场外。掷壶时，若冰壶石已通过掷球区的圆心线，则不可再重掷。冰壶掷出后，己方的刷冰员可在冰壶通过标的区的圆心线之前进行刷冰；之后，对方将有权进行刷冰，以使冰壶离开圆心。

四、冰壶运动比赛规则

冰壶比赛时，每场由 2 支球队对抗进行，每队由 4 名球员组成。比赛共进行 10 局。每队每名球员均有 2 个冰壶，即有 2 次掷壶机会。两队按一垒、二垒、三垒及主力队员的顺序交替掷壶，在一名队员掷壶时，由 2 名本方队员手持毛刷在冰壶滑行的前方快速左右擦刷冰面使冰壶能准确到达营垒的中心。同时，对方的队员为使冰壶远离圆心，也可在冰壶的前面擦扫冰面。球员掷壶时，身体下蹲，蹬冰脚踏在起蹬器上用力前蹬，使身体跪式向前滑行，同时手持冰壶从本垒圆心推球向前，至前卫线时，放开冰壶石使其自行以直线或弧线轨道滑向营垒中心。掷壶队员在力求将冰壶掷向圆心的同时，也可在主力队员的指挥下用冰壶将对方的冰壶撞出营垒或将场上本方的冰壶撞向营垒圆心。最后当双方队员掷完所有冰壶后，以场地上冰壶距离营垒圆心的远近决定胜负，每石 1 分，积分多的队获胜。

一场比赛需 2 组冰壶，每组各 8 颗，印上色彩以使在冰道另一端仍可轻易辨识。传统上，在第一局中未拥有最后一壶投掷权的一队可选择该队的球色。

拓展阅读

习近平总书记给中国单板滑雪运动员苏翊鸣的回信

翊鸣同学：

你好！来信收悉。你和中国冰雪健儿在冬奥赛场奋勇拼搏、超越自我，取得了优异成绩。我向你们表示祝贺！为你们点赞！

你在信中说，出生在一个伟大的国家，成长在一个最好的时代，通过努力实现了自己的梦想，感到很幸运。新时代是追梦者的时代，也是广大青少年成就梦想的时代。希望你们心系祖国，志存高远，脚踏实地，在奋斗中创造精彩人生，为祖国和人民贡献青春和力量。

习近平

2022 年 2 月 24 日

思考题

1. 简述滑冰运动、滑雪运动、冰壶运动的起源。
2. 简述滑冰运动、滑雪运动、冰壶运动的基本技术。

参考文献

[1] 姜振捷,徐云鹏. 体育与健康[M]. 重庆:重庆大学出版社,2021.

[2] 张翀,周小梅,姜莹. 大学生体育与健康[M]. 北京:北京邮电大学出版社,2021.

[3] 杨文. 体育与健康[M]. 成都:电子科技大学出版社,2020.

[4] 张平. 新编高职体育与健康[M]. 北京:北京理工大学出版社,2021.

[5] 周伟,李承伟. 高职体育与健康[M]. 青岛:中国石油大学出版社,2021.

[6] 周伟,尤洋. 大学体育与健康教程[M]. 青岛:中国石油大学出版社,2022

[7] 明应安,武东海,孙睿. 大学生健身跳绳理论与实践[M]. 广东:中山大学出版社,2022.

[8] 巴迪·李. 跳绳运动[M]. 2 版. 白毅鸿,译. 北京:北京体育大学出版社,2012.

[9] 李京伟,刘宾,徐召禄,等. 大学体育[M]. 青岛:中国石油大学出版社,2021.

[10] 韩秋红,侯建柱,王学生,等. 大学体育与健康课程[M]. 北京:清华大学出版社,2020.

[11] 谭伟平,赵明,林健,等. 大学体育(微课版)[M]. 北京:人民邮电出版社,2020.

[12] 郭秀文,陈仁伟. 大学体育与健康教育[M]. 北京:科学出版社,2015.

[13] 李永军,寇燎原,李书利. 大学体育[M]. 北京:人民邮电出版社,2018.

[14] 白刚,沈建国,郑维. 大学体育基础理论与健康教程[M]. 杭州:浙江工商大学出版社,2009.